新编公共财政学

PUBLIC FINANCE

许　峰 ⊙主编

北京大学出版社
PEKING UNIVERSITY PRESS

图书在版编目(CIP)数据

新编公共财政学/许峰主编.—北京:北京大学出版社,2012.10
(高等院校经济学管理学系列教材)
ISBN 978 – 7 – 301 – 21373 – 5

Ⅰ. ①新…　Ⅱ. ①许…　Ⅲ. ①公共财政 – 财政学 – 高等学校 – 教材
Ⅳ. ①F810

中国版本图书馆 CIP 数据核字(2012)第 238417 号

书　　　名:**新编公共财政学**
著作责任者:许　峰　主编
责 任 编 辑:旷书文　王业龙
标 准 书 号:ISBN 978 – 7 – 301 – 21373 – 5/F·3365
出 版 发 行:北京大学出版社
地　　　址:北京市海淀区成府路 205 号　100871
网　　　址:http://www.pup.cn　电子信箱:law@ pup.pku.edu.cn
电　　　话:邮购部 62752015　发行部 62750672　编辑部 62752027
　　　　　　出版部 62754962
印　　　刷　者:三河市博文印刷厂
经　　　销　者:新华书店
　　　　　　730 毫米×980 毫米　16 开本　17.25 印张　327 千字
　　　　　　2012 年 10 月第 1 版　2012 年 10 月第 1 次印刷
定　　　价:36.00 元

目　　录

第一章 财政导论

在现代经济社会中,政府起着举足轻重的作用。这不仅表现为国民收入中相当大的一部分是由政府及其组织系统来管理和支配的,而且政府实施的强有力的政策工具(如税收、支出、借款、管制等)也深刻地影响着社会中每一个人与企业的经济活动,进而影响着消费者、工人、借款者、雇主与生产者的经济行为,可见,政府的公共财政对整个国民经济有着极为重要的影响。伴随着政府在经济生活中作用的不断增大,无论是在民众之中还是在经济学界,如何界定政府活动的恰当范围的争论正日益激化。这促使人们去研究公共财政学。

第一节 公共财政学的研究对象

一、公共财政的概念

(一)"财政"一词的由来

财政的英文为 Public Finance。Finance 一词起源于公元 13—15 世纪的拉丁文 Finis,是结算支付期限的意思;16 世纪形成法语 Finance,是指公共收入和公共理财活动;17 世纪后专指国家的理财活动;19 世纪后又泛指一切公共团体的理财活动。英文 Public Finance 一词译为中文有意译和直译两种译法。意译就是译为财政或财政学,这种译法既符合中文词意,而且为公众所公认和熟悉。如果将英文 Public Finance 直译就是公共财政或公共财政学。由于 Finance 一词的英文含义较广,包括了财政、财务、金融、融资等众多词义,为了避免将"财政"的含义与 Finance 所包含的其他含义相混淆,突出以政府为主体的"财政"的意义,所以就根据国家财政提供公共产品、满足公众共同需要的特点,将 Public Finance 译为公共财政或公共财政学。

从人类社会的发展过程来看,财政活动是一个历史悠久的经济现象。我国古代称财政为"国用"、"国计"、"度支"、"理财"等,另外还有"治粟内史"、"大农令"、"大司农"一类用词,则是有关当时财政管理部门的记载。但"财政"一词在我国的正式使用却只有一百余年的历史。据考证,"财政"一词的使用,是当时维新派在引进西方文化思想指导下,间接从日本"进口"的,而日本则是来自英文 Public Finance 一词。清光绪二十四年(1898 年),在戊戌变法《明定国是》诏书中有"改革财政,实行国家预算"的条文,这是在政府文献中最初启用"财政"一词。孙中山先生在辛亥革命时期,宣传三民主义,曾多次应用"财政"一词强调财政改革。中华民国成立后,主管国家收支的机构命名为财政部,西方国家相应的机构英文 Treasury 一词本来的意思是金库或国库,在我国也译为财政部。20 世纪 40 年代中华书局出版的《辞海》对"财政"一词作如下解释:"财政谓理财之政,即国家或公共团体以维持其生存发达之目的,而获得收入、支出经费之经济行为也。"

(二) 公共财政的概念

公共财政作为一个经济范畴,其内涵并不能完全从词义分析或词源角度得到反映。从起源上考察,财政是伴随着国家的产生而产生的。人类社会随着生产力的不断提高,出现私有财产,社会分裂为阶级才产生了国家。国家一旦产生,就必须占有一部分的国民收入来维持国家机构的存在并保证实现其职能,于是才产生财政这种特殊的经济行为和经济现象。

公共财政概念最早产生于资本主义经济自由放任时期,是与前资本主义社会的"皇室家计财政"相对应的。当时,西欧各国确立了市场机制,这与过去的封建制度相比呈现出明显的优越性,因而人们普遍相信,私人部门比公共部门更有效率。由此导致了在西欧各国经济自由主义盛行,几乎所有的经济决策都由市场这只"看不见的手"来引导。与此同时,随着议会权力的逐步增大,人们逐步要求国家财政要为公共利益服务,而非仅为皇室服务。由此导致了"公共财政"概念的诞生,即经济活动应主要依靠市场机制来进行,政府的职能应限制在最小的范围之内,不应干预市场机制发挥作用;同时,政府活动应主要为公共利益服务。所以根据当时的理论,政府的职能主要限于:维护司法与社会秩序、国防、投资于某些市场经济正常运转所需的基础设施建设,如道路、桥梁等。

随着 20 世纪 30 年代资本主义经济危机的爆发,以及二战后西方各国普遍推行福利国家的概念,人们日益认识到市场经济体制并非尽善尽美,从而相应扩展了公共财政的概念和职能。除了上述职能外,人们要求财政还应承担起稳定经济、降低失业、调节收入分配、促进经济增长和调节地区发展差异等责任。尽管如此,实行市场经济的各国仍坚持市场在资源配置中的基础地位,财政只是作为弥补市场失灵的一种有效手段。

公共财政作为一个经济范畴,可以说是以国家(或政府)为主体的分配活动,这里的分配应理解为广义的分配,既包括生产要素的分配,也包括生产成果的分配,即收入分配。因此可以对公共财政的基本含义作以下界定:公共财政就是在市场经济体制的基础上,政府从事资源配置和收入分配的收支活动,并通过收支活动调节社会总需求和社会总供给并使它们相协调,达到资源优化配置、分配公平以及经济稳定和发展的目标。因此,公共财政的基本职能在于弥补市场经济的失灵和缺陷,以更好地发挥市场机制在资源配置方面的有效性。

需要指出的是,国家和政府是既相联系又相区别的两个概念。国家是政治权力机构和公共服务机构,具有政治、社会和经济职能;而政府是国家的执行机构和行政机关,国家是通过国家机器或其执行和行政机关来实施并实现其职能的。如,我国全国人民代表大会是国家的最高权力机构,全国人民代表大会及其常务委员会行使国家立法权,国务院即中央人民政府是最高国家行政机关,由最高权力机构产生,具体贯彻执行由最高权力机构制定的法律和通过的决议,并接受最高权力机构的监督。财政是为国家实施并实现其职能提供财力的,可以说财政是国家的经济行为或以国家为主体的经济行为。因此,财政是政府的经济行为和财政是国家的经济行为两种说法是一致的。特别是在市场经济体制下,政府和企业居民共同构成市场的经济实体,在分析政府与市场的关系时,说财政是政府的经济行为,对表达财政的含义更为明确。

二、公共财政学的产生和发展历史

(一) 西方公共财政学的产生和发展

18 世纪末至 20 世纪初。西方经济学的开山鼻祖亚当·斯密发表了他的奠基之作《国富论》,由此西方财政学作为一门独立的学说开始了。该书的第五篇按"经费论"、"收入论"、"公债论"的框架专门讨论国家财政,形成了较为系统的财政理论体系。恩格斯曾指出:"他在 1776 年发表自己的《国民财富的性质和原因的研究》,从而创新了财政学。"[1]亚当·斯密在"经费论"中将政府的经费开支划分为国防经费、司法经费、公共事业和公用设施费以及皇室费用四大类,并提出厉行节约、"量入为出"的原则,因此"廉价政府"成为当时财政所要追求的最高目标。在"收入论"中则提出一个理想的税收制度中应体现公平、确定、便利和最少征收费四项原则,这四项原则对后世的税收理论和税制设计影响很大。[2] 这段时期财政学的研究对象主要限于政府财政收支管理,这是与当时自由放任的经济学思潮盛行、政府经济行为范围较窄相适应的。

20 世纪 30 年代至 60 年代中期。20 世纪 30 年代初的经济大危机,打破了古典经济学派关于市场机制自动调节经济的神话,并催生了以宏观经济分析为特色的凯恩斯主义经济学。凯恩斯以《就业、利息和货币通论》为代表构建的"危机经济学",至今依然是西方宏观经济学的主要基础。凯恩斯认为,资本主义制度的弊端在于需求不足,为了实现充分就业,必须借助于政府的力量。政府通过财政支出直接就可形成社会有效需求,从理论上说,它完全可以弥补私人部

---

① 《马克思恩格斯全集》第 3 卷,人民出版社 2002 年版,第 545 页。
② 〔英〕亚当·斯密:《国民财富的性质和原因的研究(下卷)》,商务印书馆 1981 年版,第 384—385 页。

门需求的不足部分,使得经济达到充分就业均衡。凯恩斯首次系统地论证了财政赤字的经济合理性,冲击了古典的"量入为出"原则。在税收方面,凯恩斯着重分析了税收调节收入分配,变动私人部门有效需求,从而调节经济运行的作用。由于凯恩斯主义强调财政的作用,人们通常对他及其信奉者的理论冠以"财政学派"的名称。从这段时期起,财政学在西方经济学体系中占据了显赫的位置。凯恩斯的理论在西方财政学界引起了一场"革命",受其理论思想的影响,一大批追随者致力于阐释和发展工作。以萨缪尔森(P. A. Samuelson)为代表的一些西方经济学者经过补充和发展逐步形成曾显赫一时的新古典综合派,在第二次世界大战以后至60年代中期长期居于统治地位。

　　20世纪60年代中期以来,"公共经济学"的出现,标志着现代公共财政学取代原有的财政学,成为新的公共财政学说的代表。20世纪30年代以来,受凯恩斯理论的启示,政府的经济行为迅速扩展,从简单的财政收支扩大到对私人市场经济进行管理和调节,甚至扩大到直接介入生产领域并形成一定规模的公共企业。与之相适应,原有财政学出现了新拓展,即出现了公共经济学(Public Sector Economics),1966年起便出现了以公共经济学命名的学会和杂志。有学者把原来的财政学称为旧公共经济学,然而,为了尊重传统习惯,人们往往沿用财政学代表公共经济学,1966年后的"公共经济学"称为"现代公共财政学"(Modern Public Finance)。由于政府的财政收支行为仍然是公共部门经济行为的主体,因此,财政收支依然是现代公共财政学的核心内容。然而与传统的财政学相比,后者更注重财政收支对整个经济的影响,同时也更注重严格的数理经济分析。内容上,也增加了研究公共部门本身存在的合理性问题,即回答为什么需要公共部门,其活动领域应包括哪些范围,这实际上是公共部门与私人经济部门之间的界定问题,其研究往往是从市场失效开始的。此外,还有公共部门产品的定价问题及政府对宏观经济的管理和调节等问题。

　　20世纪80年代以来,"公共选择学派"对现代公共财政学说做出了重要贡献。以布坎南(J. M. Buchanan)和图洛克为首的"公共选择学派",在财政学的一个重要领域中取得了重大的理论进展。他们将财政作为公共部门经济,集中研究社会公共需要及公共物品问题,分析了决定公共物品的生产及分配的过程,以及生产公共物品的机器——国家的组织和机构。通过投票论、政治联盟、官僚主义论和制度选择论等,布坎南等人运用经济分析的方法研究了政治制度的运行,其中,财政问题始终居于研究的中心。自布坎南摘取了诺贝尔经济学奖的桂冠之后,该学派的理论已引起了西方公共财政学界的广泛重视。目前主要研究如何在议会民主体制下做出社会决定的公共选择问题,已成为西方财政学的一个重要研究领域。

（二）财政学在中国的发展

长期以来,我国理论界一直将研究政府预算行为的学科称为"财政学",其基本研究方法受前苏联影响,与计划经济体制相适应。随着研究的深入,学者们对西方财政学的发展了解不断增加,认识到现代财政学更确切的表述应为"公共经济学"或"现代公共财政学"。

从20世纪90年代中期至今,是中国由计划经济向社会主义市场经济转化,借鉴西方公共财政理论,建立有中国特色的公共财政理论体系的阶段。1994年起中国实施了新的税收制度,实行分税制财政体制,公共财政体系的建立逐步提上了议事日程,学界和理论界开始借鉴西方公共财政理论,沿着"市场有效——市场失效——政府干预——财政介入"的分析思路,运用"经济现象——经济思想——经济理论——经济模型——经济政策"的研究方法,逐步形成了具有中国特色的公共财政理论和公共财政的改革思路:具有中国特色的公共财政的首要任务是为所有的市场主体提供均等的公共服务。

建立有中国特色的公共财政体系,首先是对政府职能的界定应体现具体的国情,不仅要矫正市场失效,还要培育和弥补"市场缺位",建立完善的市场体系;不仅要在收入流通领域通过经济和法律手段调节收入分配、解决收入分配不公的问题,还要在生产领域加大对基础产业和基础设施的投入,运用财政政策保持经济的可持续发展。1999年召开的第九届全国人民代表大会上,正式确立了公共财政作为财政改革的目标模式,2005年的政府工作报告中再次明确提出建立和完善公共财政的思想,2007年党的十七大进一步明确了"围绕推进基本公共服务均等化和主体功能区建设,完善公共财政体系"的改革目标。

三、公共财政学是经济学的一个特殊分支

公共财政学是当代经济学的核心科目之一,它以经济学为理论基础,同时又是经济学的一个特殊分支。财政学可以被视为经济学的延伸,或者说是经济学理论在公共部门这一特殊领域中的应用。因此,财政学也被称为公共部门经济学(Public Sector Economics)或公共经济学(Public Economics),它以政府的收支活动及其对资源配置与收入分配的影响为研究对象。

资源稀缺的问题是经济学研究的逻辑起点。一方面,任何社会可用来生产的资源(包括土地、劳动力和资本)都是有限的,另一方面,这些资源要用来满足的人类总的需求又是无限的,于是便产生了资源如何最优配置的问题。经济学就是研究有限的资源应用于生产何种产品,如何生产,为谁生产,此外还要研究应用何种制度来作出资源配置的决策,而后者正是公共部门经济学要回答的问题之一。在现代经济社会中主要有两种资源配置的制度,即市场机制和计划机制,它们分别是私人经济部门和政府部门来配置资源的机制。市场机制是以价

格和竞争机制为特点,计划机制主要通过政府部门来决定经济运行的机制。

财政学作为经济学的一个特殊分支,它在经济分析方法上的基本特点是,将整个国民经济划分为"公"和"私"两大部分,认为公共经济部门(指政府)和私人经济部门(指企业、家庭)是国民经济中基本的两大部门,并从公与私的相互关系来研究经济。在一个社会中,公共事务的执行者通常是政府,政府办的事情越多,"公办"的成分就越大,留给个人和家庭"私办"的成分就越小。不同的处理方式会影响到整个社会的公与私的比例结构。"公办"与"私办"在一般情况下总是并存的,如果以完全以私人部门为主导和完全以公共部门为主导作两个极端,则这种极端的例子是极其少见的,我国和前苏联、东欧一些国家在市场化改革前曾被认为是完全以公共部门为主导。而目前世界上绝大多数国家的经济体制是介于两个极端之间的混合经济。问题的关键是在于"公共部门"和"私人部门"作用范围的比例关系,这种关系对于国民经济来说是极为重要的,它影响到国民经济中市场机制与计划机制的结合方式,从而影响到一个国家的基本经济体制。二者如何结合在各国之间有很大差别,然而,正是这种差别构成了解释各国经济发展差别的最为重要、最具说服力的因素。

公共财政学是研究政府的经济行为,公共部门介入经济运行可采用的手段很多,如计划、法律、货币金融政策等,但这些都不是财政学的研究对象。财政学主要研究的是政府与预算有关的经济活动,诸如税收、政府支出、公债等。现代公共财政学的研究范围不断扩展,现已涉及政府决策程序等方面。

第一,政府的活动会对国民经济产生怎样的影响。政府所做的每一件事都可以采取各种不同的方式,每一种方式都会对国民经济产生一定的影响。财政学首先要研究的问题是各种不同的政府活动方式会对经济产生怎样的影响,或者说会产生怎样的经济结果。例如,政府为了向社会提供某些服务需要取得一定的收入,取得收入的方式是多种多样的。它可以向个人的收入按同一比例课税,也可以对不同收入水平的个人按不同的比例课税;可以对所有商品的销售额课征统一的税率,也可以向不同的商品课征不同的税率;或是采取其他方式来取得收入。各种不同的取得收入的方式会产生怎样的结果呢? 它会使人们更乐于工作还是会压抑人们的工作积极性? 产品结构会发生怎样的变化? 各类产品的价格会发生怎样的变化? 税收会来自哪些人的口袋? 总之,财政学试图用一种系统的理论方式来阐明政府的活动与经济运行结果之间的联系。

第二,政府该做些什么,该怎样做。一个社会在公办与私办之间要有一个合理的分工,并对政府参与的方式有所选择。例如,每个人都会生病,免不了要求医抓药。这件事究竟是让政府来负责,还是让各个人或家庭自己去负责? 如果让政府参与的话又有多种选择:政府可以通过收税取得收入来源,将这笔收入用于建造医院,并为病人承担所有的医疗费用;或是政府出资建造医院,但病人看病的成本由他自己承担;或是部分由他自己承担,部分由政府来承担;或是让私人去办医院,政府只是为病人承担全部的或部分的医疗费用;或者让私人去办医院,病人看病自己掏钱,政府只承担市场管理员的责任,保证医疗服务的质量、药品的有效与安全,以及医疗服务和药品价格的合理性。不同的做法意味着公与私在医疗卫生领域中不同的分工格局,政府的介入程度及其效果也是不同的。那么,政府该做些什么,该选择怎样的方式去做呢?财政学试图回答这一问题。首先它要确立一套理论体系来说明什么是"好",什么是"不好";其次它要对各种可行的做法进行分析,指出它好在哪里,不好在哪里;再次它要比较各种做法的利弊,指出哪种做法最好或者较好。

第三,政府如何才能做好它该做的事。在确定了政府该做的事之后,仍需要解决如何才能做好的问题。例如,要使社会保持稳定和有秩序就需要有行政管理,这件事应该由政府来做。这里需要解决的问题不是政府该不该提供行政管理这项服务,也不是用什么方式来筹集资金,而是如何加强管理、控制和引导政府机关工作人员的行为,防止滥用职权,使之高效率、低成本地为社会提供这项服务。从这一意义上来说,财政学也是管理学的一个分支,它着重研究公共机构的管理。这种管理通常被称为公共管理(Public Administration)。

上述第一、第二个问题与经济学有密切联系,对这两个问题的研究是经济学的基本理论和方法在财政学这一特定领域中的应用,它使我们具有分析、评价和设计政府财政政策的能力,因此也是我们分析的重点。第三个问题与管理学有关,它可以使我们掌握贯彻执行财政政策时所必要的管理方法,由于篇幅所限,本书只是在有些章节稍稍涉及。

第二节　市场、政府与公共财政

财政是政府的一种经济行为,研究财政问题要从政府与市场的关系说起。政府与市场的关系问题,历来都是政治学、经济学等众多学科的研究对象,对于公共财政学而言,更是从政府与市场的关系衍生出来的。公共财政理论首先是从公共部门的经济活动的意义入手,其基本思路和方法是由评析社会资源的效率开始,分析市场机制本身固有的缺陷,即"市场失灵"和"市场缺陷","市场失灵"和"市场缺陷"为政府介入经济活动提供了必要性和合理性的依据,并在此基础上,界定政府经济活动的范围。

一、市场失灵和市场缺陷

在市场经济条件下,市场是一种资源配置系统,完全竞争的市场机制能够使资源达到最有效率的状态,这是因为,在完全竞争市场条件下,由于信息完备、竞争充分,使得市场可以传递充分信息、及时调节供求,从而刺激生产和调节收入分配。然而,这种完全竞争的市场机制毕竟只是理论上的理想状态。在现实经济生活中,当某些条件不存在或不具备时,市场机制在实现资源配置的效率方面就可能出现运转失灵。此外,在市场机制下,收入或财富分配的不公和宏观经济失衡也无法避免。经济学称之为"市场失灵"和"市场缺陷",这是现代市场经济的一个重要特征和弊端。

(一)"市场失灵"是和市场效率对应的,是指仅仅依靠市场机制不能达到最优社会资源配置的目的,市场在资源配置的某些方面是无效率的或缺乏效率的

市场失灵主要表现在以下几个方面:

1. 公共产品(Public Goods)

公共产品是相对于私人产品而言的。私人产品是通过市场提供的,其消费具有排他性和竞争性,而公共产品是指用于满足社会公共需要,在消费时具有非排他性和非竞争性的那类产品和服务。非排他性意味着增加一个人消费某种公共产品,并不会减少其他人对该产品的消费数量和质量,而要排除某个人对该产品的消费几乎是不可能的。非竞争性是指公共产品并不因为消费人数增加而总成本相应增加,其消费的边际成本为零。所以,如果公共产品由市场提供,每个消费者都不会自愿掏钱购买,而希望由别人提供自己免费使用,也就是说,公共产品的消费会出现"免费搭车者",他们无需付费,却可以享受公共产品。国防、司法、灯塔等就是典型的公共产品。从全社会看,公共产品是社会发展所必需的,因此公共产品的社会总收益可能大于社会总成本,但公共产品提供者的效益却可能小于其总成本。公共产品的这些特点决定了市场经济中的私人部门不愿提供公共产品。在公共产品的问题上,市场失灵就是指市场不能有效地提供社会所需要的公共产品和公共服务,一般只能由政府或国家财政来解决。

2. 外部效应(Externalities)

完全竞争市场要求成本和效益内在化,产品生产者要负担全部成本,同时全部收益归生产者所有。外部效应说明的是一个厂商从事某项经济活动对其他人带来利益或损失的现象,如上游水库下游可以受益,是正的外部效应;造纸厂对河流造成污染,是负的外部效应。外部效应就是指在市场活动中没有得到补偿的额外成本和额外收益。当出现正的外部效应时,生产者的成本大于收益,利益外溢,得不到应有的效益补偿;当出现负的外部效应时,生产者的成本小于收益,受损者得不到损失补偿。由于外部效应的存在,使得成本收益不对称,人们会过多地从事成本外溢的活动而过少地从事收益外溢的活动,从而损害资源配置的效率。在市场经济下,外部效应不能通过市场机制来解决,市场机制难以达到私人利益与社会利益的统一,这就必然会产生市场失灵的问题。这也就决定了必须由政府部门介入,以非市场的方式去矫正。

3. 竞争失效和垄断

在现实的市场经济中,一方面由于产品质量差别而存在着不同程度的不可替代性,另一方面交易成本的存在往往也阻碍着资源的自由流动。这样就会增强个别厂商影响市场的能力从而使竞争失效。此外,市场效率是以完全自由竞争为前提的,然而现实的市场并不具备这种充分条件。当某一行业的产量达到相对较高水平之后,就会出现规模收益递增和成本递减的趋势,这时就会形成垄断。垄断者可能通过限制产量,抬高价格,使价格高于其边际成本,获得额外利润,从而丧失市场效率。致使市场的资源配置功能不能有效发挥,导致市场失灵。为了减少这种垄断导致的效率损失,政府可以实行公共管制,即由政府规定价格或收益率,也可以在垄断部门进行公共生产,并从效率或社会福利的角度规定价格。

4. 市场不完全(Incomplete Markets)

市场不完全指的是有些产品或服务即使私人消费者愿意支付的价格要高于生产成本,私人市场仍无法提供这种产品或服务。例如,私人保险公司一般不愿意承担风险很大的保险业务,私人银行也不太愿意提供金额大、周期长的贷款。于是只有政府承担起相应的义务,许多国家政府为银行提供了存款保险,并成立政策性银行开展私人银行不愿涉足的义务。

市场不完全的另一表现为互补性市场(Complementary Markets)。例如,假定在某个城市里,许多人爱喝加糖的咖啡,并且糖和咖啡除了放在一起消费之外别无他用,那么在咖啡厂建立起来之前,没有人愿意投资糖厂;而没有糖厂又没有人愿意投资咖啡厂。如果私人之间协调成本很高的话,在自由市场均衡下,该城市的人们就享受不到加糖的咖啡了。类似的情况常出现在发展中地区或新开发地区,基础设施(如电、水、煤气等)部门与制造业部门之间就存在着这样的互补关系,要使这个地区发展起来,常常需要政府的规划和协调。

5. 信息不充分

完全竞争市场要求所有的生产者和消费者都具有全面、正确、充分的信息。显然,在现实的市场中,由于搜寻信息的成本有时会非常高昂,这会使得不论是消费者还是生产者都可能发生信息失灵现象。由于信息在许多方面具有公共产品的特性,因而在私人市场经济中总是供给不足的。为了避免这种现象的发生,政府经常要承担起向社会免费提供有关商品供求状况、价格趋势以及宏观经济运行和前景预测的资料。此外,政府还经常通过提供信息来保护消费者权益或代替消费者进行部分决策,如设立技术监督部门,经常对食品、化妆品、药品等产品的质量进行抽查或检验,并将结果予以公布。

6. 偏好不合理

个人偏好的合理性是市场竞争结果的合理性的前提条件,但在现实的市中,并不是每个人的要求、愿望都是合理的。可能某种产品能给个人带来较大的利益,但消费者本人却没有认识到这一点,只是给予它以较低的评价,只有在很低的价格下才愿意购买;相反,有些产品能给人们带来的好处并不大,或者根本有害无益,但消费者却给予它较高的评价,表现为愿意以较高的价格购买。经济学中把消费者的评价低于合理评价的产品称为优值品(Merit Goods),而把消费者的评价高于合理评价的产品称为劣值品(Dismerit Goods)。尽管对于什么是合理的偏好,怎样的评价才是正确的,并不存在一致的精确看法,但人们可以认同的是,在现实市场中,至少某些人的偏好在某些方面不尽合理。这两种情况都表明消费者偏好存在问题,需要加以纠正。

（二）市场缺陷

上述市场失灵的六个方面说明了仅靠市场机制无法提高资源配置的效率。除此之外,还存在着自由放任市场,即使处于资源配置的最优状态时,也存在缺陷,即市场机制固有的缺陷,这主要表现为收入分配不公和经济波动。

1. 收入分配不公

效率并不是评价社会资源配置状况的唯一标准,要想达到资源的最佳配置状态,还必须引入判定社会福利水平的另一个标准即公平。市场机制的作用使收入的初次分配状况以各人所提供的生产要素的数量,以及其在市场上所能获得的价格所决定,由于各人所拥有的体力、智力、禀赋和资本在质和量上会有很大差别,各人占有或继承财产的情况也各异,因此由市场决定的收入初次分配是极不公平的。收入分配的悬殊差距不仅会与公平的目标相抵触,而且还会引起许多社会问题,直接威胁到市场机制本身的存在。

2. 经济波动

即使市场运行处于资源配置的最优状态,市场的自发运行仍会时常为失业、通货膨胀及经济失衡等问题所困扰。由于劳动力是一种重要的经济资源,失业就意味着一部分经济资源的闲置。而通货膨胀则往往会扭曲价格信号,最终影响生产者、消费者做出理性选择。在调节社会总供求、抑制通货膨胀、减轻和消除经济周期性波动或经济失衡方面,市场机制的作用是无法有效发挥的。一般说来,市场机制最多只能对经济波动进行事后的模糊的调节,要想维持经济持续稳定增长,创造一个没有通货膨胀或低通货膨胀的宏观经济环境,实现充分就业的目标,就必须提高和倚重于政府的适时干预和正确调控,通过政府与市场的有效配合,保证国民经济的稳定和发展。而政府干预的主要手段就是财政政策和货币政策。

由于现实市场存在着上述缺陷,因此市场运行的结果将会偏离资源配置与收入分配的理想状态,要纠正市场缺陷只能依靠政府的活动。

二、政府及其职能

市场失灵和市场缺陷的存在不仅证明了政府财政存在的必要性,同时也为确定政府活动的领域和范围提供了经济学基础。而与此同时,市场存在失灵或缺陷的领域通常都是一些社会所共同需要的事务,也是整个社会健康高速发展所必需的,那么政府就应当担负起弥补市场失灵和缺陷的责任,让市场在资源配置中发挥基础性作用。政府的重要职责就在于弥补市场失灵或市场缺陷,以更好发挥市场机制在资源配置方面的优越性,这就是公共财政所要研究的主要内容。

(一)公共事务和公共需要

政府是在一国的范围内,由一定阶级占统治地位的社会公共权力机关。由此,政府是特定的机关。政府与其他机关的区别,就在于它握有公共权力。那么,什么是公共权力呢?公共权力是指管理公共事务过程中所产生的职权和职责,或者更具体地说,它是凌驾于社会之上,并通过法律或其他形式所赋予的政府管理公共事务的权力。政府之所以拥有公共权力,首先在于客观上存在着一定的公共事务。公共事务是从管理的角度来研究政府行为的,它指示政府应当做哪些事。管理公共事务是政府存在的依据。确定公共事务必须具有两个条件:一是公共需要;二是政府有能力去做,包括财政上能够承受。社会公共需要是和公共事务相应的一个概念,它是从社会需求角度研究政府行为的,正由于存在着广泛的社会需求,才推动着政府和财政不断改革和完善。

社会公共需要,是指社会安全、公共秩序、公民基本权利和经济发展条件的维护等公众共同利益的需要。相对于微观经济主体的个别需要而言,社会公共需要具有以下特征:(1)社会公共需要是社会公众在生活、生产和工作中的共同需要,是相对于社会总体而言的。作为向社会全体公众提供的公共产品,其效用具有"不可分割性",即它不是向个别人或某个集团提供的。(2)为了满足社会共同需要而提供的公共产品,应由社会成员共同享用,亦即个别或一些社会成员享用这种公共产品时,并不排斥其他社会成员的享用。(3)社会成员享用为满足社会公共需要所提供的公共产品和劳务,无需直接付出代价或只需支付与提供这些公共产品的耗费不对称的少量费用。

社会公共需要包括的范围较广,可以按性质不同划分为以下三个层次:

1. 执行国家职能的需要,包括执行国家政权职能和某些社会职能的需要,如公安、司法、国防、外交、行政管理以及普及教育、卫生保健、基础科学研究、生态环境保护等。这类需要可以说是典型的社会公共需要,所以,一般又称为"纯社会公共需要"。

2. 准社会公共需要,是指介于社会公共需要和个人需要之间、在性质上难以严格划分的一些需要。如高等教育就属于这种情况。由于招生人数的限制，对高等教育的需要并非全体社会成员都可享用，大学教育具有竞争性和排他性，对享受高等教育者采取收费的方式。从这个意义上说，高等教育具有个别需要的特征。但它也可以被列为社会公共需要的范围，因为，毕竟高等教育是为国家培养专门人才的，是社会发展所必需的。

3. 大型公共设施，如邮政、电讯、民航、铁路、公路、煤气、电力及城市公共设施等。在我国社会主义市场经济中，公有制在国民经济中占有主导地位，国有资产在社会总资产中占有优势，国有经济控制着国民经济的命脉，并对经济结构的调整起主导作用，因而这部分投资通常是由政府出资兴办的。即使在以私有制为主的资本主义国家，由于这种投资耗资规模大，私人无力承担，所以多数也是通过国家财政的集中配置来进行的。

这些社会公共需要都是个人或企业无力去办、不愿办，或者即使愿意办也不能办，但又是整个经济和社会生活中必不可少的事，因此只能交由政府来办。这样，满足社会的公共需要就成了政府应该承担的公共事务。由此，我们可以把公共事务界定为：是指那些在经济和社会生活中个人（或企业）所不愿干、不能干和干不了，但又是全社会所必不可少的事。公共事务在原始社会已经存在，并通过氏族组织内部分工来实现，随着私有制的产生和原始公社的解体，这部分公共事务就由相应的社会组织——政府来承担。

（二）政府的经济职能

由于市场失灵和市场缺陷是客观存在的，市场无法提供诸如公共产品等社会共同需要，这客观上为政府干预市场经济提供了必要性，同时也为政府赋予了干预经济的职责。在市场经济特征下，市场失灵的领域便是政府经济活动的范围，这大致包括：

提供公共产品或劳务，即由公共部门负责提供那些社会边际效益大于社会边际成本，因而不能由市场有效提供的物品或劳务；矫正外部效应，即由公共部门采取相应措施来消除外部成本收益；防止垄断，维护有效竞争，即由公共部门制定有关法令，采取措施，防止垄断，保护有效竞争以保证竞争性市场资源配置的效率；纠正不合理偏好，即由公共部门采取适当的经济政策及措施，鼓励或促进优值品的生产和消费，限制或禁止劣值品的生产和消费；培育市场、健全市场体系；生产和提供信息，即需要由公共部门有效且充分地提供这种作为公共产品的信息；实行收入公平分配，即由公共部门运用各种手段，主要是以税收和转移支付解决收入分配不公问题。

综上所述，政府介入和干预市场的手段主要有三个方面：（1）行政、法律手段。包括制定市场法规，规范市场行为；制定发展战略和中长期规划，制定经济政策，引导和调节经济运行；直接采取行政手段，如规定产品价格，实行公共管制,命令造成污染厂商停产或限期治理等。(2)组织公共生产。公共生产是指由政府出资(即由预算拨款)兴办的所有权归政府所有的工商企业和单位。按广义的生产概念,既包括生产有形产品和服务的工商企业,也包括提供无形产品和服务的医院、学校、文艺团体以及政府机关和国防部门。(3)财政手段。财政既不直接生产公共物品,也不直接提供公共物品,而是以税收、收费、国债等形式筹集收入,又通过投资、公共支出、补贴等形式形成支出,并通过财政政策调节经济的运行。

(三) 政府的组织体系

政府的活动是通过其组织体系来进行的,政府的组织体系可以从纵向和横向两个方面来进行分析。从纵向来看,政府被分为若干层次,在我国有中央政府、省级政府、地级政府、县级政府以及乡级政府。不论哪一级政府的活动都在财政学的研究范围内。尽管不同层次政府的职责范围有所不同,但财政学的一般原理适用于任何一级政府。从横向来看,每一级政府都有众多的部门、机构和单位。在我国,一级政府有下属的行政机关、立法机关、司法机关以及各委办、各厅局,各委办、各厅局又有下属的机关、研究所、学校、医院、企业、商店等众多单位。

我们把一个社会中属于政府所有,并在一定程度上接受政府直接指令的经济实体(机关、事业和企业单位)的总和称为公共部门(Public Secter)。尽管公共部门中各经济实体(单位)所从事活动的性质有所不同,政府对它们的管理形式也有很大区别,但都具有以下一些共同点:(1) 所有这些单位都具有公办的性质,它们是政府投资设立的,它们的营运依赖于公共资产,它们取得的收入是公共收入;(2) 由于政府是这些单位的所有者,因此,这些单位的管理者是由政府委派的,这些单位的活动或多或少接受政府的直接指令,并在不同程度上执行政府的旨意。

与公共部门相对应的是私人部门(Private Sector),它由个人、家庭和私人所拥有的企事业单位组成。这些经济行为主体的共同特点是它们的活动依赖于个人资产,所取得的收入属于个人,消费和生产决策以自身的利益为目标。它们的活动要受到政府法令的制约。除此之外,政府一般只能用税收、补贴等间接手段来影响或诱导它们,而不能用直接的指令来规定它们的行为。

为了更深入地分析政府的活动,有必要将公共部门中从事不同性质活动的单位加以区分,并将它划分为两个子部门。

政府部门(Government Sector)是公共部门中不从事产品或服务的销售,主要依靠税收而不是依靠销售取得收入,免费或部分免费地向社会提供产品或服务的单位的总称。例如,政府机关为整个社会作出一些非常重要的决策,它在为每一个人提供自己的服务,社会公众从这种服务中得到好处。但是,政府机关并不像商店销售商品那样提供相应的服务,人们在享受政府机关所提供的服务时并不需要花钱购买。在公共部门中,类似性质的单位有许多,例如各委办、部(厅、局)机关、法院、检察院、公安、环保、气象、水利、交通、消防,一些研究所、学校、医院等。当然,有些单位在提供产品或服务时并不是完全免费的。例如,上法院要交诉讼费,非义务教育类学校要收学杂费,医院要收医药费。衡量一个部门是否属于政府部门,取决于这些部门能否依靠税收来维持自身的运营。如果一个单位的收费不足以维持生存,还必须依靠财政拨款来补充收入来源,那么它所提供的产品和服务具有部分免费的性质,这些单位在原则上仍属于政府部门。

公共企业部门(Public Enterprise Sector)是指公共部门中从事产品或服务的生产和销售,依靠销售取得收入,以盈利为主要目的单位的总称。政府所拥有的工厂、商店、公司、银行、农场、旅行社、饭店等都具有这种性质,它们都是公共企业,属于公共企业部门。

不论是政府部门还是公共企业部门,它们的活动都在不同程度上体现为政府的活动,但这两个部门所从事的活动的性质有所区别:前者不以盈利为目的,后者以盈利为目的;前者一般不从事销售,后者则必定要从事销售;前者以财政拨款为主要收入来源,后者则以销售收入为主要收入来源;前者更大程度依据政府的指令行事,后者则具有相对独立性;前者主要从事社会消费活动,一般不生产物质产品,后者则主要从事物质产品以及各项服务的生产活动。正是由于这种区别的存在,整个公共部门在概念上需要划分为两个子部门,以便对它们进行分别考察。

综上所述,公共财政学对整个国民经济作了这样一种特殊的划分,这种划分可由图 1-1 表现出来,它体现了公共财政学对经济进行分析的基本视角。

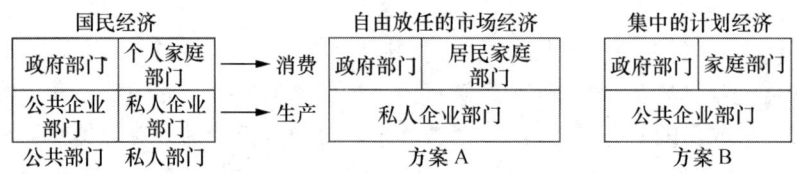

图 1-1　财政学视角中的国民经济

在这个国民经济部门框架中,整个国民经济分为公共部门和私人部门两个部分,二者的相对比例关系体现了一个社会公与私的分工结构。如果将整个国民经济比作一幢大厦的话,那么,各种不同观点的财政学家和政府管理者则在以不同的方式设计着这个大厦。自由放任的市场经济采用了图中的方案 A,而集中的计划经济则采用方案 B。在这两个极端方案之间还有无数种构造方案。究竟采取怎样的一种公私结构才能有利于国民经济协调而迅速地发展呢? 这正是财政学所要研究的中心课题。

（四）政府与市场的关系

社会资源的合理配置是经济学的核心问题,效率是评析社会资源配置状况的标准。经济学上的效率是指在资源配置上已达到这样一种状况,即无论做任何改变都不可能使一部分人受益而没有其他人受损,亦即当经济运行达到了高效率时,一部分人处境的改善必须以另一些人处境的恶化为代价。这种状态被称为"帕累托最优",或者说是处于最佳状态下的资源配置状况。

在现代市场经济条件下,满足社会需要有两个系统:一个是市场系统,另一个是政府系统,市场和政府都是对资源的配置系统。微观经济理论证明,完全竞争的市场机制能够使资源的配置达到最有效率的状态,反过来,理论上能够达到"帕累托最优"状态的市场又必须是完全竞争的市场。但由于现实市场经济并不具备完全竞争市场的假定条件,因此作为一种有效的运行机制的市场也并非万能的,而是有着固有的缺陷,需要政府的干预和介入。但市场经济需要政府干预,这并不意味着政府总是有效的。与存在市场失灵和市场缺陷一样,政府机构也同样存在着缺陷和干预失效问题。关于政府失灵的问题,将在以后的章节中详述。

作为两种不同的资源配置方式和经济机制,它们分别是私人经济部门和公共经济部门配置资源的机制。市场机制是以价格和竞争机制为特点,政府机制主要通过公共部门的预算收支活动来配置资源,有时还要借助于法律、行政等手段。市场和政府同时也是两种不同的财政政策。因为不同的经济运行方式意味着政府和公共部门的职责范围以及所采取的行动有根本性的不同。

综观当今世界各国,虽然各国纷纷走上市场经济的道路。但是,由于各国的社会经济制度和意识形态不同,以及历史和文化传统不同,世界各国的市场经济体制也形成不同的模式。例如,类似英国那样的多数欧洲国家实行"新自由主义"的市场模式,但其中有些国家政府仍支配钢铁、煤炭、铁路、空运以及公用事业,政府集中的国内生产总值(以下简称 GDP)达 50% 以上。美国也属于这种类型,但政府的集中度较小,经济运行的自由度较大,政府集中的 GDP 大体为 30%以上。北欧国家号称为"高福利国家",政府承担大量的社会服务和社会福利负担,政府集中的 GDP 达 60% 以上。德国实行所谓的"社会市场经济",主要是将自由竞争机制和一套完整的社会政策相结合。以日本为代表的市场经济被称为"东方模式"或"亚洲模式",一方面主张充分自由竞争;另一方面又通过政府计划、发展战略、产业政策引导和控制市场的运行,东南亚的新兴国家大体都仿效这种模式。总之,各国实行市场经济体制,都必须重视协调政府与市场的关系,根据本国的国情来选择适合自己特点的市场经济模式。

对我国而言,我国当前仍处于社会主义初级阶段,实行社会主义市场经济体制,就是要求在国家宏观调控下使市场在资源配置中起基础性作用。这里明确而科学地表述了政府和市场的关系。所谓"市场在资源配置中起基础性作用",既肯定了市场的作用,同时也说明市场在资源配置中的失灵,这就要求政府发挥应有的配置资源的作用,主要是生产或提供具有外部效应的公共物品。所谓"在国家宏观调控下"则是指明市场机制本身存在缺陷,需要政府干预。在市场经济体制下,政府干预的目标首先是保护竞争、界定产权、制定经济活动的规则,为确保市场机制的有效运行创造条件,其次是纠正市场机制本身难以克服的缺陷及市场失灵,以实现资源的合理配置、收入的公平分配以及宏观经济的稳定。政府干预的手段包括经济手段、行政手段、法律手段等,其中的经济手段主要指财政手段及货币手段。研究政府如何通过财政手段来进行干预调控,就是公共财政学的任务。

三、公共财政是一种政府的经济行为

如前所述,"公共财政"这一说法来自于西方经济学,既可认为它是一个普通的概念,也可以说是一门学科及其理论,它是指国家或政府为市场提供公共服务的经济活动,它是与市场经济相适应的一种财政类型和模式。公共财政理论认为,在市场经济条件下,社会资源的主要配置者是市场,而不是政府。只有在市场失灵的领域,政府部门的介入才是必要的,也就是说,市场失灵决定着公共财政存在的必要性及职能范围。

公共财政一般通过公共部门的收支来衡量政府活动的范围以及它对经济的影响程度。公共财政取得收入的方式一般有三种,它们是税收、价格和使用费及公债。税收是政府依据其行政权力强制地、无偿地取得收入的一种方式,这是一种最常见,也是最引人瞩目的公共财政收入方式。这是由政府部门所承担活动的性质决定的。政府部门的各单位一般不销售产品和服务,它提供的产品和服务是免费或部分免费的,要弥补生产这些产品或服务的成本就必须依靠税收。政府征税的方式是多种多样的,每一种方式都会对经济产生不同的影响。分析和研究各种税收的经济影响,并选择适当的税收方式是公共财政收入理论的一项重要内容。价格或使用费是公共部门中的单位通过销售自己所生产的产品或服务,用有偿交换来获得收入的形式。由于政府部门所提供的产品或服务大多不能销售或不适宜销售,因此,对于政府部门来说,价格或使用费只是其取得收入的一种辅助手段。公债是政府通过信用取得收入的方式,具有自愿性和有偿性的特点。

公共部门的支出方式可以分为两类,即购买支出和转移支出。购买支出是政府用于购买商品和服务的支出。购买支出是政府调节经济最直接的手段,其规模的大小直接反映了政府对社会产品结构的控制能力。转移支出是公共部门

无偿地将一部分资金的所有权转移给他人所形成的支出,其基本的特点是无偿的,它是单纯的支出而无相应的回报。一笔资金转移到其他经济实体手中后,购买什么,购买多少以及是否用于购买都取决于受让者的决策,因此,转移支出一般不构成对社会最终产品的直接需求,它不像购买支出那样能够用于直接地调控产品结构、部门结构以及总需求。但将这笔资金转移给谁的决策权在政府手中,它的直接影响表现在收入分配方面,因此转移支出是政府调节收入分配的重要手段。

公共财政收支所支持的活动可分为三种:一是公共提供,免费为公众提供某些产品或服务;二是公共生产,进行生产性投资;三是收入再分配,调节社会成员之间的收入差距。

公共提供(Public Provision)是与消费者用自己个人的收入通过购买的方式取得消费品的市场提供相对应的一个概念,它是指政府免费地向公众提供产品或服务。这里,免费仅仅是从产品或服务的提供过程来看的,政府之所以能够免费地向消费者提供产品或服务,是因为它可以通过税收的方式取得收入来源,以补偿这些产品或服务的生产成本。公共提供是政府在消费和交换领域内从事的活动,就可能性而言,一切产品和服务都可以公共提供。但在实践中,哪些产品和服务应该公共提供,其合理界限应该如何确定等问题,这是公共财政理论需要研究的。

公共生产(Public Production)也是与私人生产相对应的一个概念,它是指以政府为生产资料所有者的生产,其组织形式是政府所属的行政、事业单位和企业。公共生产是政府在生产领域所从事的活动。从可能性来说,一方面,一切产品和服务都可以公共生产,另一方面,绝大部分产品和服务也都可以采用私人生产的方式。这两种方式各有特点。公共生产与私人生产的结构实际上是生产领域中公私的分工问题。财政学研究生产领域中政府的活动,提出哪些产品或服务适合于公共生产的方式,哪些可以考虑采用私人生产的方式;为什么有的产品或服务要采用公共生产的方式,有的则要采用私人生产的方式;采用不同的方式会形成怎样的结果等问题。

此外,公共财政学的研究要涉及到两种分配问题。第一是社会产品或收入在公与私之间的分配问题。政府要发挥其职能就要占有一定的收入份额。这样,整个社会的收入就要划归公私两大部门,前者由政府占有和支配,后者由私人占有和支配。在分配领域公共财政所要考虑的第一个问题是:政府应占多少份额,私人应占多少份额? 对这个问题的回答归根到底取决于实践中公共提供和公共生产的范围究竟应该多大。另一种分配问题讨论的是社会产品在各个人之间的分配,它表现为各社会成员占有或享有社会产品的相对份额,即收入再分配。收入再分配(Income Redistribution)是指政府通过其活动,对市场所形成的收入分配格局进行的调整。它是政府在收入分配领域所从事的活动。政府所有的收入和支出,及其所进行的一切活动都会在不同程度上具有再分配的含义。一个社会究竟应该在多大程度上依靠市场来进行分配,多大程度上可以通过政府对收入进行再分配,政府的各种活动以及各种不同的方式会对收入分配产生怎样的影响,哪些方式可以较好地实现收入再分配的目标,这些都是公共财政学所要研究的问题。

第三节　公共财政的职能

公共财政学是研究政府理财活动及其对资源配置和收入分配影响的一门学科。所谓财政职能是指政府的财政活动在经济和社会生活中所固有的功能,是政府活动对经济的各个方面所产生的影响和变化的高度概括。它既表现为财政的作用,也表现为财政的职责或责任。现代财政职能的研究更着重于经济意义以及经济与社会相联系的方面。由此,对财政职能的研究必须要和经济学的基本问题结合起来。

经济学的基本问题是:在资源稀缺的条件下,生产什么,怎样生产和为谁生产。生产什么,怎样生产涉及到资源的配置,而为谁生产则与收入分配联系在一起。任何一个社会和国家都会遇到同样的基本经济问题,但不同的社会和国家解决基本经济问题的方式可能会有所区别,有时甚至会截然不同。就资源配置的方式而言,基本上有两种方式,一种是市场方式,一种是非市场方式。市场配置资源的方式是按照市场需求和供给的变化,引起价格的变动来实现的。例如,甲商品的需求大于供给,造成甲商品的价格上升,价格上升则诱导更多的资源用于甲商品的生产;如果供给大于需求,价格下跌,资源就从生产甲商品中流出来转移到其他供不应求的商品的生产中去。非市场方式的资源配置是指资源的配置不是根据市场上价格的变化来引导资源的流向,而是依据政府的意图和计划来配置资源,所以也称政府行政方式。由于政府的经济活动集中反映在财政预算的收支中,政府的这种配置资源方式也就表现为财政的资源配置职能。

资源配置的市场方式和政府行政方式在任何国家中都存在,只不过在不同的国家中这两种方式在资源配置过程中发挥的作用和所处的地位不同罢了。但如果把这两种配置资源的方式完全分开来比较,那么在现代社会,一般认为,由市场来配置资源被证明是至今为止最有效的一种资源配置方式,它要优于政府行政配置方式。因为,经济学中的稀缺规律要求资源配置要强调效率,而市场配置通过价格的升降反映资源的相对稀缺程度,从而能够引导资源以最有效率的方式进行配置。但是,我们说市场配置方式是最好的,只是从总体上看,是从和政府行政配置方式的各自孤立的对比中看的,这绝不是说在任何情况下,市场配置都是最好。"看不见的手"不是万能的,市场有缺陷,公共产品,外部效应、垄断和信息的不对称等较为明显地表现了市场缺陷。这些缺陷一方面使得市场不可能在所有领域都能有效地起作用,实现资源的最优配置;另一方面,这些缺陷也为政府介入经济活动提供了理由。可以说,财政的资源配置这一职能正是由于诸多市场缺陷的存在而成为必要,如果一切资源都可以通过市场来配置,那么也就不会有财政资源配置这一职能了。

经济学基本问题的另一个方面,即收入分配的方式也有两种:一种是按市场原则来分配收入;另一种是由政府决定收入的分配。政府对收入分配的调节或作用就是财政的收入分配职能。财政收入分配职能的存在,也在于按市场原则分配收入所形成的收入分配格局,可能会偏离社会所公认的合理范围,因此需要政府的活动来加以调节,也就是说市场缺陷在收入分配领域中的存在,要求财政参与收入分配,从而也赋予财政收入分配的职能。

经济学中的效率不仅仅是指微观层次上的资源使用效率,而且也包括宏观层次上的资源充分利用效率。经济发展中的波动、失业或通货膨胀,使经济的运行不在生产可能性边界上进行,而是在边界之内,这就产生了宏观经济效率的损失。在市场经济中,由于市场缺陷的存在,充分就业和物价稳定不会自动出现,宏观效率的损失不可避免。因此,通过财政政策措施来稳定经济也成为政府的一项重要职能。

综上所述,财政的职能主要包括三大内容。首先,财政的资源配置职能,即对不能由市场来提供的产品,通过政府预算政策来提供。其次,财政的收入分配职能,即调节收入与财富的分配,使之符合社会上公认的"公平"或"公正"的分配状态。最后,财政稳定经济的职能,即运用财政政策,实现经济稳定、持续地健康发展。

一、资源配置职能

在市场经济条件下,市场在资源配置中起基础性作用,市场会通过价格与产量的均衡自发地形成一种资源配置状态,但市场机制并不是万能的,其作用也是有限度的。由于市场失灵和市场缺陷,在某些方面市场不能实现有效的资源配置,因此需要由政府介入这些领域,通过本身的收支活动为社会提供公共物品,引导资源的流向,弥补市场的失灵和缺陷,最终实现全社会资源配置的最优效率状态。财政的资源配置职能是指财政对资源配置所产生的影响。资源配置的公共财政机制可以通过公共财政对生产什么和如何生产的影响来加以阐释。

(一)在"生产什么"方面,公共财政通过其特有的方式,解决整个社会的产品品种及各品种所占比重的问题,从而区别于市场的资源配置职能。主要包括以下三个方面:

1. 公共财政对公共产品和私人产品结构的调节。公共产品是整个社会共同消费的产品,采取公共提供的方式进行消费。私人产品由个人、家庭进行消费,采取市场提供的方式。政府通过税收对个人收入进行扣除,就会改变公共产品和私人产品的结构,使得个人或家庭用来购买私人产品的开支减少,政府用来提供公共产品的开支增加。

2. 公共财政对资本品和消费品结构的调节。如果政府将个人或家庭本来可用于消费的收入扣除下来用于投资,那么社会产品结构中资本品的比例将提高,消费品的比例将下降。而如果政府取得的收入是以个人或家庭的投资为代价,并且将这部分收入用于消费性支出,那么资本品和消费品的结构就会发生相反的变化。

3. 公共财政对产品部门结构的影响。政府的公共财政政策,如税收,补贴,公共生产的投向,将影响到公共部门内部生产或提供的产品结构。

(二)在"怎样生产"方面,政府公共财政通过决定用哪些资源,在什么地方,用怎样的生产方式和生产组织形式来实现其资源配置职能

公共财政对投入资源组合的影响。"怎样生产"要解决的是如何将现有资源用于两种不同产品的生产的问题。社会生产总要采用某一种投入组合,即使没有政府的干预,市场也会自发地作出某种安排,而政府的活动就在于能使这种安排产生某种变化。如果政府对不同的资源征收不同比例比率的税收,比如对劳动收入相对于资本收入征收较少的税收,这就会使劳动这一资源的价格较低,生产者将更多地投入劳动而少用资本,这就改变了生产者投入资源的比例。

公共财政对生产地方的影响。在资源既定的条件下,一些地区投入的增加就意味着另一些地区投入的减少;在政府收支量既定的情况下,对一些地区的优惠也就意味着对另外一些地方的歧视。这说明政府公共财政会影响生产在各地区之间的布局,影响在什么地方进行生产的问题。

公共财政对生产方式的影响。这主要表现为政府通过公共财政直接影响公共生产和私人生产二者之间的比例关系。政府通过税收、公共定价进行社会扣除的份额,通过国债将社会闲置资金注入公共部门的份额,或者对公共企业与私人企业采取不同的政策待遇,都会直接影响国民经济中公共生产与私人生产的比例关系。

公共财政对生产组织形式的影响。政府对不同大小或者不同性质的企业采取区别对待的财政政策,会使人们改变原来的选择。例如,对小企业的利润课征20%的税,而对大企业的利润课征30%的税会诱使大企业分裂为小企业。对产品交易过程的不同税收形式也会对专业化企业与自给化企业产生不同的影响,从而改变原有的生产组织形式。

以财政手段进行资源配置,主要可利用以下的政策工具:

属于财政支出方面的有:(1) 政府可直接提供某些市场供给不足的产品,如

公共产品、准公共产品、私人经营容易产生垄断的产品、市场不完全的、优值品等。政府提供是指政府免费地向消费者提供产品。政府提供公共产品并不等于政府直接生产公共产品。有些公共产品既可以由政府直接生产,也可以由政府通过预算安排或政策安排等某种适当方式将公共产品委托给私人企业进行生产,然后通过政府购买,免费提供给社会。(2) 财政补贴。对于一些市场供给不足的产品,政府也可以通过财政补贴的方式刺激私人企业生产,达到与政府直接提供同样的目的。(3) 政府购买支出。从一般意义上讲,政府对私人产品的购买均可视为对该产品的补助,因为它直接体现为对该产品的需求,可收到刺激该产品的生产、扩大供给的效果。

政府税收。政府可通过调整税率来鼓励或限制某些产品的生产。

在我国社会主义市场经济条件下,财政配置资源的范围界定如下:配置资源于社会公共部门,以提供社会所需要的包括国防、警察、环保、水利、气象等公共产品;配置应将财政承担的部分资源用于具有准公共产品性质的教育、医疗、保健等部门;配置资源于具有自然垄断倾向而导致竞争无效的行业和部门,即因存在规模效益递增易形成垄断,导致市场配置无效或低效的如铁路、邮电、电力、公用煤气、自来水等部门;配置资源于基础产业如农业、原材料、交通运输、能源等部门以及具有风险大而又难以预期收益的新兴产业、技术开发等。

二、财政的收入分配职能

财政的收入分配职能是指财政对收入分配所产生的影响。收入分配包括国民收入的初次分配和再分配两个阶段。收入分配的第一阶段是市场机制作用下所决定的收入的初次分配。如果资源市场是竞争的并且运转良好,那么,每一种生产要素的收入就来自其对生产的贡献。但在市场经济条件下,由于各经济主体或个人所提供的生产要素不同、资源的稀缺程度不同以及各种非竞争因素的干扰,各经济主体或个人获得的收入会出现较大的差距,甚至与要素及劳动投入不相对称,而过分的悬殊将涉及社会公平问题。既然市场机制不能避免收入分配的不公平,而市场对初次分配的失灵又要求社会进行再分配,因此只有依靠政府公共财政来执行收入再分配的职能。

(一) 公共财政调节收入分配的对象

收入分配可以从不同层次上来进行分析,可以将整个社会分成若干群体,考察政府公共财政活动对各群体之间收入分配的影响。

1. 调节生产者和消费者之间的收入分配关系。一般而言,几乎每个个人或单位都兼有生产者和消费者的双重身份。但是对于某一种产品,某一类产品或者某一交易行为来讲,生产者和消费者的界限是清晰的。因此,当政府公共财政对某一产品或某一交易行为征税,补贴公共定价或者采取其他管制措施时,可以从生产者和消费者这一层次上分析收入分配问题,比如所缴纳的税有多少比例是由生产者承担的,有多少比例是由消费者承担的。

2. 调节部门之间的收入分配关系。每一个人都从属于国民经济的某一部门,如果政府公共财政活动(如公共财政的税收或支出活动)对不同的部门实行区别对待,就会影响人们之间的收入分配关系。

3. 调节地区之间的收入分配关系。

4. 调节代际收入分配关系。代际分配是以时间来划分群体对收入分配进行分析。政府的公共财政活动会影响这种代际分配关系。如果政府的国债政策是为社会提供某种消费,使得社会的积累减少,这样留给后代的财富就会减少,而且还要承担还债的责任,这实际上是将下一代人的利益转移到本代人。如果政府公共财政活动使得本来用于消费的资源用于积累,那么,本代人的利益就会转移给下一代人。

(二) 政府执行收入分配职能而采取的财政措施

税收—转移支付制度。它包括按照支付能力原则设计的税收制度和按照受益能力原则设计的转移支付制度。其中最重要的税收工具是累进所得税,政府通过对高收入者课征较高的税率,强制性地把财富从那些应该减少收入的人手中收集起来,再通过补助金或救济金制度用货币或实物形式把财富转移给那些应该增加收入的人们。

实施分配职能的税收工具还有对遗产和赠产征税以及对奢侈品征税等。政府可对奢侈品以高税率征税,对日用品进行补贴,借以加重高收入阶层的负担,减轻低收入阶层的负担。

政府可将征收累进所得税筹集的收入用于公共事业投资,如公共住宅等,以利于低收入阶层。

公共管制。除了以上措施和工具外,政府还可以对市场机制进行直接干预。如规定企业必须向雇员支付最低工资,对生活必需品实行价格上限,房租管制等价格管制政策,都是旨在保障低收入阶层的生活水平。

财政的收入分配目标是达到公平状态,但公平是一个"规范性"问题,公平与否很难有一个一致公认的标准,另外,由于公平与效率有着相互制约的关系,因此,政府在采取措施以实现收入分配公平目标时,需要考虑两点:一是在选择这些政策手段时,必须考虑到由此产生的"效率代价"。这一代价是因消费者或生产者的选择受到政策手段的干预时产生的。如"劫富济贫"的累进所得税往往会影响人们工作的积极性,不利于储蓄和投资,还会影响人们的进取性和冒险精神。选择性的商品税也会因价格失真干扰消费者和生产者的决策,因而产生效率损失。因此,当再分配包含"效率代价"的情况下,任何设定的分配变动都应以最小的效率代价完成。事实上,用不同财政方式,如税收、资费收入等去实现一个既定的收入分配目标所引起的效率损失可能有很大的差别,这就要求政府选择适当的财政政策,以求实现这一目标时所产生的效率损失最小。例如,同是补贴,在达到既定的收入分配时所造成的效率损失是不同的,现金补贴比实物补贴的效率就要高。二是虽然实现公平是政府干预分配的一个原因,但并不是说政府所采取的所有收入再分配政策就必然都会实现公平,如果处理不当,完全可能造成相反的结果,使贫富差距扩大。例如,对房租的补贴使原先住房条件较好的家庭得到更多的好处;电价补贴使有条件购买较多电器的家庭获益最大;对农产品的垄断性低价收购会扩大城乡收入水平的差距。从这一意义上讲,减少政府对分配的干预不仅有助于实现效率目标,同时也是对收入分配状况的一种改善。

三、财政的经济稳定职能

由于市场机制不能自发实现经济稳定发展,因此需要政府的干预和调节,执行稳定经济的职能。公共财政的经济稳定职能,是指公共财政通过收支活动对总供求产生影响,缓解通货膨胀和失业压力,稳定宏观经济,以达到促进经济稳定增长的目的。目前世界公认的宏观经济稳定的四大目标是充分就业、物价稳定、经济增长和国际收支平衡,这些经济总量由总供给和总需求决定。

（一）经济稳定的公共财政机制

公共财政的宏观经济稳定职能体现为政府公共财政活动对总供给和总需求的影响。所以公共财政的宏观经济调节机制可从公共财政对总需求、总供给及国际收支的影响等方面来考察。

1. 公共财政对总需求的影响。公共财政对总需求的影响是通过政府的收支活动实现的。政府的收支活动从收入方面来看主要是税收和公债,从支出方面看是购买支出和转移支出。其中政府的购买支出是总需求的一个组成部分,其数量会直接影响社会的有效需求,政府的转移支出、税收、公债等可以使公众的可支配收入增加或减少,从而会间接地影响总需求。

2. 公共财政对总供给的影响。公共财政对总供给的影响是通过政府的公共财政活动对劳动供给和整个社会的资本积累的影响而实现的。总供给取决于现有资源的数量以及使用这些资源的技术和组织能力。公共财政活动对资源供给的影响,一是通过政府的税收或者支出政策（如提供福利）对劳动供给的影响,二是通过政府收支活动对私人投资和整个社会投资总量的影响来实现的。

3. 公共财政对国际收支的影响。从一个开放的经济来看,总需求包括国内需求和外国对本国产品的需求;总供给不仅是国内的生产能力,也包括一部分从外国进口的产品所代表的生产能力。公共财政活动对国际收支的影响,主要表现为政府的关税政策以及国际间的税收关系对进出口以及国际之间的资本流动产生影响。

（二）公共财政经济稳定职能的实现机制及政策工具

稳定经济的职能，可以从两个层次来看，第一层次是财政的自动稳定功能，第二层次是相机抉择的财政政策。前一种是指财政制度本身所具有的自动稳定经济的功能。比如，累进的所得税制就具有这种功能，当经济过热时，投资增加，国民收入增加，累进所得税会自动随之而递增，从而可以适当压缩人们的购买力和降低总需求、恢复经济的平衡；当经济衰退时，投资减少，国民收入下降，累进所得税又会自动随之递减，从而防止总需求过度缩减而导致经济萧条。在支出方面，失业救济金制度也可以发挥类似的功能。当然，不同的财政制度所具有的稳定功能的强弱程度是不一样的，这就要求政府在发挥财政稳定经济的职能时，首先在财政制度的安排上应朝着能对经济被动起较大的自动稳定作用的方向去设计。财政制度包括收入结构和支出结构。就收入结构而言，主要取决于税收。就税收结构而言，所得税和社会保障税所占比重的大小、税率的累进程度、税率的档次等方面的差别，都将会影响到自动稳定功能发挥作用的强弱程度。一般来讲，像所得税、社会保障税等直接税所占比重大的税收结构，其自动稳定经济的功能要大于间接税如各类商品税所占比重大的税收结构。就支出结构而言，主要反映在转移支付上。比如说社会保障支出比重大的支出结构，其自动稳定经济的功效要大于社会保障支出比重小的支出结构。

但是，财政的这种自动稳定器作用至多对经济的波动起一种缓冲作用，它不可能完全熨平和消除经济的波动。这就需要从第二层次上来发挥财政的稳定职能，即相机抉择的财政政策。这种政策是指政府根据经济形势通过调整预算收支，以达到总需求和总供给的平衡。在经济过热时，政府可以减少支出、增加税收或者两种手段同时采用，在经济萧条时则采取相反的措施。

具体来讲，财政稳定经济的主要工具有：

1. 税收政策

税收政策指建立符合市场经济要求的税制及经济政策，能够有效地保证必要的财政收支规模，增强国家对宏观经济调控的财力，因而是影响经济社会发展格局及其增长方式的重要变量。其次，对劳动、资本、土地等要素收入适当征税，有利于引导人们对有效经济增长方式的选择与追求。此外，根据国家的产业政策意图，区别不同行业的实际税负，也可以达到调节产业结构和企业组织结构的目的。因此，税收政策对经济稳定与增长起着至关重要的作用。

2. 公共支出政策

政府的公共支出政策无论是长期还是短期的，都对经济稳定和增长方式的转变影响很大。比如说用于基础设施建设、治理环境污染等方面的公共支出，就是营造经济发展环境、制约和促进经济增长的一个重要因素；而用于教育和科研等方面的支出,则可以提高劳动力的素质,促进科学技术的发展和应用。至于财政的投资性支出,直接就是社会总需求的一个重要组成部分,其支出规模的扩张或收缩,支出结构的调整变化,对社会总供求与经济增长的格局,社会投资和消费,经济结构和产业结构等都有举足轻重的影响。

3. 国债、补贴和转移支付财政手段

世界各国的经济发展实践证明,有效的国债政策,可以调控社会资金流量与流向,减轻或消除通货膨胀的压力,同时又可以为实现经济增长提供资金来源。财政补贴政策,可以对企业研发,以及高新技术投资产生明显的支援、扶持效应。政府间的转移支付政策,则会使全国各地的公共服务水平逐步趋向均衡,为落后地区经济的协调、有效增长提供物质条件,在基础设施、人力资源等方面创造必要的投资环境。

当政府选用财政政策调控经济、发挥财政稳定职能时应注意以下几个方面:

(1) 短期和长期的差异。从短期来看,财政调控应以调节总需求为主。萧条时期,实行扩张性政策,政府增加支出或减少税收,以增加总需求,扩大投资,增加就业;繁荣时期,实行紧缩性政策,政府可减少支出或增加税收,以减少总需求,紧缩投资,抑制通货膨胀。从长期来看,财政的稳定职能实际上包括经济增长的内容。财政调控应以调节总供给为主,如对资本的积累、劳动力的供给、产业政策的调整等。

(2) 各项财政措施在稳定经济中的力度和效应强弱的不完全等同。同样是为了刺激总需求,政府直接支出的作用就要比减税的效果大。如果经济处于极度萧条,要想尽快恢复经济,刺激经济发展的最有效的办法就是直接扩大政府支出。

(3) 注意财政政策和其他政策特别是货币政策的配合。政府在对国民经济实行宏观调控中,应运用不同的政策手段,其中最主要的是财政政策和货币政策,而且两种政策必须密切配合才更有助于达到满意的效果。在稳定经济中,货币政策对投资的影响较大,而财政政策对消费的影响更大,因此需要对运用二者所产生的经济不稳定的因素进行分析,以便选择更有利的政策搭配来稳定经济。

经济活动的最终目标是增进社会经济福利,评价一种经济活动的两个准则是公平准则和效率准则。因此,在实现财政职能时究竟会对社会经济产生怎样的影响,也必须同时考虑公平和效率两个方面,对政府的任何一笔财政收支都应当同时从其对效率和公平产生的影响来加以评价。综合地观察财政职能的矛盾与协调,最终可归结为公平与效率的冲突与权衡。在现实经济中,实现财政的资源配置、分配和稳定三大职能的政策手段都是在为某一目标服务的同时,对其他的目标也会产生一定的影响,各个职能之间表现为互相的协调又互相矛盾的关系。具体来讲,我们可以从财政各个职能的相互比较来分析:

（1）在资源配置职能与收入分配职能的比较上。财政的资源配置职能主要体现在提供公共产品，收入分配职能主要是通过税收与转移支付手段来完成。假定社会各成员都能均等地享受公共产品，那么，资源配置职能与收入分配职能之间是否有冲突，就要看为提供公共产品而筹措的资金来源。如果资金主要是由累进所得税提供，那么，这一方面提供了公共产品，实现了资源的有效配置，同时又可以促进再分配，因而，资源配置与收入分配职能之间就是协调的。但是，如果提供公共产品的资金来源于累退性的间接税，情况则正好相反，配置职能的实现就会不利于再分配职能的实现，配置的效率与分配的公平之间就会存在着冲突。

（2）在资源配置职能与经济稳定职能的比较上。经济衰退时期，通常采取增加政府支出来扩大总需求；而发生通货膨胀时，则需要紧缩政府开支以限制需求。在没有采取稳定政策之前，提供公共产品的资金在总的政府支出中占有一定的份额，假定这一份额是比较合理的，那么，一旦采取扩大或缩小政府支出来稳定经济时，这种支出额的变化就有可能会改变原来比较合适的比例，当支出扩大时，会导致公共产品的供应过剩或公共支出的浪费；而在支出需要限制时，又会导致公共产品的供应不足。

（3）在收入分配与经济稳定职能的比较上。分配与稳定目标之间的关系视所处的经济时期不同而不同。在经济严重衰退，失业大量存在时，对低收入集团应给予大量的税收优惠和扩大对他们的转移支付。因为与高收入者相比，他们的边际消费需求比较高，此时，稳定和再分配目标之间的关系是协调一致的，有利于稳定的财政政策也促进了收入的公平分配。但是，在经济处于通货膨胀时期，情况则相反，应该提高低收入集团的税收和减少对低收入集团的转移支付，因为他们比高收入者更能降低需求。此时，稳定和再分配目标之间的关系是冲突的，有利于经济稳定的财政政策不利于再分配目标的实现。总之，财政的三种职能是完整的统一体，不应忽视任何一方。三种职能互为条件，相互促进，相辅相成，使财政在社会再生产中发挥积极作用。

本章小节

公共财政学是经济学的一个特殊分支，也被称为公共部门经济学或公共经济学，它以政府的收支活动及其对资源配置与收入分配的影响为研究对象。

财政是政府的一种经济行为，因而研究财政问题要从政府与市场的关系说起。公共财政理论首先是从评析社会资源的效率开始，分析市场机制本身固有的缺陷，即"市场失灵"和"市场缺陷"，"市场失灵"和"市场缺陷"为政府介入经济活动提供了必要性和合理性的依据，同时也为确定政府活动的领域和范围提供了经济学基础，即满足社会公共需要和承担社会公共事务。从财政学的观点来看,一个社会可分为公共部门与私人部门两个部分。公共部门是政府的组织体系,根据公共部门中各种经济实体的不同性质可进一步划分为政府部门和公共企业部门。

公共财政一般通过公共部门的收支来衡量政府活动的范围以及它对经济的影响程度。公共财政取得收入的方式一般有三种,它们是税收、价格和使用费及公债。公共部门的支出方式可以分为两类,即购买支出和转移支出。

公共财政收支所支持的活动可分为三种:一是公共提供,免费为公众提供某些产品或服务;二是公共生产,进行生产性投资;三是收入再分配,调节社会成员之间的收入差距。

所谓财政职能是指政府的财政活动在经济和社会生活中所固有的功能,是政府活动对经济的各个方面所产生的影响和变化的高度概括。它既表现为财政的作用,也表现为财政的职责或责任。现代公共财政学认为,公共财政的职能主要包括三大内容,即财政的资源配置职能、财政的收入分配职能和财政的经济稳定和发展职能。

复习与思考

一、名词解释

公共财政 公共财政学 公共需要 公共事务 政府的组织体系 私人部门 公共部门 公共企业部门 市场失灵 市场缺陷 税收 价格或使用费 公债 购买支出 转移支付 公共提供 公共生产 收入再分配 财政的资源配置职能 财政的收入分配职能 财政的经济稳定职能

二、思考题

1. 现代公共财政学是怎样发展起来的?作为经济学的一个特殊分支,它的研究对象是什么?

2. 什么是公共部门?政府的公共部门与公共企业部门有何区别?

3. 试述市场失灵和市场缺陷的表现。

4. 作为政府取得收入的主要方式,税收与价格或使用费,税收与公债有何区别?

5. 试论述公共财政的三大职能。

第二章　公共财政学的基本理论

第一节　公共产品理论

公共产品理论是 20 世纪以来创立和发展起来的。它要回答的问题很多,比如:什么是公共产品和私人产品? 一个社会中公共产品与私人产品的最佳组合方式是什么? 最佳生产规模是多少? 投入品如何在公共生产部门与私人生产部门之间进行最佳配置? 假定公共产品的生产完全是由税收来提供资金的,那么还涉及到税收负担应如何在不同的社会成员之间进行分担等。由于篇幅所限,本书对税收负担的分担问题将在以后的章节详述。

一、公共产品与私人产品

为了维持自身和家庭的存在、发展,人类必须要消费某些商品和服务,包括衣、食、住、行等,还需要通过国防提供国家领土的安全,通过公安机关维持社会秩序,通过行政机关提供行政管理服务,以及文化、教育和卫生保健服务等等。从商品和服务需要的主体来看,有的是各社会成员的个人的需要,如食品,衣服,有的则不是某个个别人的需要,而是一种集体的社会性的共同需要,如国防和社会安定。从商品和服务的供给渠道来看,在市场经济体制下,供给的主渠道是市场,即凡是市场上有的东西人们可以到商店里购买。但是,由于存在市场失灵,有些商品和服务市场不能提供,或不适于由市场提供,则必须由政府系统通过本身的特殊运行机制来提供。因此,人类社会需要的各式各样的商品和服务,依据需要主体和供给渠道的不同,可以分为两大类:私人产品和公共产品。

公共产品亦称为公共物品或公共品,是指与私人产品相对应,用于满足社会公共消费需要的物品或劳务。"公共物品(Public goods)是这样一些产品,不论每个人是否愿意购买它们,它们带来的好处不可分开地散布到整个社区里。相比之下,私人物品(Private goods)是这样一些产品,它们能分割开并可分别地提供给不同的个人,也不带给他人外部的收益或成本。公共物品的有效率地供给通常需要政府行动,而私人物品则可以通过市场有效率地加以分配。"①

社会公共产品的范围十分广泛,如政治、法律、国防、社会治安、大中型水利

---

① 〔美〕萨缪尔森、诺德斯:《经济学》(第十四版),上卷,胡代光等译,首都经贸大学出版社 1998 年版,第 571 页。

设施、城市规划、铁路、公路、航运、桥梁、路标、灯塔、医院、天气预报、学校、治理环境污染、城市公共交通、市政建设、交通管理、广播、电视、报纸等公共传媒都属于公共产品的范围。公共产品的范围是随着经济和社会生活的发展而不断扩大的,它体现了全体居民的共同利益。例如,随着社会进步,政府制定的各种计量标准、制定新的科技和经济词汇、规范的使用语言、文字等,也都属于公共产品。

二、公共产品的特征

美国经济学家萨缪尔森在系统研究了公共产品的特性之后,于1954年,提出了确认公共产品的两个标准,即非排他性(non-exclutability)和非竞争性(non-rivalness)。

区分或辨别公共产品和私人产品通常用两个基本标准:一是排他性和非排他性;二是竞争性和非竞争性。私人产品具有排他性和竞争性;公共产品具有非排他性和非竞争性。排他性是指个人可以被排除在消费某种物品的利益之外,当消费者为私人产品付钱购买之后,他人就不能享用此种商品或服务所带来的利益,排他性是私人产品的一个特征;非排他性则是公共产品的第一个特征,即在产品的消费中,很难将其他消费者排斥在该产品的消费利益之外。

公共产品的非排他性首先应从技术上来理解,公共产品在技术上不易于排斥众多的受益者。公共产品的消费是集体进行、共同消费的,其效用在不同消费者之间不能分割,当一种产品从技术上无法进行排斥时,即意味着所有的消费者都可以不费任何代价、不受任何限制地获得该产品的消费权。比如,国防就是一个纯粹公共产品的例子。如果在一个国家的范围内提供了国防服务,要排除任何一个在该国居住的人受国防保护,从技术上来说是极端困难的。其次,可以从成本上来理解非排他性。有些公共产品即使在技术上可以实现排他性原则,但真要实现排他的过程,代价十分昂贵,以至大于排斥所带来的利益,这种排斥从经济上来说是不可行的,因而我们仍认为这种产品具有非排他性。例如市中心的道路,要排除某些消费者消费,从技术上是可能的,但是这种排斥所带来的成本会大大地超过排斥所带来的好处,显然,这种排斥是不经济的。公共产品的非排他性意味着不能排除其他人享用,这样,就会产生"免费搭车者",即某些人试图免费享用公共产品的利益,出现"既然人人都可以享受到这一利益,也就无人为之出钱"的现象。在这种情况下,政府只能通过税收等强制方式把生产公共产品的费用分摊到各个居民或企业。

公共产品的第二个特征是消费的非竞争性。这是相对于私人产品具有竞争性的特性而言的,竞争性是产品消费上的竞争性的简称。所谓消费竞争性,首先是指消费过程中所形成的市场竞争,亦即谁出价最高,谁就获得消费的优先权,其次是指随着消费者的增加,其产品的生产成本相应增加。因此,对一般私人产品来说,一个人消费了这一产品,别人就无法再消费了,私人产品的生产总成本必然会随着消费者人数而增加,因而存在着边际消费成本。既然私人产品具有消费的竞争性,就适宜于按照市场的方式来生产或供给。公共产品的非竞争性是指消费者消费公共产品时并不影响其他消费者从该产品中获得利益。非竞争性包括两方面的含义。第一,边际生产成本为零。即并不因为消费者人数的增加而总成本相应增加,其社会边际成本为零,或者说,一定量的公共产品按零边际成本为消费者提供利益或服务。这里所说的边际成本,是指增加一个消费者对供给者带来的边际成本。第二,边际拥挤成本为零。即每个消费者的消费都不影响其他消费者的消费数量和质量,这种产品不但是共同消费的,而且也不存在消费中的拥挤现象。消费非竞争性商品的例子有:不拥挤的桥梁,非满载的火车客厢,未饱和运转的计算机。

通过上述研究,我们可以对公共产品做出一个比较严密、科学的定义:它是区别于私人产品,用于满足社会公共需要,具有非排他性和非竞争性特征的社会产品。

在理解公共产品的定义时,应注意以下几点:

第一,公共产品有空间上的区分。凡是受益范围局限于某一区域的,即为地方性公共产品,如路灯。凡是受益范围分布于全国范围的,即为全国性公共产品,如国防。凡是受益范围跨越国界的,即为国际性公共产品,如臭氧层。

第二,公共产品的非排他性并不是绝对的。随着科技的进步,过去在技术上不可排斥的产品,在现在或未来某个时期的可排斥性变为可行。如有线电视、加密电视的产生便是例证。

第三,由于个人的偏好不同,这导致对公共产品的评价可能会有所不同。因而与不同的个人消费等量的公共产品并不一定获得等量的利益。

此外,还要注意公共产品和公有产品的区别,后者不具有非竞争性。公共产品是从消费角度考察的,而公有产品是从所有权角度考察的。当然,公共产品也不必然是政府直接生产的产品,部分军用产品交由私人企业去生产,并不意味着国防就成了私人产品。除了国防外,灯塔、航标、堤坝等也是较为典型的公共产品。

要判别一种物品是否是公共产品,可以分以下步骤:

首先看该物品在消费中是否具有非竞争性,如有非竞争性,再进一步分析,从技术上看,它是否具有非排他性,如果它又具有非排他性,则该物品必为公共产品。纯粹的公共产品应由政府公共部门来提供,因为如果由市场机制来提供,就会出现市场失灵。

如果一种物品没有非竞争性,又没有非排他性,即该物品是能够排他的,则该物品必为纯粹私人产品。纯粹的私人产品应该由市场机制来实现供求均衡。

如果一种物品具有非竞争性,但从技术上看,它能排他,这时,需要进一步分析该物品在排他时成本是否过高,如果排他的成本较低,则该物品属于有排他性、但非竞争性的物品。例如电影院、足球赛、不拥挤的道路与桥梁等等。对于这类产品或劳务,可让市场经营,但政府予以补贴。

上述步骤可用图 2-1 表示如下:

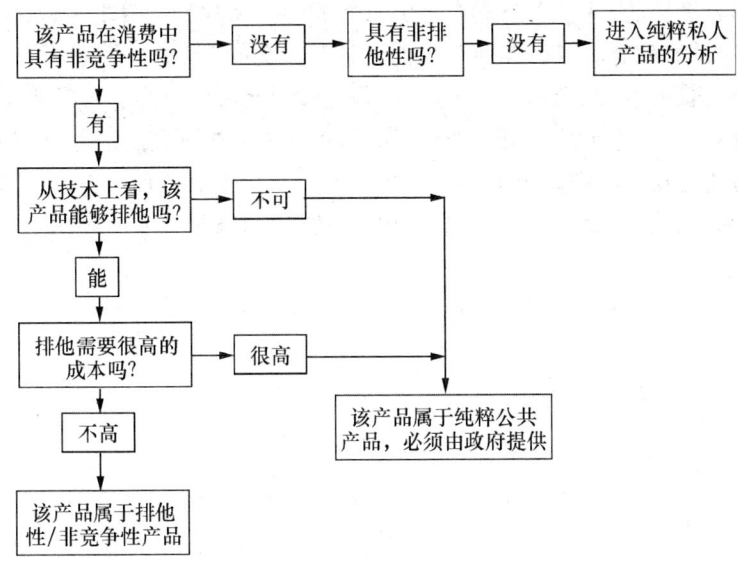

图 2-1　判别公共产品的步骤

三、混合产品(Mixed goods)

公共产品与私人产品是社会产品中典型的两极。许多公共产品同时具有上述的两种特征,属于纯公共产品。但也有些社会产品兼备公共产品与私人产品的特征,因而可称之为混合产品或准公共产品。混合产品是在性质上介于私人产品与公共产品之间的产品。它可以分为两类:一类是具有一定范围内的非竞争性而不具有非排他性的产品,这类产品有桥梁、公园、博物馆、图书馆等。例如,一座桥梁,在不过分拥挤的条件下,多出一辆车通行,并不影响其他车辆的正常通行,也就是增加一辆车通行并不增加边际成本,具有非竞争性。但是当产品具有饱和状态时,再增加消费者就会影响其他消费者对该产品的消费,因而这类产品的非竞争性是局限在一定范围内的。但要阻止车辆通行也是可能的,只要设置一个岗亭即可做到,即以较低的排除成本不让某些消费者消费这种产品,从技术上来说是完全可行的,所以又具有排他性。另一类是非竞争性和非排他性不完全的产品,如教育、卫生、科技等,这种特征往往是由外部效应引起的。以一座花园为例,一座花园,即使设置围墙,也不可能排除路人闻到花香并享受净化空气的好处。还有教育这种产品,受教育者通过接受教育,学到了知识和技能,从而提高其自身在未来经济活动中的竞争能力,这是一种内部效益,这种利益完全为受教育者所拥有。从这一角度看,教育产品具有竞争性和排他性。但是,教育在给受教育者带来利益的同时,还使得整个民族的文化素质以及社会劳动生产率提高。因此教育产品的一部分利益又通过受教育者外溢给了社会,教育又是有外部经济性的,并具有公共产品的某些属性。从这种意义上来说,类似于教育、花园这种产品的非竞争性和非排他性是不完全的。

在政府管理中,纯公共产品的范围是比较狭小的,但准公共产品(混合产品)的范围较宽。除上述教育与花园外,文化、广播、电视、医院、体育、公路等公共部门向社会提供的都属于准公共产品,此外,实行企业核算的自来水、供电、邮政、市政建设、铁路、港口、码头、城市公共交通等,也属于准公共产品的范围。

第二节 公共提供与公共生产

一、公共产品的提供方式

(一) 公共产品的公共提供

上述指出,公共产品具有非排他性和消费上的非竞争性的特点。所谓非排他性是增加消费者人数对这种物品的消费并不会导致任何其他人消费的减少。英国著名经济学家将其描述为:"在对该商品的总支出不变的情况下,增加某个人的消费并不会使他人的消费以同量减少"。而私人产品则不同。设若社会总供给量是一定的产品(M),且有甲、乙两个家庭消费者,甲家庭消费 X 量的该商品,乙家庭消费少量商品,则乙可能消费的商品量 Y 为 $M-X$。

因此,私人产品的甲、乙两家庭的消费关系可以用以下公式来表示:

$$Y = M - X$$

上式可参见图2-2。图中 D_A 为甲的需求曲线,D_B 为乙的需求曲线,DD 为私人产品的社会需求曲线。当价格为 P_2 时,甲与乙各自的需求量分别为 Q_A 和 Q_B,社会总需求量为 Q_0。

而在纯公共产品条件下,甲乙两家庭消费关系式应当为:

$$Y = X = M$$

可见,公共产品与私人产品的消费方式是绝对不同的。私人产品由于甲乙两家庭之间存在函数关系,因此,甲家庭消费得多,则乙可消费量就少。而对于纯公共产品来说,甲与乙可消费量同样多(M),设若甲消费的公共产品量为 M,则乙仍然可以消费 M。非排斥性意味着消费者无论付费与否,都可以消费产品;消费者并不会因为付了费而比他人获得更多的利益,也不会因为没付费而比他

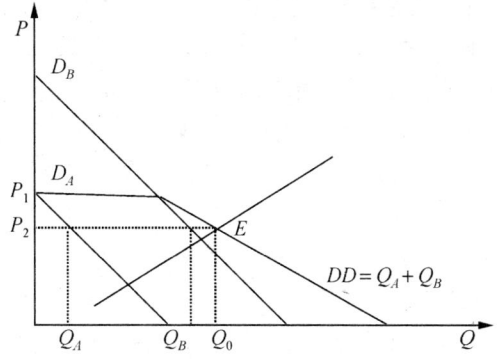

图 2-2　公共产品与私人产品的消费

人获得更少的利益。这样,就会产生"免费搭车"的现象,即每个人都期望他人
承担成本,而自己坐享其成。在这种"免费搭车"心理的驱动下,理性的消费者
将不愿付费消费这种产品,市场也无法提供这种产品。

　　公共产品消费的非竞争性意味着甲消费者在消费产品时并不影响乙消费者
同时从该产品中获得利益,这表明增加一个消费者并不会因此而增加社会的成
本;换言之,对于纯公共产品而言,增加一个人消费的边际成本为零。于是按照
价格取决于边际成本与边际收益的等量关系的要求,不应该向消费者收费。但这
些产品的生产是有代价的,这样,理性的生产者将不愿为市场免费提供这些产品。

　　公共产品由于存在着非排斥性和非竞争性,消费者都不愿付费消费,如果由
市场来提供公共产品,其结果必然是社会所选的产品组合中只有私人产品而无
公共产品,或者公共产品的数量远不足以满足人们的需要,那么社会公共产品与
私人产品的配置将不可能达到最佳水平。如图 2-3 说明了公共产品由市场提供
所带来的效率损失。

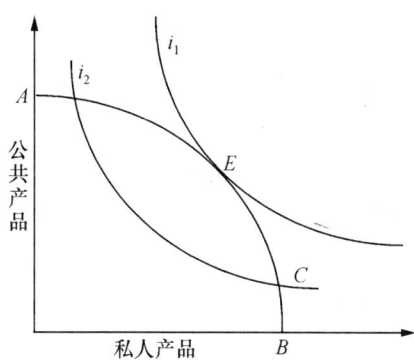

图 2-3　公共产品市场提供的效率损失

社会不仅需要私人产品,同时也需要公共产品,一个社会适当的选择应当是

公共产品与私人产品的某种组合。如图 2-3 所示，AB 线为生产可能性曲线，i_1 是社会无差异曲线，两曲线的切点 E 表示在产出水平最大条件下，社会从公共产品与私人产品的组合中，获得了最大的效用，这正是符合生产效率和产品组合效率的产品组合。假如公共产品与私人产品都由市场提供，则正如前面所分析的，由于搭便车问题的存在，几乎每个人都不愿意自己去购买公共产品，而等待从别人的购买中顺便得到好处，因此市场将不愿意也不能够提供公共产品；即使提供，也是很少量的，几乎社会所有的资源都将用于私人产品的生产，所形成的产品组合表现为图中的 C 点。而通过 C 点的社会无差异曲线 i_2 相比通过最佳组合点 E 点的无差异曲线 i_1 的位置要低得多，这说明同样的资源消耗（因为，E、C 两点处于同一生产可能线上），社会对 C 的满意程度远远低于对 E 点的满意程度。这样，两种不同产品组合给社会带来的效用之差，就是由市场提供公共产品所带来的效率损失。

以上分析表明，市场机制无法使公共产品与私人产品之间的配置达到最佳状态，鉴于市场不能有效率地提供公共产品，只有通过政府征税，以减少人们可用以购买私人产品的收入，并将所取的资金用以补偿公共产品的生产，即采用公共提供方式，才有可能改善资源配置的效率，将公共产品与私人产品的组合从 C 点推到 E 点。因而公共产品采用公共提供的消费方式就成为政府弥补市场缺陷的一种唯一有效的方式。由此公共财政支出的首要任务就是在消费领域内为社会经济的正常运行和发展提供必要的公共产品。

（二）公共产品的最适规模

以上分析表明，公共产品需公共提供。但是政府应该提供公共产品的数量是多少，政府提供公共产品要花费多少成本，如何合理地确定政府提供公共产品的最佳规模，怎样才能判断公共产品与私人产品的结构恰到好处从而能够符合产品组合效率的要求等等，都是公共产品理论所要回答的重要问题。经济学的基本原理告诉我们，经济活动的最优水平应该处于边际成本等于边际收益的水平上。政府的公共财政活动是一种经济活动，因而这一基本原理同样可用来确定公共产品的最佳规模。

假定一个社会中只有甲乙两个消费者，D_A 为甲的需求曲线，D_B 为乙的需求曲线，D_{A+B} 是社会需求曲线，S 是社会供给曲线。一般地说，任何一种产品符合效率原则的产出数量都由其边际效益曲线与边际成本曲线的交点决定，在这一产出水平上，边际效益等于边际成本。图 2-4（a）是私人产品的情况。由于私人产品是可分割的，产品的利益严格内在化，它在消费上具有竞争性和排斥性，因此，消费者可以根据各自的偏好和价格水平决定自己的消费量。社会需求总量是给定价格水平上所有消费者消费量的总和，整个社会的需求曲线就是个人需求曲线的横向加总。例如，当价格为 OP 时，社会需求总量为 OQ，它等于 OQ +

OQ,即消费者甲的消费量加上消费者乙的消费量。当供求相等时,从社会的角度看,该产品的产量和价格都达到了合理的水平。在这个合理的价格水平上,消费者通常会把他的消费量确定在其边际效用等于产品价格的水平上。这时,他们的边际收益都等于产品的边际成本,从而他们各自在产品的消费中获得了最大的净效益;同时,每一个消费者的边际效益也都等于社会边际效益,等于社会边际成本。由此,当个人利益极大化时,社会利益也极大化。

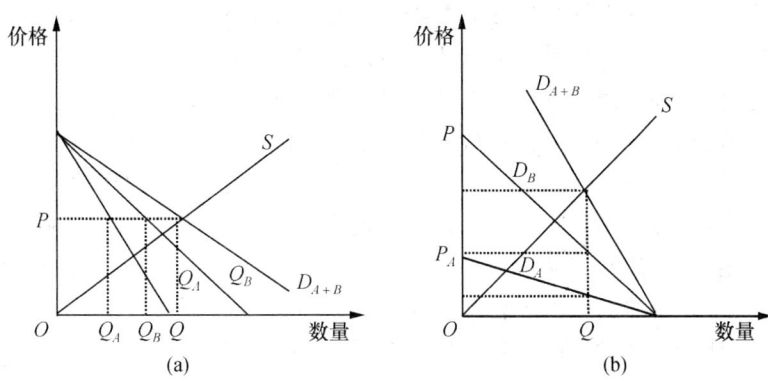

图 2-4　公共产品与私人产品最适规模的决定

图 2-4(b)则是公共产品的情况。公共产品具有不可分割性,其消费具有非竞争性和非排他性,同一个产品可以同时为社会所有成员享受,因此,它对整个社会所带来的好处应等于所有个人从这一产品中所得到好处的总和,社会的边际效用等于所有个人边际效用之和。这样,公共产品的社会需求曲线就可以由各个人的需求曲线推导出来。由于每个人的偏好不同,对于给定数量的公共产品评价不同,因此,所愿支付的价格也不同。社会边际效用应该等于给定数量水平上所有消费者所愿支付的价格之和,即社会需求曲线是个人需求曲线的纵向加总。如:当公共产品的数量为 OQ 时,社会的边际效益是 OP,它等于 $OP + OP$,即等于消费者甲愿意支付的价格加上消费者乙愿意支付的价格。当社会边际成本等于社会边际效益时,公共产品提供的数量将达到最佳的水平。为生产公共产品所发生的成本应如何在消费者之间进行分摊? 要使每一个消费者的净收益达到最大化,公共产品的成本应该在给定的数量上,按照消费者的边际效益来进行分摊。如:当产品的数量为 OQ 时,分摊给消费者甲的单位成本应该是 OP,而分摊给消费者乙的单位成本应该是 OP。这时,消费者甲和消费者乙各自支付的边际成本等于他们各自从产品中所获得的边际效益,整个社会的边际效益等于各个消费者的边际效益之和,并且等于产品的边际成本。由此,在每一个人利益最大化的同时,社会利益也实现了最大化。

由以上分析可见,在决定公共产品的最佳规模时,所适用的基本原理与私人产品是一致的。但是由于两种产品的性质不同,在需求形成过程中,公共产品有着与私人产品完全不同的特点。私人产品的性质决定了每一个消费者在产品市场上面临的是一个给定的价格,消费者所要决定的是他所要消费的数量。而公共产品的性质决定了每一个消费者面临的是一个给定的数量,消费者要考虑的是他愿支付的价格。

综上所述,整个社会公共产品的最优配置,是建立在每个消费者效用极大化的基础之上的,只有当社会边际效益等于社会边际成本、个人边际效益等于个人边际成本时,公共产品提供的数量才会达到最佳。

从理论上来说,我们可以假设消费者愿意表达其对公共产品的效用评价,从而可以得出公共产品的社会需求曲线。但实际上,公共产品的非竞争性和非排斥性决定了消费者不愿通过市场购买来显示自己的偏好,再加之政府并不了解社会的生产可能性边界和无差异曲线,政府在具有充分信息之后必须能够作出适当的决策,决定公共产品与私人产品的组合。而政府在信息方面的缺陷是难以避免的,这方面的困难由于公共产品的特殊性质变得更为显著。因此公共产品的社会边际效益曲线难以描述,进而公共产品的最佳规模也就无法精确。撇开这一点,公共选择理论还证明,政府在决策、管理方面的失误也是不可避免的,这就使得政府公共提供往往会偏离效率目标。实践中,一种比较可行的方法是,实行广泛的民主制度,让公众通过投票的方式来表达其对公共产品的偏好,以使实践中所提供的公共产品数量尽可能接近理论上所分析的最优水平。因此,在"免费搭车"心理下,政治过程代替市场机制,可能是迄今为止唯一一种比较可行的办法。

公共产品理论包含了下述政策含义:

第一,提供公共产品是政府活动的核心领域,在这一领域中市场存在的缺陷是严重的,单纯依靠市场机制会使社会蒙受巨大的效率损失。虽然政府通过税收方式筹集资金来提供公共产品会存在一定程度的政府缺陷,但一般来说,政府提供公共产品可以改善资源配置的效率。国防、行政管理、保证市场规则得以贯彻执行的立法和司法,环境保护以及城乡基础设施都具有公共产品的性质,提供这类产品和服务是政府的首要职责。

第二,在公共产品的提供过程中应尽可能地避免可能发生的政府缺陷,为了减少政府在信息和决策方面的失误,应努力改善公共决策程序,同时加强政府的管理,降低征税过程中的成本和效率损失。

（二）混合产品的提供方式

上面分析的是纯公共产品的提供方式,而公共产品有纯公共产品和混合产品两类。混合产品的特征是兼有公共产品和私人产品的性质。不言而喻,可以采取公共提供的方式,也可以采取混合提供的方式。混合产品的特征又是由两种原因引起的:一类是具有非竞争性又具有排他性;另一类是由外部效应引起的。

先来看具有非竞争性又具有排他性的第一类混合产品。假定有一座桥梁,车流量没有超过其设计能力,在这种情况下,新消费者的加入(增加过往的车辆)不会给其他车辆的通行带来不便,同时也不需增加桥梁维护的费用,增加消费者的边际成本为零,也就是说具有非竞争性。但另一方面,如果不让某些车辆通过这座桥,使之不能享受这一桥梁所带来的交通便利又完全是可行的,只要在桥头设立关卡阻止其通行,这意味着它在消费上是可排斥的。

桥梁成本可以通过两种方式来弥补:一种是由政府通过向一般公众征税来筹集资金以补偿桥梁成本,而过桥车辆免费使用,这是公共提供方式;二是通过向过桥车辆收费来弥补,如同一般商品买卖一样,谁过桥谁交费就购买了桥梁的使用权,即用所收取的过桥费来补偿桥梁成本,这是市场提供方式。政府要考虑的问题是从社会角度出发比较两种提供方式何者为优,比较的依据是效益和成本。

假定这一桥梁的需求曲线,即边际效用曲线为已知的,在图 2-5 中为 AB,C 为造桥成本,F 为收费成本,OQ 为该桥的设计能力,OB 为最大车流量,由于最大车流量未超过设计能力,因此增加消费者并不会增加产品的成本,即增加消费者的边际成本为零,在图 2-5 中,表现为边际成本曲线与横轴重叠。

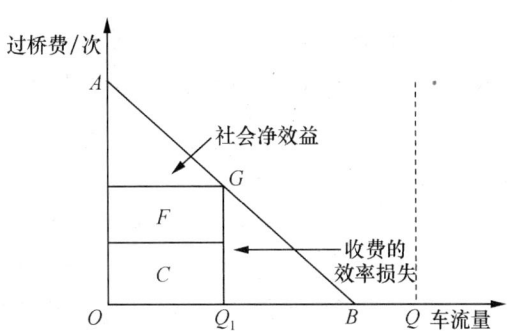

图 2-5 桥梁收费与免费的效率比较

若采用公共提供的方式则桥梁的使用将在边际效用与边际成本相等处,即图中的 B 点取得均衡。这时消费者选择的消费量为 OB,消费者从使用桥梁中所得到的消费效益为三角形 AOB 的面积。但是建造和维护桥梁是需要花费成本的。由于是公共提供,因此造桥的成本只能通过税收来弥补。而在征税的过程中还会发生税收成本 D 和税收的效率损失 E。综合考虑产品的效益和成本以后,在公共提供的情况下,该桥梁给社会带来的净效益等于消费效益扣除生产成本、税收成本以及税收的效率损失之后的余额。从图中看,可以得到以下等式:

$$社会净效益 = AOB - C - D - E$$

再来考虑市场提供的情况。由于该桥梁的使用具有可排斥性，因此可以向过桥车辆收费，用收费来弥补桥梁的成本。由于收费本身也要发生相应的成本，因此，收费标准应能恰好弥补单位过桥成本和单位收费成本。在图 2-5 中，能满足这一要求的收费标准为 OP。由于桥梁的使用在达到设定的车流量之前，其消费具有非竞争性，因此增加车流量并不会花费任何追加的成本，而增加的消费者还能从中得到好处。但是，由于过桥要付费，车流量将会由 OB 减少到 OQ_1，由此，造成收费的效率损失，在图中表现为三角形 BGQ_1 的面积。所谓收费的效率损失是指由收费所引起的消费量的减少，从而引起的社会净效益损失。这样在市场提供下，该桥梁给社会带来的净效益为潜在的消费效益（充分使用该桥梁所能得到的利益）扣除生产成本、收费成本与收费的效率损失以后的余额，图中表现为三角形 AGP 的面积。于是，我们可以达到以下等式：

$$社会净效益 = AOB - C - F - BGQ_1$$

像桥梁这类的混合产品究竟应该是公共提供还是市场提供，主要是看哪种方式给社会带来的净效益大，而这实际上取决于税收成本、税收的效率损失与收费成本、收费的效率损失之间的对比关系。这可以从这两种方法的净效益具体比较中看出来：

公共提供的社会净效益 = 消费效益 − 生产成本 − 税收成本 − 税收的效率损失
市场提供的社会净效益 = 消费效益 − 生产成本 − 收费成本 − 收费的效率损失

一般而言，税收成本主要取决于税务机构的管理水平、税收制度的复杂程度及征收难度的影响；税收的效率损失主要取决于税收制度的合理与否。

收费成本主要取决于收费的难易程度，而收费的难易程度对收费的效率损失也会产生影响。收费管理越困难，收费成本就越高，能弥补成本的定价也就要越高，进而收费的效率损失也越大。此外影响收费的效率损失的另一个因素是产品的需求弹性。一般地，需求弹性越大，收费的效率损失也越大，反之亦然。

因此，在税收成本与税收效率损失既定的情况下，类似桥梁这类的混合产品的提供方式主要考虑收费管理的难易程度以及产品的需求弹性。收费管理较为困难，需求弹性较大就越适合于采用公共提供的方式，反之，则可考虑采用市场提供的方式。当然，在实践中，究竟采用哪种消费方式还有待于进行具体的成本—效益的分析。

再来看第二类混合产品，这类混合产品具有非竞争性和非排斥性不完全的特征，这种特征来自于产品的外部效应。

如果对这类产品采取公共提供的方式，即社会免费提供给消费者，该产品在消费上就会失去价格的约束,人们将会尽情地享用,直到边际效用为零。这时,该产品的个人边际效用和社会边际效用都会大大低于生产该产品的边际成本,这就导致了效率损失。并且政府是依靠征税来弥补该产品的生产成本的,在征税过程中也将产生征纳成本以及税收的效率损失。

在外部效益的情况下,选取这类混合产品的提供方式,主要取决于这类产品外部效益的大小。如果该产品的内部效益很小(表现为购买者个人的边际效用曲线很低),而外部效益较大,市场提供的效率损失就会很大,而公共提供的效率损失就会相对小些。当内部效益相对于外部效益非常小时,这种混合产品可视为纯公共产品,宜公共提供。例如基础科研成果是一种典型的外部效应物品,而且政府的政策是鼓励付诸应用,一般是采取公共提供方式。政策选择的关键在于对外部效益的判断。然而,这种判断非常困难,证明外部效益的存在以及衡量外部效益的大小无论在理论上还是在实践中都是具有挑战性的。但是,如果要作出适当的政策选择,这个问题就不能回避。

其实,多数公共产品都具有较大的外部效益,不过为了提高公共产品的使用效率,并为了适当减轻政府负担,对多数混合产品采取混合提供方式是一种较佳的选择。例如,卫生保健一部分由政府提供,一部分向医疗者收费,采取混合提供方式,既可以保障职工和居民的医疗需求,又可以避免病床过分拥挤和浪费。还有一种可行的办法是,政府根据最佳产量上产品的外部效益,对消费者进行补贴,以鼓励消费者扩大购买量,从而使消费量达到最佳水平。这种方式被称为部分公共提供。

关于混合产品的分析在实践中包含着下述政策含义。

第一,当某项产品或服务在消费上具有可排斥性时,应充分考虑以向消费者收费的方式来为之筹集资金,收费一方面可以使消费者在使用该项产品或服务时认真地对其效益和成本进行权衡,从而防止因过度消费而造成的资源浪费;另一方面又可以减轻政府采用税收方式筹集资金的压力,并把税收成本和因税收而引起的效率损失限制在一个较低的水平上。在实践中,政府所提供的产品有许多属于混合产品类型,例如教育、卫生、科研(这些产品中的一部分被认为具有显著的外部效益)、公路、桥梁、博物馆、公园、图书馆(这些产品和服务一般来说具有可排斥性),仔细地斟酌收费的难易程度与收费的效率损失,合理地评价外部效益的大小是制定适当财政政策的重要环节。在大多数情况下,收取使用费与税收筹资相结合可以避免不必要的效率损失。

第二,收取使用费并不必然意味着可以改进效率,收费标准制定不当也会使效率受到损害,特别是在某些具有行政垄断因素的场合,利用垄断地位乱收费将会给经济带来很大的损害。因此,合理地制定收费标准是财政政策改进效率的关键。使用费(或价格)的制定应以社会福利最大化为原则,单纯地将使用费作为政府谋取收入的手段会产生与效率目标相违背的结果。

　　（三）私人产品的提供方式

　　私人产品是在消费上具有竞争性和排斥性的产品，从消费方面来看，私人产品不存在市场缺陷，如果产品在生产方面完全符合完全竞争的假定条件，那么市场提供将会使得这种产品的生产和消费处在理想的水平上。私人产品的市场提供可使资源达到最优，因此，私人产品一般应该由市场来提供。

　　如果私人产品采用公共提供的方式，不仅不会改进效率，而且还会造成巨大的效率损失。对于消费者来说，使用这一产品的边际成本为零，其消费量会扩大到边际效用为零时为止。这是因为他不负担其消费产品的生产成本。即便是生产成本大大高于其消费得益，他也会继续消费，其结果是资源被大量地浪费，由此造成资源配置过度的效率损失。因此，在消费者偏好合理的假设下，在私人产品的消费领域内，市场机制能够对资源进行有效的配置，无需政府干预。那么，现实生活中政府为什么要对某些私人产品的消费进行干预呢？

　　政府干预私人产品的消费主要是基于两方面的原因：一是为了纠正不合理的消费偏好。如果存在这样的私人产品，消费者对其效用评价过低，换言之，消费者的偏好被认为是不明智的，我们称这种产品为优值品。在优值品的情况下，由于消费者对产品的效用评价过低，如果任由消费者根据自己的偏好去购买的话，则市场提供的优值品数量就会低于资源配置的最佳水平，从而造成资源配置不足的效率损失。在这种情况下，政府就有必要对优值品的消费进行干预。一种可行的办法是，对优值品的消费采取一定的公共管制措施，强制性地要求消费者将购买量增加到某个合理的水平。这种公共管制与市场提供相结合的方式，能够在一定程度上减少单纯市场提供所带来的效率损失。二是出于对公平的关注。由于市场机制在分配领域内固有的缺陷，导致市场分配的结果是不公平的，竞争性市场会使收入分配的结果不为社会所广泛接受。市场分配可能会导致诸如贫困、富裕阶层的浪费、社会冲突、低收入阶层得不到发展与改善自己处境的机会等一系列不良社会后果。为了避免这种情况、为了保护社会上承受能力差的阶层，政府的干预是必要的。

二、公共生产

　　公共产品的提供方式涉及公共产品的生产方式问题，因为公共产品可以是由政府直接组织生产，即所谓公共生产，也可以由私人生产，政府来购买。社会的生产方式总是公共生产和私人生产的某种组合。公共财政学需要解决的问题就是：如何确定公共生产的适当范围，在哪些领域中可以并且应当采用公共生产的方式。

　　如同在消费领域中一样，现实的市场在生产领域中也存在一系列的缺陷。

我们可以通过分析生产者方面的市场缺陷并以此为线索来考察公共生产的适当范围。

从生产者方面来看,资源是否能达到有效配置取决于两个问题:一是生产者是否能够并且愿意以生产的边际成本来决定产品的价格,二是生产成本在现有技术下是否已经降到最低水平。

假定要生产一种无外部效应,无偏好误差的纯私人产品,这时,消费方面不存在市场缺陷。如图 2-6 所示,边际效用曲线 D 和边际成本曲线 S 在图中交于点 E,该点对应着一个符合效率的产品产量 Q_0。市场运行的结果是否会落在 E 点上取决于这个产品的生产者是否能够并且愿意按产量 Q_0 时的边际成本来决定产品的销售价格。倘若生产者不能满足这一条件,把价格定为图中的 P_A 或 P_B 处,那么,该产品产量就会小于或大于其适当的产出水平,资源配置就会偏离产品组合效率。

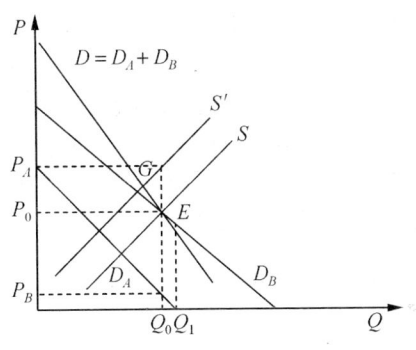

图 2-6　私人产品的消费

即使生产者能够并且愿意按产品的边际成本与边际效用的等量关系来决定该产品的数量和价格,还存在生产成本是否已在现有技术条件下降至最低限度。图中,如果采用某种更为合理的生产方式后,使得产品的边际成本曲线由 S 移到 S',那么,原先的符合效率点 E 就变成了点 G。这说明,生产者能够并愿意按产品的边际成本定价并不保证效率的实现。生产者还必须证明自己所采用的生产技术和组织形式的合理性。如果后一条件不能满足的话,生产的结果就不会处在生产可能性边界上,资源配置就会偏离生产效率。

在现实的市场中,以下一些因素会使得生产者不能满足上述两项要求。(1)垄断。倘若某一种产品只有少数生产者,而这些生产者又互相勾结,或者只有一个生产者,因而拥有控制市场价格的能力,那么追求利润最大化的动机就会使生产者不愿按边际成本来定价。(2)成本递减。如果某一生产领域生产规模越大,成本就越低,边际成本始终低于平均成本,那么,生产者就不能按边际成本定价,因为按边际成本定价就会发生亏损。(3)生产者信息不灵。由于生产者不能准确知道社会需要什么产品以及需要多少,生产就不可避免地出现生产过剩或不足,生产成本就会高于必要的成本水平。(4)信息的不对称性。生产者会利用自己的信息优势来欺骗和误导消费者,使得消费者不能对产品作出适当的评价而导致产品不能以真实的边际效用与边际成本相等为原则来决定生产和消费。(5)生产中的外部效应。由于生产者对外部成本不承担责任,因此产品的成本被低估,生产者追求利润的动机将使得产品不以社会的边际成本定价。所有这些都是发生在生产者方面的市场缺陷。

在存在市场缺陷的场合,市场就不会实现理想的资源配置状态。是否需要由政府进行干预以及采取怎样的方式进行干预将取决于干预所包含的政府缺陷与它所要弥补的市场缺陷的对比关系。政府对生产方面的市场缺陷可以采用三种方式进行纠正:一是税收或补贴,二是公共管制,三是公共生产。这三种方式所包含的政府干预在程度上是不相同的。税收或补贴改变企业经营的外部条件,但企业的所有权以及经营管理权依然归私人所有,企业可以在给定政策条件下自行进行选择,以决定生产什么,生产多少。公共管制(Public Regulation)并不排斥私人对企业的所有权,但对企业的经营决策作出某些限制,例如,由政府来规定该企业的产量、价格、质量、销售方式、经营资格等,就所规定的内容而言,企业无自主的选择权,它必须符合政府所规定的要求,但另一方面,规定条件之外的其他经营决策企业依然拥有自主权。公共生产则是企业的所有权归政府,政府作为企业的投资者或企业的所有者可以直接控制企业的经营活动。在公共生产的方式中,政府可以对企业采取两权合一的管理,也可采用两权分离的管理,让企业在生产经营决策上拥有较多的自主权。

首先来看垄断的市场缺陷。微观经济学的基本理论告诉我们,如果一个生产部门中只有一个生产者,那么他就具有制定市场价格的能力,他就必定要选择一个能使其利润达到最大化的价格。这样,垄断者面临的是一条向下倾斜的需求曲线,并且企业的边际收入曲线处在需求曲线的下方。利润最大化以边际成本与边际收入相等为条件,这样利润最大化的价格必定大于产品的边际成本。

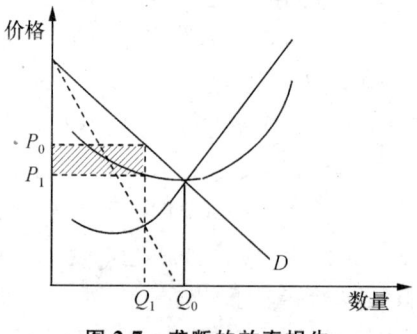

图 2-7　垄断的效率损失

如图 2-7 所示, D 为产品的需求曲线, 企业追求利润最大化, 按边际成本曲线(MC)与边际收入曲线(MR)的交点决定产量 Q_0, 在这一产出水平上, 产品可按 P_0 的价格出售。亦即, 垄断者的生产决策不满足边际成本等于消费者边际效用的要求。在 Q_0 的产出水平上, 边际成本远低于边际效用 P_0。既然在边际上从该产品的消费得到的好处远高于其生产成本, 那么该产品就应该继续生产, 一直到其边际成本等于边际效用的产出水平 Q_1 为止。这就是说, 垄断的产出水平将低于该产品理想的产出水平, 这将使社会的生产偏离效率水平。其偏离的程度可以用垄断所造成的效率损失来衡量, 在图中可表现为阴影部分的面积。

政府还可以采用公共管制方式来制止竞争失灵所产生的危害。针对这一目的的公共管制主要有两种措施, 一是价格管制, 二是反垄断。价格管制就是由政府规定垄断企业产品的价格, 企业只能按政府规定的价格销售产品。这时, 尽管某种产品只有独家生产者, 但它已无法控制价格。只要政府定价适当就能使该产品的产出达到适当的水平, 同时也有助于实现公平目标。采用价格管制的方法, 政策的关键在于决定适当的价格。实践中, 政府往往规定一个能使生产者得到适当资本利润水平的价格。然而, 究竟怎样的资本利润率是适当的, 如何计算资本等问题, 理论上仍存在有不少分歧。此外, 政府如果保证企业一定的利润水平, 那么怎样才能使得企业去努力降低成本呢? 企业降低成本以增加利润, 会使政府认为利润超过了规定的水平, 而将价格进一步降低, 这样企业就不会努力去降低成本。公共管制的另一种形式就是反垄断立法。反垄断(Antitrust)是由政府通过立法来禁止独家或少数企业控制价格的行为。反垄断法通常包括下述内容:禁止大企业相互串通, 合谋操纵市场价格;规定单个企业所能占有的最大市场份额, 一旦超过这一份额就视为非法, 强制地将这一企业分成若干可以相互竞争的企业;禁止以控制市场为目的的企业兼并。

与公共定价相比, 反垄断旨在从根本上消除垄断, 引入竞争机制;而公共定价则立足于承认垄断, 只是限制它在价格方面的决策权。采用反垄断措施竞争机制就会发生作用, 在消除垄断所造成的产品组合效率的损失的同时, 企业仍然会努力地去降低成本, 实现生产效率。而采用公共定价的方法, 企业降低成本的积极性就会被削弱, 企业谋取自身利益的主要努力将放在与政府的讨价还价以及与定价有关的公关方面。因此反垄断措施可以克服竞争失灵的市场缺陷。然而, 在某些情况下, 反垄断也会受到一定的制约, 特别是当竞争失灵是由成本递减或规模经济引起时, 反垄断就会与效率相冲突。

从理论分析和世界各国的经验来看, 自然垄断是政府对生产进行干预的核心领域, 是政府参与生产的首选目标, 政府直接投资于自然垄断行业是一种较为普遍的现象。几乎在所有国家中, 类似于供水、煤气、供电等自然垄断部门都在不同程度上采用了公共生产或价格管制的方式, 尽管较多地采用公共生产还是较多地采用价格管制仍然因各国的具体情况有很大的不同。但近十年来,世界各国的一个普遍趋势是将自然垄断行业更多地让私人企业来从事生产,同时用公共定价来规范它们的行为。通信业就是典型的例子。长途通信、光纤通信以及国际互联网已对长途电话形成了有力的竞争。市场在这一领域的作用明显增强。

　　下面讨论生产者和消费者之间的信息不对称以及这种市场缺陷的治理方法。

　　生产者与消费者之间的信息不对称也会造成效率损失。如图 2-8,S 为供给曲线,D 为消费者明了真相时的需求曲线,它表明某一产品能给消费者带来的真实的边际效用。该产品生产与消费的合理水平为 Q_1。但如果消费者不了解产品的真相,生产者用欺骗或有意隐瞒的手法使消费者高估了产品的价值,这时,需求曲线为 D' 就会使生产和消费量达到 Q_2。显然,一种产品的合理数量应以其真实的效用来确定,生产者与消费者之间的信息不对称使得产品偏离组合效率,它所造成的效率损失表现为图中阴影部分的面积。

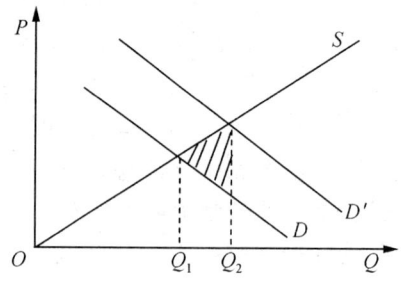

图 2-8　信息不对称造成的效率损失

　　当然,市场本身在一定程度上具有克服这种效率损失的能力,只要市场竞争在起作用,竞争就会保护消费者的利益。然而单纯依靠市场竞争来消除信息不对称所产生的所有问题是不现实的。对于这种市场缺陷所形成的问题,只能通过公共管制的办法来解决。针对这种市场缺陷,政府可以采取三种干预程度有所不同的管制措施。一是信息管制。政府可以制定法规要求生产者公开、公正、及时、全面地披露他所销售的产品或服务的有关信息。例如,在产品市场上,产品包装要求写明生产者、生产日期、生产地、产品所含成分、有效期以及技术标准;在资本市场上,上市公司必须定期地将企业的经营和财务状况用中报和年报的方式公布。违背这一规定将受到处罚。这样,政府可以迫使生产者向消费者提供他们所需要的信息,并提高这些信息的真实性和可信度。与此同时,政府可以组织有关专家对产品和服务的质量进行定期的检查,并将检查的结果公布于众。二是进行质量管理。政府可以针对各种不同类别的产品制定技术和质量标准,从而保证产品的有效性和安全性。这样,在消费者进行选择之前就可将那些政府认为不符合消费者利益的产品清除出市场。三是资格管制,这是指政府对生产者的资格进行管制。政府可以针对各种不同的行业制定生产者资格标准,不符合这一标准就不能注册登记,或者取消从事某种产品或服务的生产和经营资格。这样,通过资格管制,政府直接决定谁有资格从事某项产品或服务的生产。以上这些措施有力地促进了市场交易的规范化,一定程度上可以解决生产者和消费者之间的信息不对称问题。

然而公共管制并不是没有缺点,可能产生的问题之一是管制者判断失误。公共管制实际上是让政府管理机构首先代替消费者对产品所产生的效益和代价之间的关系作出判断,这一过程可能会有两种失误。一种是可能会过高地估计其好的方面,而过低地估计了它不好的方面,这就会使得一些本不应批准生产和销售的产品出现在市场上。另一种是可能高估了某种产品的缺陷而低估了产品所带来的好处,从而禁止了一些本来应能生产上市的产品。公共管制可能带来的另一个问题是以权谋私。管制者拥有批准或不批准的权力,但这种权力有可能被用来为私人利益服务,或者说,掌握管制权力的人有可能用权力来换取个人的金钱和物质利益,在这种情况下,公共管制就不能起到为消费者提供信息和监督生产者的作用。此外,再加之政府机构本身的低效率等因素,政府公共管制可能产生的这些政府缺陷会扭曲资源的有效配置,抑制市场竞争和企业活力,同时也会使企业的生产成本大幅度地增加,消费者购买产品时不得不支付较高的价格。因此,在考虑生产者与消费者之间的信息不对称这一市场缺陷时,必须认真地评价市场缺陷以及干预可能产生的政府缺陷对社会福利的净效应,从而选择政府干预的适当范围与程度。

生产过程中还可能产生外部效应,这是生产方面的另一种市场缺陷。在出现外部效应的情况下,市场竞争不能实现效率。关于外部效应的产生及其纠正,将在下一节中讨论。

第三节　外部效应理论

与公共产品紧密相关的一个现象是外在性或称外部效应。由于存在外在性,某些经济行为主体在其行为过程中常常会低效率甚至无效率地使用经济资源。本节的目的就在于揭示外在性的不同种类,进而考察将外在性问题内部化的各类机制。

一、外部效应及其原因

布坎南(J. M Buchanan)与斯塔布尔宾(W. C Stubblebine)于 1962 年发表一

篇题为《外部效应(Externality)》的论文。按他们的定义,只要某一个人的效用函数(或某一厂商的生产函数)所包含的变量是在另一个人(或厂商)的控制之下,即有外部效应存在。"外部效应指的是一个团体家庭或厂商的行为对另一团体的效用可能性曲线或生产可能性曲线产生一定的影响,而产生这类影响的行为主体又没有负相应的责任或没有获得应有的报酬"。通俗地理解,外部效应即是指私人边际成本和社会边际成本之间或私人边际效益和社会边际效益之间的非一致性,某些经济主题的经济行为影响了其他经济主体,却没有为之承担应有的成本费用或没有获得应有的报酬的现象。产生外部效应的行为主体由于不受预算约束,因此常常不考虑外在性结果承受者的损益情况。这样,这类行为主体在其行为过程中常常会低效率甚至无效率地使用资源。

　　外部效应的表现形式是多种多样的,在现实经济生活中,我们可以依照不同的标准来分类。比如说,按照外部效应的承受者的不同,可将外部效应区分为对消费的外部效应和对生产的外部效应;按照外部效应的发起者的不同,可将外部效应区分为生产活动的外部效应和消费活动的外部效应;从外部效应同经济效率的关系来看,还可将外部效应区分为正外部效应(外部收益)和负外部效应(外部成本)。从经济学分析的角度看,正外部效应和负外部效应是最基本的分类。

　　如果一些人的生产或消费使另一些人收益而前者无法向后者收费,这种外部效应称为外部收益(External benefits),它是一种正的外部效应。在存在外部收益的情况下,无论是产品的买者,还是产品的卖者,都未在其决策中意识到他们之间的交易会给其他人或厂商带来收益。正的外部效应的突出的例子有消防设备的交易,预防传染疾病的疫苗接种,养蜂场的蜜蜂帮助隔壁果园的果树传播花粉从而提高果园产量等,都是外部收益。外部效益有时也表现为生产过程中的产业互补性。由于现代社会实行社会化大生产,因此,一个企业部门的发展会给其他部门创造相应的发展条件,这样,就会产生一种企业以外的社会效益。此外,外部效益也表现在大多数公共产品上。例如,某地由政府修建了公路,交通条件的改善使商品的运输变得更为方便,从而促进了该地区的发展。对于公路附近的居民来说,直接获得的利益是土地使用价值的提高,租金变贵。一般来说,公共产品和准公共产品都存在外部收益。

　　如果一些人的生产或消费使另一些人蒙受损失而前者没有补偿后者,这种外部效应就称为外部成本(External costs),它是一种负的外部效应,这时,某一产品的社会成本大于生产者的私人成本。比如,工业污染对人及其财产所带来的损害就是负的外部效应的一个突出的例子。对于一些工业污染性强的行业来说,每个厂商总是按照自身的成本和收益来确定其产量。为了获得更多的利益,他们总是将废气、废水尽可能地不经处理而排放出去,省却处理污水和废气的成本,从而降低产品内在成本,但却增加了社会成本。正因为如此,这类产品的生产往往是过多的。

外部成本有时也表现在产品的假冒以及资源的开采利用上。由于某些资源如土地、矿产等具有不可再生性,其实际成本是很高的,但从生产者来说,他们是按照开采的成本来付费的,这样就形成了外部成本。这种外部成本也表现为对于森林产品等资源开发上。此外,由于生产假冒产品的成本较低,收益高,在政府不加干预的前提下,许多企业会相继生产和销售假冒伪劣产品。

产生外部经济效应的原因之一是缺乏对产权归属的明确确认,也可能是产权没有经过明确分配或者产权无法轻易地得到分派。仍以工业污染为例,如果社会对污染权没有明确的界定,工厂排放污水被认为属于排入公共供水体系,就很难区分排污的产权责任。但如果社会可以把每个工厂排出的水区分开来,并明确其产权,那么,企业就无法再进一步排污,因为受到工厂排污造成外部成本影响的那些人就有权向企业索取价格赔偿,使这种外部成本转由排污工厂自己承担从而被内部化。

原因之二是某些产品的权益界限不明确或产权无法轻易地得到分派。生产者的成本和收益内在化是以权益界限的明晰为前提的。假若要使某一产品的效益内在化,就要确定这一产品属于谁所有,其他人要获得该产品必须用货币来购买。如果权益界限不明确,那么,其他人也可能无偿地从该产品上获益。在这种情况下,该产品的收益就不可能全部属于其生产者而成为外部收益。生产假冒产品而政府又无有力的打击措施就属于这种情况。一般而言,就物质产品与精神产品相比,物质产品的产权界限相对比较明确,而精神产品往往因权益界限不清而使得其效益外部化,这是因为人们要控制精神产品的权益比较困难。如果是某项物质产品,生产者只要将它存放在仓库里,其他人除了购买之外就无法获得这一产品的使用权,任何偷窃或抢劫行为都将受到法律的制裁。然而精神产品在保护其生产者权益方面就比较困难。一项发明、创造以及技术、设计、配方、款式、著作、商标、名称等很容易被他人无偿地抄袭、仿冒,且不易为生产者觉察,即使觉察到了也不易确认。这样,精神产品就容易产生外部效应,该产品的生产者不能得到其全部利益,而仿冒者可以无偿地享受到这一产品的好处。对于这样的外部效应,通过制定知识产权保护法规,确认专利权、著作权、商标权、版权等的归属并加强法规的执行可以使之内部化。

原因之三是由于外在性的发出方无法就其行为所产生的成果进行明确的产权划分。这类情况常常出现在公共产品的使用方面,这是由于无法将受益方排除在外造成的。公共产品的本质在于同时存在众多消费者消费同一商品,在外部经济性问题中,发出方的行为提供了一种类似共同消费的财富,它同时对发出方及承受方产生效用。因此无法对外在性行为的受益者进行有效定价,这也意味着发出方不愿意考虑自身经济行为的最优化。因此,具有外部效益是公共产品的重要特点之一。

权益不明确也表现为因共同使用某种资源而引起的所谓共同资源问题。例如,某一湖泊中的渔业资源是难以归谁所有的,为了获得较好的经济效益,单个渔民往往投入资金,并且千方百计地改善渔船和捕鱼工具,但一旦所有渔民都这样做,其结果往往是造成过度捕捞,从而使得投资效益下降到最低点,形成投资收益的递减。

图2-9表现了具有外部成本的情形。在图中,D为需求曲线,S为生产者的边际成本曲线,S'为该产品的社会边际成本曲线,S'与S之间的垂直距离表示该产品的外部边际成本。

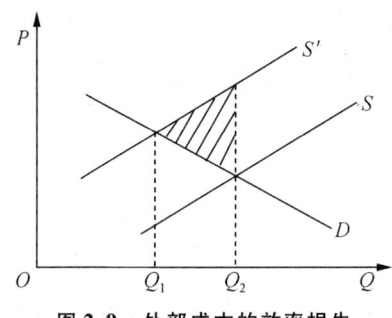

图2-9   外部成本的效率损失

二、外部效应与资源配置效率

在存在外部效应的情况下,私人的边际收益和边际成本会同社会的边际收益和边际成本发生偏离。由于决定个人或厂商的经济选择的是私人边际收益和私人边际成本,而不是社会边际收益和社会边际成本,所以,当个人或厂商仅从自身的利益出发,而完全忽略了外部效应带给他人或厂商的收益和成本时,其所做出的决策很可能会降低资源配置的效率。

(一)负外部效应与资源配置效率

生产过程可能会产生外部成本。仍以工业环境污染为例。工业污染性行业的生产所造成的污染物倾泻于河流,导致水资源的污染,从而降低水资源使用者可从中获得的效益,如减少可供捕捞的鱼量,妨碍人们可进行的诸如游泳、划船等各种形式的娱乐活动。由于环境污染,使得厂商之外的水资源的使用者和其他人的利益受损。但无论是生产者还是消费者都未核算给其他第三者带来的这一成本,经济学家用外部边际成本(MEC)来表示这种因增加一个单位的某种产品或劳务的产量而给第三者所带来的额外的成本。外部边际成本是生产某一产品或提供某一劳务的社会边际成本的一部分,但它本在该种产品或劳务的价格中得到反映。但带有负的外部效应的产品或劳务的价格,不能充分反映用于生产或提供该种产品或生产要素的社会边际成本。

下面,我们就运用外部边际成本的概念,来解释外部成本造成的效率损失。现在假定造纸工业是处在完全竞争的市场条件下,也就是说,在纸张市场上,任何买者或卖者都不可能操纵价格。在图 2-10 中,需求曲线 D 和供给曲线 S 在 E_0 点相交,这一点决定的均衡价格和均衡产量分别为 100 美元和 5 万吨。如图所示,需求曲线 D 代表着购买者可从纸张的消费中所得到的边际效益。为了简化起见,假定这条曲线所代表的也就是纸张的社会边际效益 MSB,即 $D=$ MSB。供给曲线 S 代表着厂商为生产每一追加单位的纸张所付出的边际成本。但是,这条曲线所代表的边际成本仅是私人边际成本 MPC,即 $S=$ MPC,而未将生产每一追加单位纸张所发生的全部成本包括在内,也就是未计入外部边际成本 MEC。

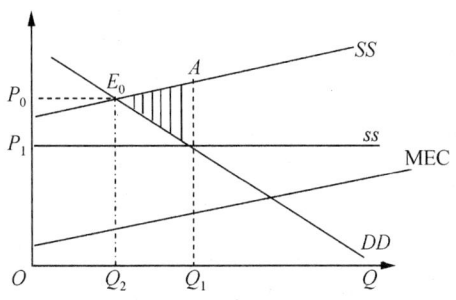

图 2-10 外部成本及其效率损失

再假定生产每吨纸张的外部边际成本为 ¥10,且固定不变,其变动趋势随纸张产量递增。这 ¥10 的外部边际成本显然未在生产者的产量决策中加以考虑,生产者所考虑的仅仅是其私人的边际成本。前面已经指出,除非私人边际成本与社会边际成本相一致,否则,依据私人边际成本做出的产量决策肯定不是最佳的。为了得到社会边际成本 MSC,私人边际成本 MPC 必须加上外部边际成本 MEC,即 MPC + MEC = MSC。这表明,在存在负的外部效应的情况下,产品或劳务的私人边际成本小于其社会边际成本。要得到图 2-10 中的社会边际成本 MSC,可将 MPC 与 MEC(¥10)相加,即 MPC + ¥10 = MSC。鉴于 MEC 固定不变,不随产量变动而变动,MPC 曲线应按相当于 ¥10 的幅度向上平移至 MSC。但如果 MEC 不是固定不变的,而是随产量的增加而递增的,则 MSC 曲线与 MPC 曲线之间的垂直距离将呈逐渐扩大的状态。

最后,我们来总结一下分析结果。如图所示,不加干预的纸张市场的均衡点为 A 点,这时有 MPC = MSB。A 点所决定的产量水平显然不是最佳的。因为资源配置效率的实现条件应该是 MSC = MSB,而不是 MPC = MSB。这意味着,有效的均衡点应当在 B 点实现,在 B 点,包括了私人边际成本和外部边际成本在内的社会边际成本恰好同社会边际收益相等,即 MSC = MPC + MEC = MSB。如果将具体的数字代入,则更可说明 A 点所决定的 5 万吨的年产量水平是缺乏效率的。因为在这一产量水平上,社会边际成本为每吨 ¥110(如 G 点所示),而其社会边际收益只有每吨 ¥100(如 A 点所示)。纸张生产的社会边际成本大于其社会边际收益,其结果必然是纸张以高于最佳产量的水平在市场上出售。随着纸张年产量由 5 万吨减少至 4.5 万吨,即降至 B 点所决定的年产量水平,将会因此而获得相当于 BGA 面积大小的社会净收益。这时,纸张的价格也将由每吨 ¥100 升至 ¥105,年产量将从 5 万吨减少至 4.5 万吨。从社会利益来看,4.5 万吨即是纸张的最佳产量水平,5 万吨的产出水平是无效率的。不加干预的纸张市场的竞争所产生的效率损失表现阴影部分 CBA 的面积。或者也可这样说,在存在负的外部效应时,产品或劳务的生产和销售将会呈现过多状态。

(二)正外部效应与资源配置效率

与负外部效应相类似,带有正外部效应的产品或劳务的价格,也不能充分反映该种产品或劳务所能带来的社会边际效益。其典型例子是用于预防传染病的疫苗接种。疫苗接种不仅会使被接种者本人减少感染病菌的可能,而且那些没有接种疫苗的人也可因此而减少接触感染病菌者的机会,这样,整个社会都可从减少疾病传播的可能性中获益。经济学中,用外部边际效益 MEB 来表示这种因增加一个单位的某种产品或劳务的消费而给第三者所带来的额外的收益。疫苗接种的外部边际效益,就是给除接种疫苗之外的其他人所带来的减少感染病菌可能性的好处。用外部边际效益可以解释正的外部效应是如何导致资源配置的扭曲的。

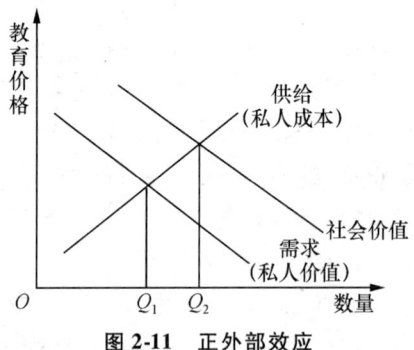

图 2-11　正外部效应

三、外部效应的内部化

有效的资源配置要求经济活动的社会边际成本与社会边际收益相等。当商品或劳务的边际私人成本或收益经过调整,使用者在作出决策时考虑实际的边际社会收益或成本时,就出现了外部效应的内部化。外部效应的内部化过程,实际上就是外部效应得以矫正,使资源配置从失效到具有效率的过程。在存在负的外部效应情况下,边际外部成本加到边际私人成本上以实现内部化。在正的外部效应的情况下,边际外部收益加到边际私人收益上以实现内部化。外部效应的内部化正是通过私人部门自身和政府部门共同实现的。

(一) 私人部门纠正外部效应的机制

私人经济部门自身克服外部效应的机制主要表现在以下几个方面:

1. 一体化(Unitization)

私人市场机制可通过扩大企业规模,组织一个足够大的经济实体来将外部成本或收益内部化,从而纠正外部效应带来的效率损失。比如在前面讨论的果园的例子中,如果果园的主人同时经营养蜂生意,外部收益就内部化了。不过,只有在果园的规模足够大,使所有的蜜蜂只能在这一个果园采蜜的情况下,这种机制才会奏效。

2. 界定产权(Property Rights)

完整、系统地论述产权问题的是美国当代经济学家,1991 年诺贝尔经济学奖获得者罗纳得·科斯(Ronald H. Coase)。科斯认为,外部经济从根本上说是产权界定不够明确或界定不当引起的,所以只需界定并保护产权,随后产生的市场交易就能达到帕累托最优。

产权通常是指对资源的所有权、使用权以及自由转让权等。比如,人们自身劳动的产权是受法律界定并保护的,因此,任何人要使用别人的劳动,就必须支付相应的报酬。如果企业的污水需要排放到某私人庄园里的河流,就必须取得庄园主的同意,支付给他足够的补偿(等于污染给庄园主带来的效用损失)。此时,这一成本就进入了企业决策者的头脑中,不再是外部成本了,而资源的配置就能达到最优。

3. 社会制裁(Social Sanction)

社会制裁事实上反映的是道德的作用。比如,吸烟是消费成本外部化的典型表现,但吸烟给不吸烟者的健康带来损害,这是有违社会公德的,在某个场合,当吸烟者的人数较不吸烟者为少时,社会道德规范将自动起作用,吸烟者可能会觉得这时吸烟很不合适,从而自然地停止这种会带来负外部效应的行为。

在私人市场机制下虽然存在着通过上述途径纠正外部效应的可能性,然而,实际上这些机制并不能有效地发挥作用。一体化的机制要求企业的规模尽可能地大,这一方面很难做到,另一方面企业规模过大又将导致垄断等新的市场失灵。社会约束这种机制则过于软弱,在严厉得多的法律都不能消除犯罪的社会里,可以想象是不可能依赖道德规范来真正解决外部负效应的问题的,在"禁止吸烟"标牌下公然吸烟者不乏其人,向公共河流中倾倒废水垃圾的现象也远远没有杜绝。至于科斯定理,也受到交易成本等因素的限制,不是在所有的场合都能奏效。比如,公共产品问题,因为外部效应的存在往往与公共产品相关,比如洁净的空气或水就是公共产品,排除人们免费享受这类产品的好处将需要支付很高的成本。此外,由于"交易成本"(Transaction Costs)的存在,让有关的个人或企业自愿联合起来将外部效应内部化的成本是相当巨大的。并且这项组织工作本身就是一种公共产品,人们都宁愿坐享好处而不愿出面从事这项工作,因此,从某种意义上说,政府正是私人部门所能指望的纠正这些外部效应的最好的机制。

(二) 政府对外部效应的纠正

政府可以采用更为有效的办法来纠正外部效应,较常用的措施有:罚款、补贴、公共管制、法律措施、许可证制度等。

1. 罚款或征税

经济学家庇古认为,在存在外部成本的情况下,可按生产者所造成的边际外部成本的大小向企业罚款或征税,这样,罚款或税收就成了企业成本的一个组成部分,外部成本就成为企业的内部成本,他们在进行决策时就会考虑到这些成本,从而可以避免效率损失。这种使外部成本内部化的税收被称为庇古税(Pigouvian Tax)。

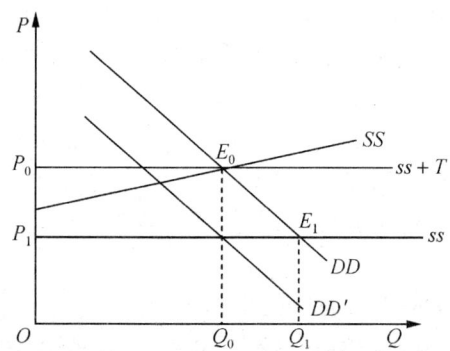

图 2-12　对外部成本效率损失的纠正——征税

2. 补贴

当存在外部收益时,为了扩大实际消费量,一方面政府可以直接提供准公共产品,收取较低的价格。另一方面政府也可以给私人企业提供补贴,降低私人企业的边际生产成本,从而使企业在一定的价格下扩大供给量,达到纠正市场失灵的目的。当存在外部成本时,比如企业排污给附近的河流造成污染,政府也可以向企业提供补贴,鼓励其扩大投入采取污染的措施改进生产工艺,从而减少向河流排污的量。

3. 公共管制

为限制企业排污这类带来外部成本的行为,政府也可以采用公共管制的办法,即对生产者的行为作出某些限制。限制的形式可以根据具体情况来制定。比如制定技术标准,或对生产程序作出规定,规定所使用的原料必须符合某种质量要求等,对于达不到标准的企业,限制审批或者勒令停产。公共管制还可采取制定生产限额的形式,直接地限制企业过量排污,也可达到与罚款或补贴同样的效果。

公共管制在实施过程中有以下几个问题:政府需要掌握一定的信息,首先要了解生产者的供给曲线,其次需了解消费者的需求曲线,再次要对外部边际成本进行衡量并算出它的社会价值。这样,政府就可以根据需求曲线与社会边际成本的交点来决定一个有效率的产出水平,并规定这类产品生产者的产出量不得超过这一水平。显然,公共管制是否能实现效率首先取决于政府信息的完善程度。并且,管制仅仅限制了污染的水平,但却没有将外部成本转变为企业的内部成本,这就不能产生促使企业减少污染的激励机制,而且限量会阻止企业间的竞争,使得这一行业有可能获得垄断利润。此外,管制是否有效还取决于政府不仅需要规定污染产品的社会总量,而且还要为每一企业规定个别的限量,只有这样才能在总量超过规定水平时找到具体的责任者。但要做到这一点就需要具体地了解每一个有关企业的成本情况,任何一个企业成本曲线的变动都会影响到管制的有效性。

4. 法律规范

法律措施是政府纠正外部效应的重要途径。如科斯所言,产权不明是外部效应的根源,因此政府明确地界定并有效地保护产权可以极大地减少这类现象的产生。制定保护精神产品的法律规范,如知识产权保护法,以确认专利权、著作权、商标权、版权的归属,尽可能地明确这类精神产品的生产者权益。

5. 建立许可证制度

例如,对于捕鱼、矿产资源开采这类产权不明确的资源产品的开采或作业等共同资源问题,政府可通过建立许可证制度,规定一定的作业标准,如捕鱼用的网径不得小于多少,采矿业必须达到回采率指标等,来限制多余的人加入,把外部效应缩小到最低限度。

当然,以上可供选择的政策方案具有不同的政策效果,会对效率和公平这两大社会目标带来不同的影响,而且受到信息等条件的限制,在不同情况下有效执行的难易程度也不同。政府在实际决策时,必须针对具体情况进行具体分析。

(三)科斯定理及其重要性

罗纳德·科斯是美国当代著名的经济学家,1991年诺贝尔经济学奖获得者。科斯于20世纪60年代初对传统的庇古法则提出了修正,认为:外部经济从根本上说是因为产权界定不够明确或界定不恰当而造成的,所以政府不必一定要用税收、补贴、管制等方法来试图消除社会收益或成本与私人收益和成本之间的差异,政府只需界定并保护产权,而随后产生的市场交易就能达到帕累托最优。

在这个原则下,又产生了这样一个问题:当产生外部经济时,究竟哪一方应该拥有资源的产权? 在污染的案例中,是居民拥有清洁河流的权利,还是企业拥有污染河流的权利?科斯在 1961 年发表的《社会成本问题》一文中提出了后来被人们称为科斯定理的著名的论点:即只要产权已明确界定并受到法律的有效保护,那么交易的任何一方拥有产权都能带来同样的资源最优配置的结果,这可通过双方之间的谈判(Bargain)自然地实现,产权赋予不同的人只是会带来收入分配结果的不同。

科斯通过举例来说明其结论:一个牧场主和一个农场主是邻居,牧场主的牛经常闯入农场主的田地并践踏庄稼,如果这片土地的产权没有界定(比如是公共地产),那么损害庄稼就是一种外部成本。现在,假定农场主拥有种庄稼的土地的产权,那么,牧场主必须为他的牛所犯的过失而向农场主支付赔偿,这样,践踏庄稼就成了牧场主的内部成本,他会好好管教他的牛,减少牛损害庄稼的事件的发生。但最优的结果并非杜绝这类事件的发生,而是使牧场主管教牛的边际成本正好等于需付给农场主的赔偿费(损害庄稼的经济损失),这样损坏庄稼的程度就会下降到最有效率的水平(当然不是一定为零)。反过来,如果是牧场主拥有让他的牛践踏庄稼的权力,因为他拥有这片土地的产权,一个资源最佳配置的结局也同样能产生。因为,在这种产权界定下,农场主将愿意贿赂牧场主,通过支付给后者一定的补偿让他不要放牛出来毁坏自己的庄稼,因为牛少损坏一点庄稼,农场主就能多一点利润,所以这种贿赂的金额最高也会等于牛损坏庄稼带来的经济损失,最后的"均衡"损坏庄稼水平将与农场主拥有土地产权时的情形一样。

如果只是考虑资源的最优配置的话,将产权赋予交易的任何一方都没有什么差异,只要产权是明晰界定并受到法律的有效保护,双方之间的谈判和交易会带来资源的最有效利用。产权界定在不同人身上只是带来收入分配上的不同,当农场主拥有产权时,牧场主须付出补偿;而当牧场主拥有产权时,农场主须付出补偿。在这两种情况下,牛践踏庄稼的事件都下降到最高效率的水平(但不一定是零),有区别的只是承担成本或享受收益的人有所不同。

然而,科斯定理的有效性需要一个重要的前提:外部效应所涉及到的当事人很少,亦即谈判的成本为零。在造成外部效应的行为者只有一个,而受外部效应影响的人也只有一个的情况下,双方可以比较容易地讨论交易价格并达成协议。上面所举的牛吃庄稼的例子就比较接近于这种情况。但是如果涉及到的当事人很多,这种办法就行不通。在前面举的企业排污的例子中,如果受到河流污染损害有许多居民,即使这些居民拥有清洁的河流的产权,企业和他们之间的谈判与交易也不一定能带来高效率的结果。因为如果受损的居民有几千家,那么企业要一一与之谈判以一定的代价来求得排污的许可,成本将非常高昂。如果这是一家守法的企业或这是一个产权得到法律严格保护的社会,那么结果是企业不排放任何污染物,但零水平污染并不一定是最优的,最优的污染水平应是污染的社会边际成本等于治理污染的边际成本。相反,如果是企业拥有污染河流的权力,那么,几千家居民不太可能联合起来与企业谈判并集体"贿赂"企业少污染河流。如果由少数几家居民来补偿企业,那么从污染水平降低中获得收益会是所有的居民,于是每个人都寄希望于别人出面处理这事并承担支出,那么最后的结果将是没有谈判和交易发生,企业继续将所有的污染物都排入河中,这样的结果同样是低效率的。在这种情况下,很难通过谈判产生一个大家都能接受的价格,唯一可行的办法是政府采取某些强制性的措施。

在理解科斯定理时还应注意,现实中并不是所有问题都能通过产权明晰化来解决。尽管大部分私人产品都可以通过明确产权来使它的效益或成本内部化,但当人们所讨论的外部效应不具有一定的可排斥性时,科斯定理也并不能奏效。一般的私人产品之所以能够通过产权的明晰来消除外部效应,是因为它们的影响是可排斥的,在这种情况下,人们要想得到这一产品的好处就必须花钱购买。但是如环境绿化所产生的外部效应就很难排斥某个特定的人从中受益,因为不花钱他照样可以享受到绿化所带来的好处,因此,价格机制就无法发挥作用。实践中大量的外部效应问题涉及面很广,许多具有非排斥性的公共产品就是典型。因此,指望市场机制来解决这些问题是不现实的。政府在这方面应发挥积极作用。

第四节 公共选择和政府失灵

一、公共选择理论概述

公共选择理论(Public Choice Theory)是财政学界最近发展的有关政府机制以及公共政策产生机制如何运作的理论。公共选择理论是一种对非市场决策进行经济研究的理论,它涉及到在各种政治制度下政府财政政策的选择方式和决策成本,以及如何通过改进政治程序来改进政府决策结果,政府决策与财政收支关系等重大问题。其中心要点在于将经济人作为最基本的假设贯穿到对政府机制活动的分析中来。

现代公共选择理论发端于美国经济学家肯尼思·阿罗的经典著作《社会选择与个人价值》(Social Choice and Individual Value, K. A. Arrow, 1951)。他在这篇关于社会选择的研究论文中,提出了著名的"阿罗不可能定理",这个定理说明:真正的民主政体是不存在的,也是不可能存在的。阿罗不可能定理之所以被引入公共财政学,就是由于它促使人们对于国家干预的合理性进行思考:国家干预是否可能产生更有效或更好的结果?而所谓更有效和更好,究竟指什么?前一个问题属于对国家干预的实证的考察,后一个问题属于对国家干预的规范的考察。因此,后人在两条不同的路线上继续阿罗的工作,其中一条路线偏重于逻辑的、数学的分析,属于规范的形式的研究,这方面的代表人物是英国经济学家森(Sen);另一条路线侧重于对国家干预的实证的行为的分析,这就是以布坎南为代表的公共选择学派所做的工作。

以布坎南为代表的公共选择学派主要有两方面的研究成果:一是政治市场学说,把国家的预算决策过程看成是类似市场的由公共品的供求双方相互决定的过程。这个学说的中心是对投票制度的分析,其中特别是对中间投票人等定理作了论述。公共选择理论对政府决策程序和选举制度进行了深入的研究,决策程序有直接民主决策和间接民主决策之分。直接民主决策就是全体公民都参与决策,采取一人一票原则,投票表决通过决策。直接民主决策又有全票通过原则和多数票通过原则。邓肯·布莱克(D. Black)在1948年指出,多数选举制度最终会使人们选择的政策成为符合中间选民偏好的政策。对一个社会来说,该选举制度远远不是最合适的解决办法。从理论上讲,可行的选举中最好的选举法是全体通过法,在全票通过的情况下,所有决策都必须一致同意,一致通过当然可以满足全体投票者的意愿,然而在实际操作中,一项决策谋求一致通过的可能性甚微,要么需要付出高昂的代价,要么最终毫无结果。因而全票通过原则在实际中几乎不被采用,一般是采用多数票通过原则,即简单多数(1/2)或2/3多数就获得通过。1962年出版的布坎南与塔洛克(G. Tullock)合著的《一致的计算》(Calculation of Consents)就是论证这一点的,并因这一著作和对公共选择理论的其他研究工作,布坎南于1986年获得诺贝尔经济学奖。但是,多数通过原则面对众多的不同偏好,有可能没有一种方案能获得多数,出现循环投票的弊端。阿罗不可能定理认为,在民主社会里,寻求一种既不会陷入投票困境,又能将所有个人偏好转换为社会一致偏好的决策程序,实际上是不可能的。所以,在实践中,通过投票来作出决策仍不失为一种合理的、实际可行的决策机制。间接民主决策,则不是由全体选民直接投票进行公共决策,而是选民通过投票选举产生一定数量的代表,并授权这些代表代表选民作出公共决策。在间接民主决策中,有三种参与者的行为会对决策结果产生影响,即选民、政治家和管理者。公共选择理论认为,人类社会由两个市场组成,一个是经济市场,另一个是政治市场。在经济市场上活动的主体是消费者(需求者)和厂商(供给者),在这个市场上,人们进行经济决策,通过货币投票来选择能给他带来最大利益的私人物品。

而在政治市场上活动的主体是选民、利益集团(需求者)和政治家、官员(供给者),在政治市场上,人们进行政治决策,通过民主投票来选择能给其带来最大利益的政治家、政策法案和法律制度。拥有选举权的公民通过投票选举他们的代表,当选的代表有法定任期,代表是否能当选或是否能继续当选,取决于多数选民对他的信任程度从而是否投他的票。通过选举产生的代表称为政治家,政治家的责任是代表选民进行决策,因而政治家活动的主要目标是取得多数选民的信任,并争取继续当选。由政治家聘任来执行和实施决策的人称为管理者,管理者不是决策者,而是执行政治家作出的决策。显而易见,管理者的行为对政治决策会产生重要影响,因而管理者也是政治决策程序中的一个重要角色。

这个学说的中心是对投票制度的分析,其中特别是对中间投票人等定理作了论述。中间投票人定理的发现者公共选择学派的另一个研究成果是对财政制度中官僚主义行为和政府失灵的分析。因此,分析政府行为的效率并寻求最有效率的政府决策体系和规则,就成为公共选择理论的最高目标。

二、政府失灵

如同市场失灵有不同的类型及成因一样,政府失灵也有不同的表现及原因。政府失灵的种种表现,可以归纳为官僚机构提供公共产品的低效和浪费、公共决策失误、内部性与政府扩张、寻租和腐败等基本类型;而导致这些缺陷的主要原因在于公共产品供求关系的特点、公共决策的内在缺陷以及缺少一种有效的非市场机制——它能够把私人的或组织的成本与效益同整个社会的成本与效益进行调节和计算。下面,我们具体讨论政府失灵的这几种类型及其成因。

(一)政府失灵的类型和原因

1. 公共产品供给的低效率

由于公共财政及政府机构的本性以及公共产品供求关系的特点,使得它们在提供公共产品时会产生供给过剩和成本增加的现象,难以做到提供公共产品的高效率。导致公共机构提供公共产品低效率尤其是官僚机构低效率的主要因素有:

(1)公共机构尤其是政府部门垄断了公共产品的供给,缺乏竞争机制。市场竞争迫使私人企业设法降低成本和提高效益,那些不以最高效率的方式来有效使用资源的企业最终将被淘汰出局。然而,在公共机构中却没有这种优胜劣汰的竞争机制。公共机构提供公共产品并未面临直接的竞争,即使它们低效率运作,仍能持续生存下去,这就是所谓的"X-效率"——也就是说,由于没有竞争的对手,官僚机构有可能过分投资,生产出多于社会需要的公共产品。竞争机制的缺乏也导致政府机构及官员缺乏追求利润的动机。官僚的目标并不是利润的最大化,而是机构及人员规模的最大化,如不适当地扩大机构、增加雇员、提高薪金和办公费用,以此增加自己的升迁机会和扩大自己的势力范围。也许某些公共部门的效率与私人企业一样高,但却存在另一种浪费,即提供公共产品的公共部门具有超额生产公共产品的内在倾向,这种"过剩"的产品或服务最终是以社会所付出的巨额成本为代价的,是一种社会浪费。

（2）公共产品的估价或评价的困难。官僚机构提供公共产品所追求的是社会效益,而非经济效益,社会效益的衡量缺乏准确的标准和可靠的估算方法;同时,要合理确定社会对某一类公共产品的需求量,提供公共产品的政府机构的规模以及对这些机构绩效的评估是困难的,甚至是不可能的:按照沃尔夫的说法,并没有一个公式能够说明政府活动的产出的必要和最小的限度,也没有简单而一致的标准可以用来准确衡量"非市场"规模的大小。

（3）缺乏监督机制。政府官员的行为必须受到立法者、公民或选民的政治监督。但是现实中的监督机制往往是不健全的,许多监督形式是软弱无力的。此外,政府官员一般都是在信息不对称的环境中工作的,立法者和选民都缺少足够的必要信息来有效地监督公共机构官员的活动,官员（被监督者）比监督者（立法者和选民）拥有更多的关于公共产品及服务方面关于成本、价格方面的信息。这样,监督信息的不对称和不完全使得对官员的监督徒有虚名,甚至监督者可能受被监督者所操纵,而后者有可能制定并实施某些有利于自身利益而损害公共利益的公共政策。

2. 公共政策失效

政府干预经济生活的基本手段是制定和实施公共政策,以政策、法规及行政手段来弥补市场缺陷,纠正市场失灵。在市场经济条件下,存在着两种基本的决策类型:市场决策和公共决策。所谓市场决策就是市场主体（主要是企业和个人）根据市场供求关系来决定私人产品的生产和供给。公共决策则是国家或政府部门为公共产品的生产与供给,为干预社会经济的运行而作出的决策。与市场决策相比,公共决策是一个更复杂的过程,存在着种种困难、障碍和制约因素,使得政府难以制定并执行合理的公共政策,导致公共政策失效,我们称之为政府失灵（Government failure）。

政府失灵的主要原因来自于公共决策过程本身的复杂性和困难以及现有公共决策机制的缺陷。具体来说,主要有以下几项:

信息失灵。政府与市场一样,都会存在信息失灵的问题。即使政府计划制定者精明强干,掌握了现代化的管理技能和工具,政府也很难做到掌握充分信息。这是因为社会经济是一个非常复杂的系统,资源、产品的种类多得不计其数,每一种产品都存在着许多种技术可能性。在众多的消费者中,每个人的偏好各不相同,并且不论是资源、技术还是消费者的偏好都在不断的变化之中。这些情况不论是对计划机制还是对市场机制来说,都会使了解信息十分困难。因而许多公共政策实际是在信息不完全的情况下做出的,这就容易导致决策失误。

对私人市场反应的控制有限。政府采取某种政策后,它对私人市场可能的反应和对策往往无能为力。例如,政府采取医疗保险或公费医疗政策,却无法控制医疗费用的飞速上升;一些国家为了吸引外资或鼓励投资,对外来资本或国内某些地区实行税收优惠政策,却没想到许多不应享受优惠的投资者也钻了空子;一些国家为了使收入均等化对高收入者征收高额累进税,却使得这些人带着他们的资产和人力资本,迁移到了税率低的国家定居。

官僚主义。政府不免与官僚主义联系在一起。政府制定出一项决策要比私人慢得多,因为当中要经过这样几个时滞(Time lags):(1) 认识时滞(Recognition lag),这是从问题产生到被纳入政府考虑日程的这一段时间。如果是中央政府作决策,那么还需要地方政府反映、报告问题的时间。(2) 决策时滞(Decision lag),这是从政府认识到某一问题到政府最后得出解决方案的那一段时间,当中可能要经过反复的讨论、争论、否决等等,政府作出决策绝非易事。(3) 执行与生效时滞(Execution & effecting lag),这是从政府公布某项决策到付诸实施以至引起私人市场反应的时间。任何公共决策都难逃上述时滞。官僚主义还体现在政策实施情况和最初政策意图的不一致。因为政策制定者和政策执行者一般不是同一个政府机构,可能纯粹由于政策意图本身的模棱两可,执行机构对政策的解释和理解不一定符合政策制定者的初衷。在更多的时候,由于政策的执行结果在很大程度上取决于执行人员的效率和公正廉明,而政府官员自己的利益或偏好与社会的利益往往并不完全一致,这会使政策的执行结果大打折扣。此外,政府还会经常犯错误,一再修改自己的决策甚至否定过去的做法也是常事。

公共决策的局限性。即使政府能够拥有充分的信息,并且愿意根据公众的偏好来制定计划和执行计划,通过政治过程在不同的方案之间作选择仍会产生困难,这就是公共决策程序所具有的缺陷。政府的决策会影响到许多人,但真正作出决策的只是少数人,不管这少数人是选举产生的还是其他方式指定的,他们在决策时会自觉不自觉地倾向于自己所代表的阶层或集团的偏好和利益。即使通过选举产生的决策人也往往服务于特定的利益集团,而一旦既得利益集团形成后,这种格局就很难打破,所以民选政府的决策是否符合大多数人的经济利益是值得怀疑的。

那么,如果这些决策通过每人一票的投票方式来解决,结果是否会好一些呢? 对此,肯尼思·阿罗提出了"阿罗不可能定理"或称"阿罗悖论"(Arrow Dilema),即一个多数票决定制下会出现的有趣的问题。

假定一个社会中有三个(或三个集团、三个阶层)投票人 A、B 和 C,投票在三个方案 X、Y 和 Z 之间选择一个,他们对三种方案的偏好顺序如下:

偏好顺序	投票人		
	A	*B*	*C*
1	*X*	*Y*	*Z*
2	*Y*	*Z*	*X*
3	*Z*	*X*	*Y*

由于两个(组)人偏好 *X* 胜过 *Y*,所以 *X* 在表决中应能胜过 *Y*;两个(组)人偏好 *Y* 胜过 *Z*,所以 *Y* 在表决中应胜过 *Z*;然而,又有两个(组)人偏好 *Z* 胜过 *X*,所以 *Z* 应在表决中胜过 *X*。这样,偏好就出现了一个循环。然而社会的偏好却不一定具备可传递性。于是,表决的结果取决于表决顺序,如果先在 *X* 和 *Y* 方案之间进行表决,胜者再与 *Z* 进行表决,那么将是 *Z* 方案中选;换一个顺序,就会是 *X* 或 *Y* 方案获胜。既然这样的话,公共决策的结果就不一定是最优的,这就是公共决策中的阿罗问题。

阿罗悖论说的是:试图找出一套规则或程序,来从一定的社会状况下的个人选择顺序中推导出符合某些理性条件的社会选择顺序,一般是办不到的。阿罗不可能性定理表明了将个人偏好或利益加总为集体偏好或利益的内在困难。

从公共决策的不一致性还可以发现,能控制表决程序的人就能使自己的利益得到满足,所以对选举表决规则和程序的控制权是一种强有力的权力。另外,投票人还可以在开始的投票中伪装自己的偏好以达到最终有利于自己的目的。因此,即使是貌似完全平等的一人一票制也可能被少数决定规则的人操纵结果。

此外,政治家和选民的"近视效应"也是导致公共决策失误的一个原因。由于政策效果的复杂性,大多数选民难以预测其对未来的影响,因而着眼于近期的影响,考虑目前利益,而政治家或官员由于受选举周期或任期的影响,因而他们的时间贴现率要高于社会时间贴现率,其结果通常是在政治家或官员的短期行为和长远利益之间产生明显的脱节。为了显示政绩,谋求连任或晋升,他们就会迎合选民的短见,制定一些从长远看弊大于利的政策。

总之,政府并不像一个人那样具有逻辑一贯的偏好体系,它没有一个稳定的判断是非的标准。这个问题与参与决策过程的个人品行无关,它是公共决策本身所固有的缺陷,无论采取怎样的决策程序都无法消除这一缺陷。

3. 内部性与政府扩张

公共机构尤其是政府部门及其官员追求自身的组织目标或自身利益而非公共利益或社会福利,这种现象被人们称为内部性(internalities)。和外部性被看成是市场失灵的一个重要原因一样,内部性被认为是政府失灵的一个基本原因。"市场缺陷理论的核心是外在性,而非市场缺陷理论的核心是内在性"。

　　所谓的内部性也就是公共组织或非市场组织自身的目标,是公共组织用以评价全体成员、决定工资、提升和津贴、比较次一级组织以协助分配预算、办公室、停车管理的标准;或者说,是指导、规则和评估机构运行和机构人员行为的准则。沃尔夫认为,内部性或组织目标是使机构中的全体成员发挥最大机构职能的重要因素。因此可以预见,像外部性影响市场活动的结果一样,内部性同样会影响非市场活动的结果。在非市场条件下,"内部性"扩大机构供给曲线——即提高机构成本,使其高于技术上的成本,导致多余的全部成本,较高的单位成本和比社会有效水平更低的非市场产出水平,这样就产生了政府失灵。

　　既然内部性决定了公共组织尤其是官僚机构的行为及运行,那么它是各种政府失灵类型的最基本的根源。运用它来解释政府扩张及低效最为合适。公共选择学者已提出了一个较为完整的政府扩张论,对政府扩张的内在根源作了颇为深入的分析。缪勒认为下列五个方面的原因导致了现代政府的扩张:(1)政府作为公共产品的提供者和外部效应的消除者导致扩张;(2)政府作为收入和财富的再分配者导致扩张;(3)利益集团的存在导致扩张;(4)官僚机构的存在导致扩张;(5)财政幻觉导致扩张。

　　4. 寻租及腐败

　　寻租(rent-seeking)及腐败是政府失灵的又一个基本类型。寻租是政府干预的副产品。当政府干预市场时,就会经常形成集中的经济利益和扩散的经济费用,政府干预带来了可以"租金"形式出现的经济利益——按照布坎南的定义,租金是支付给资源所有者款项中超过那些资源在任何可替代的用途中所得款项的那一部分,是超过机会成本的收入。寻租则是为这样的干预而进行的游说活动,是"用较低的贿赂成本获得较高的收益或超额利润"。在现代寻租理论中,一切利用行政权力大发横财的行为都可称为寻租活动,租金则泛指政府干预或行政管制市场而形成的级差收入。寻租活动的特点是利用各种手段如游说、疏通、拉关系、走后门等,以获得拥有租金的特权。寻租活动导致政府失败,它使资源配置扭曲,因此它是资源无效配置的一个根源。公共选择学者认为,寻租得到的利润并非是生产的结果,这一特点称为寻租行为的非生产性。寻租作为一种非生产性活动,并不增加任何新产品或财富,只不过改变生产要素的产权关系,把更大一部分的社会财富装入私人腰包。用布坎南的话来说,浪费在寻租活动中的资源本来可以在其他的经济活动中用来生产受重视的物品和服务,而在寻租过程中,这些资源却"没有生产出纯粹价值","没有任何社会报酬",是社会资源的浪费。此外,寻租导致不同政府部门及官员争权夺利,影响政府声誉和增加廉政成本;它还妨碍公共政策的制定与执行过程,降低行政运转速度甚至危及政权稳定。

　　按照公共选择学者的看法,既然寻租是政府干预的必然产物,那么在有政府干预的地方就可能产生寻租现象。缪勒将寻租分为三种类型：（1）通过政府管制的寻租；（2）通过关税和进出口配额的寻租；（3）在政府合同中的寻租。例如，在现代社会，不少行业经常试图通过政府许可证来限制他人的加入，以保持其利润或高工资；国内制造商经常为国外进口的关税和限制而进行游说，以使其能高价出售产品；政府也可以通过直接确定价格来为生产者创造租金。

通过对政府失灵的表现、类型及根源的分析，公共选择和政策分析学者得出的基本结论是：市场的失灵并不是把问题转交给政府去处理的充分条件，市场解决不好的问题，政府未必解决得好，甚至会把事情弄得更糟。另外，政府干预本身也是有成本的，如税收是政府筹资的主要方式，在征税过程中会产生征收成本，由于税收干扰了私人经济部门的选择，往往还会带来额外的效率损失，即税收的超额负担。因此只有在市场失灵导致的效率损失大于这些税收成本的情况下才需要政府干预。所以，沃尔夫说："企求一个合适的非市场机制去避免非市场缺陷并不比创造一个完整的、合适的市场以克服市场缺陷的前景好多少"。总之，单纯的市场机制或单纯的政府机制都是不可取的，虽然两者都有优越性，但也都有其自身不可克服的缺陷。只有两种机制相互配合，才有助于实现理想目标。

（二）政府失灵的纠正

公共选择和政策分析学者进而提出了克服政府干预行为的局限性，纠正和防范政府失灵，改善政府机构及公共部门工作效率的对策措施。在公共选择学者看来，分析政府行为的效率并寻找政府最有效率工作的规则制约体系是公共选择理论的最高目标。

那么，应当如何纠正和防范政府失灵呢？公共选择学者以及政策分析学者主要围绕改革公共决策体制及政治制度、引进竞争机制（用市场力量改进政府效率）两个方面来加以说明。

首先，政府失灵是西方公共选择或公共决策体制的缺陷所造成的，实质上是西方政治制度的失灵。因此，要避免政府失灵，必须改善现有的西方民主政体，发现一种新的政治技术和表达民主的方式。公共选择学者所提出的改造现存西方民主政体的具体措施有：

1. 进行立宪改革。布坎南等人从立宪的角度分析政府政策制定的规则和约束经济、政治活动者的规则或限制条件，即他们并不直接提出具体的建议供政策制定者选择，而是要为立宪改革提供一种指导或规范建议，为政策制定提出一系列所需的规则和程序，从而使政策方案更合理，减少或避免公共决策的失误。

2. 完善表达民主的方式以及发明新的政治技术。首先，针对现有西方民主政体尤其是投票规则或公共决策方式的各种缺陷（投票悖论或循环、相互捧场或互投赞成票、多数人专制、中间选民定理等），公共选择学者主张改革现有的西方民主体制,完善表达民主的方式,发明新的政治技术,以便做出"更好的决策"或"更好的选择"。但是公共选择学者并没有提出太多的新招,他们中的大多数人求助于在公共选择过程或公共决策过程中采用更高的多数制(如三分之二多数),以使人们在众多的、相互对立的个人或集体的目的之间做出更符合多数人偏好、利益的决策。

其次,公共选择和政策分析学者主张用市场力量改善政府的功能,提高政府效率,以克服政府失灵。他们认为,以往人们只注意用政府来改善市场的作用,却忽视了相反的做法——用市场的力量改善政府的作用。实际上,市场力量是改善政府功能的基本手段,通过在政府管理中注入一些市场因素,可以缩小非市场缺陷的影响范围。这种做法的好处在于:第一,可以减少对于政府干预整个社会的官僚化的需要;第二,可以减少政府对信息以及详细的、经常出错误的成本——效益分析的需要,因为这些错误的分析会误导政府的干预活动;第三,促使政府改革的市场方法可以在诸如环境控制、减少交通拥挤以及增进环境质量等方面,在私有领域中提供一种促进技术变化的动力,以使其向社会所期望的方向努力。

公共选择和政策分析学者还提出了如何用市场力量来改善政府功能、提高政府工作效率的各种具体措施。尼斯卡宁提出了三个措施:一是在政府内部重新确定竞争机制。他认为传统的行政体制改革的主要做法——机构改革是没有用处的,因为这种做法只会进一步加强"办事机构"对抗政治监督的权力,行政管理不会因机构改革而变得更加有效,而最终只会加强各行政部门的"独家收购"权,使其领导人有更大的自由。真正有效的措施是要在政府机构之间恢复竞争:假如通过相互竞争的预算来确定由哪个办事机构完成某项工作任务,那么预算主管部门就可以选择"报价最低"的机构,从而降低费用,缩小政府机构的平均规模。二是在高层行政管理者中恢复发挥个人积极性的制度,其作用与利润在私营部门中的作用相同。竞争可以在降低"生产费用"方面起作用,但它不能解决由于政府部门具有超额生产公共产品及服务的倾向而产生的问题。因此,必须采取一些进一步的措施,促使行政领导人以"最小费用"的策略去取代"最大化本部门预算规模"的策略。这些措施有:在能够做出明细账目的公共部门(如税务、社会救济、航运管理)中,采用最高负责人可以占有部分节约下来费用的做法,而中层管理者的晋升与节约挂钩;在那些难以做准确分析账目的公共部门,可以根据高层官员的业绩发给特殊"奖金",以资鼓励;允许办事机构的负责人把其"节余资金"用于预算外活动的投资,这将进一步加强各部门的竞争。三是更经常地采用由私营企业承担公用事业的政策,即更多地依赖于市场机制来生产某些公共产品或公共服务。

此外,利用市场机制来纠正政府失灵还有三种方法:一是解放市场,即在不存在固有的市场失灵的场合,让市场充分发挥其作用。二是促进市场,即通过确立现有物品的产权或者创造新的有销路的物品而促使市场运行的出现这样一种过程。前者是要确定限制新产权政治竞争的分配机制;后者是形成可交易的许可证制度。三是模拟市场,即在市场不能有效起作用的场合,政府模拟市场过程来提供某些公共产品及服务,尤其是通过拍卖,出售提供公共产品的权利。拍卖被广泛地用于对公有自然资源的权利分配,在政府必须分配稀缺资源的场合,拍卖也许是最有用的分配工具。

3. 对政府的财政过程尤其是公共支出加以约束。政府扩张及浪费的集中表现是政府行政经费或公共开支的扩大趋势,增加机构和人员最终也体现为经费的增长。因此,要有效地抑制政府的扩张和浪费,必须在政府的财政过程上做文章,通过财政立宪、税制选择、平衡预算和税收支出的限制等措施来约束政府的财政过程尤其是公共开支,从根本上限制政府的行为框架,抑制政府的扩张。

本章小结

公共产品是和私人产品相对应的一个概念。纯粹的公共产品具有非排他性和非竞争性的特点。非竞争性来源于产品的不可分割性。非排他性应从技术和成本上来解释。市场机制不可能实现公共产品的有效供给,为了增进社会的福利,公共产品的消费通常采用公共提供的方式。私人产品具有竞争性和排斥性。在消费者偏好合理的假设下,市场机制能够对私人产品进行有效的配置而无须政府干预。混合产品是介于私人产品和公共产品之间的产品。因为其在一定范围内的非竞争性,或者因为非竞争性不完全而导致在市场机制下会出现供给不足,因此,可以考虑采用市场提供与公共提供相结合的方式。

社会的生产方式总是公共生产和私人生产的某种组合。公共产品可以是由政府直接组织生产,即所谓公共生产,也可以由私人生产,政府来购买。由于在生产方面同样存在市场缺陷,市场也不会实现理想的资源配置状态。因此同样需要由政府进行干预。政府对生产方面的市场缺陷可以采用三种方式进行纠正:一是税收或补贴,二是公共管制,三是公共生产。

外部效应与公共产品有着密切的联系。外部效应包括由生产或消费行为引起的外部正效应或外部负效应,外部效应的结果是经济效率的损失。私人部门克服外部效应的途径有一体化、合理界定产权、制定市场交易机制、社会制裁等。但由于受到公共产品和交易成本等问题的影响,仍无法消除外部效应,因此需要政府的干预。政府纠正外部效应的常用措施有:罚款或收费、补贴、公共管制、法律措施等。

公共选择理论是财政学界最近发展的有关政府机制,亦即公共政策产生机制如何运作的理论。它涉及到在各种政治制度下政府财政政策的选择方式和决策成本,以及如何通过改进政治程序来改进政府决策结果、政府决策与财政收支关系等重大问题。其中心要点在于将经济人作为最基本的假设贯穿到对政府机制活动的分析中来。阿罗不可能定理证明满足一切民主制度的要求而又能避免循环投票困境的决策机制是不存在的。因此政府的决策机制是有缺陷的。

如同市场失灵有不同的类型及成因一样,政府失灵也有不同的表现及原因。政府失灵的种种表现,可以归纳为官僚机构提供公共产品的低效和浪费、公共决策失误、内部性与政府扩张、寻租及腐败等基本类型;而导致这些缺陷的主要原因在于公共产品供求关系的特点、公共决策的内在缺陷以及缺少一种有效的非市场机制。公共选择学者以及政策分析学者主要围绕改革公共决策体制及政治制度、引进竞争机制(用市场力量改进政府效率)等方面来纠正政府失灵。总之,市场机制和政府机制都有不可克服的缺陷。只有两种机制相互配合,才更有助于实现理想的经济目标。

复习与思考

一、名词解释

公共产品 非竞争性 非排他性 私人产品 混合产品 市场提供 公共提供 公共生产 反垄断 公共管制 信息不对称问题 外部效应 科斯定理 产权 交易成本 公共选择学派 阿罗悖论 政府失灵

二、思考题

1. 区分公共产品和私人产品的两个基本标准是什么? 公共产品的消费为何通常采用公共提供的方式?

2. 什么是混合产品? 混合产品有何特征? 混合产品应采取什么方式提供?

3. 什么是外部效应? 按照科斯定理,应如何纠正外部效应?

4. 阿罗不可能定理说明的主要问题是什么?

5. 在市场经济体制下,政府应在哪些方面介入社会经济运行,为什么?

6. 为什么当今世界各国普遍推行政府干预和市场机制相结合的混合经济制度?

第三章　财政支出的规模和效益分析

第一节　财政支出概述

一、财政支出的内涵及其分类

财政支出是以国家为主体,以公共财政的事权为依据进行的一种财政资金分配活动,集中反映了国家的职能活动范围及其所造成的损耗。就其实质而言,公共财政支出就是满足社会公共需要的社会资源配置活动。

财政支出的项目繁多,各种支出性质不同,目的各异。依据国际常用的分类方法和我国的实际情况,我们重点介绍三种支出分类。

1. 按支出用途分类

按支出用途分类,是我国对财政支出的主要分类方法,它的理论依据是马克思关于社会产品价值构成理论。财政支出从静态的价值构成上划分,可以分为补偿性支出、积累性支出和消费性支出;从动态的再生产角度考察,则可分为投资性支出与消费性支出。我国财政支出按用途分类,主要有基本建设支出、流动资金、挖潜改造资金和科技三项费用、地质勘探费、工交商部门事业费、支援农村生产支出和各项农业事业费、文教科学卫生事业费、抚恤和社会接济费、国防费、行政管理费、价格补贴支出等。

2. 按经济性质分类

按照经济性质划分,财政支出可以分为购买性支出(purchase expenditure)和转移性支出(transfer expenditure)两大类。购买性支出也称为社会消耗性支出,是政府购进并消耗商品和劳务过程中所产生的支出,既包括用于政府购买进行日常政务活动所需的商品和劳务的支出,也包括用于进行国家投资所需的商品和劳务的支出。这些支出的目的和用途虽然有所不同,但都有一个共同点,即财政一手付出资金,另一手相应地获得了履行国家各项职能所需的商品和劳务,在购买性支出中,政府如同其他经济主体一样,从事等价交换的活动。购买性支出反映了政府部门履行各项职能对社会经济资源的需求,这必然排斥了个人及一般经济组织对这部分社会经济资源的购买和享用。因此购买性支出的规模、方向和结构,对社会的生产和就业具有直接的重要影响。

转移性支出表现为资金无偿的、单方面的转移,主要包括政府部门用于财政补贴、债务利息、失业接济金、养老保险等方面的支出。这些支出的目的和用途各异,但有一个共同点:政府公共财政付出了资金,却无任何商品和劳务所得,不存在任何交换的问题。转移性支出并不反映政府部门占用社会经济资源的要求,只是社会经济资源在社会成员之间的再分配,政府部门只充当再分配的中介。因此转移性支出对社会公平具有重要的影响和作用。

3. 按国家职能分类

我国依据国家职能的分别,将财政支出分为经济建设费、社会文教费、国防费、行政管理费和其他支出五大类。(1)经济建设费。包括基本建设拨款支出,国有企业挖潜改造资金,科学技术三项费用,简易建筑费支出,地质勘探费,增拨国有企业流动资金,支援农村生产支出,工业、交通、商业等部门的事业费支出,城市维护费支出,国家物资储备支出,城镇青年就业经费支出,抚恤和社会福利接济费支出等。(2)社会文教费。包括用于文化、教育、科学、卫生、出版、通信、广播、文物、体育、地震、海洋、计划生育等方面的经费、研究费和补助费等。(3)国防费。包括各种武器和军事设备支出,军事人员给养支出,有关军事的科研支出,对外军事援助支出,民兵建设事业费支出,用于实行兵役制的公安、边防、武装警察部队和消防队伍的各种经费、防空经费等。(4)行政管理费用。包括用于国家行政机关、事业单位、公安机关、司法机关、检察机关、驻外机构的各种经费、业务费、干部培训费等。(5)其他支出。

可以看出,按国家职能对财政支出分类,能够明白地揭示国家执行了怎样一些职能以及侧重于哪些职能,对一个国家的支出结构作时间序列分析,便能够揭示该国的国家职能发生了怎样的演变;对若干国家在同一时期的支出结构作横向分析,则可以揭示各国国家职能的差别。

二、财政支出的原则

一般来讲,各个国家在确定公共支出原则时都会从以下两方面来考虑,一是该原则能否覆盖公共支出活动的全过程,能否缓解公共支出中的主要矛盾;二是能否对公共财政支出活动和国民经济运行直接起到促进作用并使之实现良性循环。按照这样的要求,概括起来,公共支出应当坚持以下一些原则:

(一)效率原则

财政支出的效率原则就是要求每笔财政支出所获得的社会效益应当超过社会总成本,也就是应当超过政府通过税收或其他方式取得财政收入而使社会付出的代价。效率原则具体包括两个层次:一是使社会资源在政府部门和微观经济主体之间得到最合理的配置,以达到国家通过财政支出给社会带来的利益,应大于因为政府课税,或用于其他方式取得收入使社会付出的代价的目的;二是要运用成本效益分析等方法对政府的每项财政支出进行预测,找到每一方案所耗费的经济资源与其所产生的社会效益的对比关系,以此来决定是否安排这项支出,或安排多少支出,使得以最少的财政支出,取得最大的社会效益。此外,提高公共支出效益,还必须厉行节约,削减一切不必要的开支,使政府通过公共支出提供的各类产品物尽其用,避免浪费。要达到这一目的,必须加强制度建设与管理,还必须合理确定各种以公共支出形成产品的价格,并通过有偿方式来实现对公共产品和服务消费的控制。

（二）公平原则

财政支出的公平原则,就是通过再分配纠正市场机制导致的财富分配不公平状况,缩小贫富差距,实现社会分配公平,提高社会大多数人的福利水平。从具体内容看,财政支出的公平原则更多的是政府通过财政支出结构和对象的调整来修正或改善社会成员、社会集团对物质财富的占有份额,促进社会财富分配的相对合理,使相对的社会公平得以实现,其最基本的要求是使每一社会成员的基本生存需要和发展需要有相应的物质来满足,这也是保证社会稳定和发展的重要条件。此外,公共支出的公平原则是涉及到受益能力的原则,它在各类公共支出中应用的程度可能有所不同。对于可以普遍享受利益的各种支出,如国防、司法、行政等,政府无法根据各类居民的受益能力安排支出,只有那些可以直接享受具体利益的支出,如学校教育、个人医疗、社会保障和社会救济等,才能较具体地实行公平原则。

（三）统筹兼顾原则

统筹兼顾原则是指政府公共支出结构的安排,必须从全局出发,通盘规划,区分轻重缓急与主次先后,适当照顾各方面的需要,以保证政府各项职能的实现以及国民经济的协调发展。这可以从两方面入手:一是安排公共财政支出时要做到统筹兼顾与突出重点相结合,应将资金集中于政府重点职能的实现上,以避免出现资金平均分配的现象;二是按科学的支出顺序来安排财政资金的使用,做到先维持后发展。

第二节　财政支出的规模分析

一、财政支出规模及衡量指标

财政支出规模,是指在一个预算年度内政府通过财政渠道安排和使用财政资金的绝对数量和相对比率。它反映了政府参与资源配置的状况,体现了政府的活动范围。

财政支出规模有绝对规模和相对规模之分。财政支出的绝对量指标指政府在一定时期（通常为一个财政年度）内财政支出的货币价值总额,它能直观、具体地反映一定时期内政府财政支出的规模,是国家或地区政府部门编制财政预算和控制财政支出规模的重要指标之一。财政支出的相对量指标指一个国家或地区在一定时期内财政支出占国内生产总值（GDP）或财政支出占国民生产总值（GNP）的比率，它反映了在一定时期内的 GDP（或 GNP）中由政府集中和支配使用的份额。采用相对量指标来衡量财政支出的规模，最大的优点是便于进行横向比较和纵向比较分析，既可以对一个国家不同时期的财政支出规模进行比较分析，也可以对同一时期不同国家或地区的财政支出进行比较分析，从而能较好地反映一个国家或地区财政支出对经济的影响程度。

二、财政支出规模的变化趋势

从各国财政支出的变化情况看，各国财政支出规模普遍呈现出一种不断增长的趋势。从绝对指标看，根据国际货币基金组织《政府财政统计年鉴 2000》的数据，在 1980—1999 年间，美国联邦政府的财政支出由 5966 亿美元增至 17835 亿美元，增加了 1.99 倍；英国政府的财政支出由 884.75 亿英镑增至 3243.93 亿英镑，增加了 2.67 倍；澳大利亚政府的财政支出由 318.1 亿澳元增至 1479.34 亿澳元，增加了 3.65 倍。发展中国家的政府财政支出也毫无例外有这种趋势：印度政府的财政支出由 1803 亿卢比增至 29438 亿卢比，更是增加了 15.33 倍；泰国政府的财政支出由 1245 亿泰铢增至 11605 亿泰铢，增加了 8.32 倍。从相对规模指标来看，世界各国的财政支出占 GDP 的比重，纵向比较呈上升态势，横向角度比较，经济较发达国家的财政支出占 GDP 的比重高于发展中国家。下表 3-1 列出了部分国家的财政支出占 GDP 的比重情况。

表 3-1　部分国家财政支出占 GDP 的比重

国家	年份（年）	财政支出/GDP（%）	国家	年份（年）	财政支出/GDP（%）
印度尼西亚	2004	17.58	伊朗	2004	54.52
印度	2006	19.5	俄罗斯联邦	2006	55.46
巴基斯坦	2006	20.31	新加坡	2005	60.52
韩国	2005	37.64	加拿大	2006	63.38
孟加拉国	2004	38	澳大利亚	2006	65.52
缅甸	2004	40.63	新西兰	2006	73.43
泰国	2006	46.38	美国	2006	77.83
白俄罗斯	2006	48.35	德国	2006	79.08
墨西哥	2000	52.84			

资料来源：根据国际货币基金组织《政府财政年鉴 2007》中数据测算。

下面再来看我国的情况。在传统计划经济时期，国家在收入分配上实行高度集中的统收统支制度，因此，财政支出占 GDP 的比重较高，1960 年这一比重高达 53.6%。改革开放以来，为适应市场经济体制的要求以及发挥市场配置资源的作用,实行"放权让利",国民收入的分配逐渐倾向于居民和企业,因此1978年后,财政支出占GDP的比重历经了从逐年下滑——逐渐回升的变化,直至达到较适度的水平。

表3-2反映了我国从1978—2008年的财政支出增长变化的趋势。

表3-2　中国财政支出规模及增长速度

年份(年)	GDP(亿元)	财政支出(亿元)	财政支出/GDP(%)	财政支出增长率(%)
1978	3645.2	1122.1	30.8	33.00
1980	4545.6	1228.8	27.0	-4.13
1985	9016.0	2004.3	22.2	17.83
1990	18667.8	3083.6	16.5	9.20
1991	21781.5	3386.6	15.5	9.83
1992	26923.5	3742.2	13.9	10.50
1993	35333.9	4642.3	13.1	24.05
1994	48197.9	5792.6	12.0	24.78
1995	60793.7	6823.7	11.2	17.80
1996	71176.6	7937.6	11.2	16.32
1997	78973.0	9233.6	11.7	16.33
1998	84402.3	10798.2	12.8	16.94
1999	89677.1	13187.7	14.7	22.13
2000	99214.6	15886.5	16.0	20.46
2001	109655.2	18902.6	17.2	18.99
2002	120332.7	22053.2	18.3	16.67
2003	135822.8	24650.0	18.1	11.78
2004	159878.3	28486.9	17.8	15.60
2005	183217.4	33930.3	18.5	19.11
2006	211923.5	40422.7	19.1	19.13
2007	249529.9	49781.4	20.0	23.20
2008	300670.0	62592.7	20.8	25.70

资料来源:袁崇坚,《财政学》,上海财经大学出版社,2009,第45页。

注:从2000年起,财政支出中包括国内外债务利息支出。

三、财政支出增长趋势的理论分析

财政支出的变化包括支出范围的变化和支出数量的变化,二者都与政府的职能有关。从政府职能与公共财政支出范围之间的关系看,随着政府职能的增加,公共财政支出的范围也在不断扩大。从上述各国财政支出的增长趋势来看,无论是绝对额还是相对额,在20世纪都呈现出上升的趋势,如何从理论上给予解释,这也是经济学家关注的一个重要问题。其中主要的理论解释有瓦格纳法则、梯度渐进增长论和经济发展阶段论。

（一）瓦格纳法则

1882 年,德国财政学家阿道夫·瓦格纳(Adolph Wagner,1835—1917)通过对 19 世纪的许多欧洲国家以及日本和美国的公共部门的增长情况做考察,认为公共支出的增长是政治因素和经济因素共同作用的结果,他的研究成果被称为"瓦格纳法则"(Wagner's Law)。瓦格纳法则可以表述为:在一国政府的支出与其经济成长之间存在着一种函数关系,随着人均收入的提高,财政支出的相对规模也随之提高。

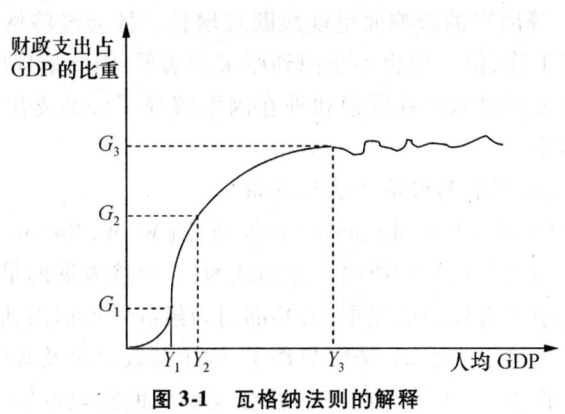

图 3-1　瓦格纳法则的解释

瓦格纳认为,现代工业的发展会引起社会进步的要求,社会进步必然导致国家活动的增长。他把导致政府支出增长的因素分为政治因素和经济因素。所谓政治因素,是指随着经济的工业化,正在扩张的市场与这些市场中的当事人之间的关系会更加复杂,市场关系的复杂化引起了对商业法律和契约的需要,并要求建立司法组织执行这些法律,这样,就需要把更多的资源用于提供治安的和法律的设施。所谓经济因素,则是指工业的发展推动了都市化的进程,人口的居住将密集化,由此将产生拥挤等外部性问题,这样也就需要政府进行管理与调节工作。此外,瓦格纳把对于教育、娱乐、文化、保健与福利服务的公共支出的增长归因于需求的收入弹性,即随着实际收入的上升,这些项目的公共支出的增长将会快于 GDP 的增长。

（二）公共支出梯度渐进增长理论

英国经济学家皮科克(A. T. Peacock)和怀斯曼(J. Wiseman)通过对英国 1890—1955 年间的公共部门支出增长的情况进行研究,得出的结论是,英国公共支出的增长并不是均衡、同一的速度向前发展,而是在不断稳定增长的过程中呈现一种"阶梯式"、"非连续"的发展过程。从而提出公共支出梯度渐进增长理论。他们对这一理论的分析是建立在一个假设前提之上的,即政府希望花更多的钱,但公民却不愿意缴纳更多的赋税。政府必须考虑公民的意愿,注意公民能容忍的税收水平,这是政府公共支出的约束条件。

以上述假设为基础,皮科克和怀斯曼认为,随着经济的发展,收入水平的上升,以不变的税率征收的税收会上升,于是,政府开支的上升会与国民生产总值的上升成线性关系,这是公共支出增长的内在因素。但在非常时期,如战争、自然灾害和其他意外事件发生时(外在因素),公共支出会被迫急剧增加,政府被迫通过增加新税种或提高税率,从而改变了公众"可忍受的税收水平"的限度,公共支出与 GNP 同步上升的常规被打破,往往会由于"替代效应"、"检查效应"以及"集中效应"等因素的影响而呈现跳跃式增长。社会经济恢复正常后,即使财政支出会有所下降,但一般也不会回到原来的水平,因此呈现出一种梯度渐进增长趋势。因为该理论从内在因素和外在因素解释了公共支出增长的原因,故也称为内外因素论。

(三) 公共支出增长的经济发展阶段论

马斯格雷夫(Richard A. Musgrave)和罗斯托(W. W. Rostow)则用经济发展阶段论来解释公共支出增长的原因。他们认为,在经济发展的早期阶段,政府投资在社会总投资中占有较高的比重,公共部门为经济发展提供社会基础设施,如道路、运输系统、环境卫生系统、法律与秩序、健康与教育以及其他用于人力资本的投资等。这些投资,对于处于经济与社会发展早期阶段的国家进入"起飞",以至进入发展的中期阶段是必不可少的。在发展的中期,政府投资还应继续进行,但这时政府投资只是对私人投资的补充。无论是在发展的早期还是在中期,都存在着市场失灵和克服市场缺陷,也需要加强政府的干预。马斯格雷夫认为,在整个经济发展进程中,GNP 中总投资的比重是上升的,但政府投资占 GNP 的比重会趋于下降。罗斯托认为,一旦经济达到成熟阶段,公共支出将从基础设施支出转向不断增加的对教育、保健与福利服务的支出,且这方面的支出增长将大大超过其他方面支出的增长,也会快于 GNP 的增长速度。

第三节　财政支出效益分析

财政支出效益是指政府在财政活动中财政资金的支出与所得的回报之间的对比关系,通过对这种对比关系的内控,保障政府目标的实现,提高财政支出的运行效率。

政府的支出活动与微观经济个体的支出效益存在的重要差别表现在两个方面:一是微观经济个体只考虑直接的、有形的所费和所得,而政府支出不仅要分析直接的和有形的,还要分析长期的、间接的以及无形的所费和所得,亦即,二者计算所得和所费的范围不同。二是微观经济个体追求的是个体经济利益的最大化,而政府支出追求的是整个社会效益的最大化,为了达到社会效益的最大化,可能会有必要的、局部的亏损存在,亦即二者的选优标准是不同的。因此,政府的财政支出效益的评判更为复杂。本书主要介绍成本—效益分析法、最低费用选择法以及公共定价法。

一、成本—效益分析法

成本—收益分析法,是指将一定时期内的支出与效益进行对比分析以评价绩效目标的实现程度。1936 年美国政府在一项防洪工程的投资决策上,首次运用了成本效益分析法。随着经济发展,公共投资项目日益增多,人们也越来越重视公共支出的经济效益和社会效益,以期通过较小的成本支出,取得较大的效益,从而实现资源优化配置。

运用成本—效益分析法选择最优的公共支出项目,一般要经过以下几个步骤:第一步骤是政府确定备选项目和备选方案。政府首先根据国民经济的运行情况,选择若干行动目标,根据这些目标确定若干备选项目;然后就每一项目,组织专家制定备选方案。第二步骤是政府选择方案和项目的过程。首先要详列各备选方案的成本与效益,并运用贴现方法将这些成本与效益折成现值;其次是在备选方案中为每一项目选择一个最佳实施方案;然后根据业已确定的公共支出规模,在备选项目中选择一个最佳组合;最后对此项目组合作机会成本分析,最终将支出确定下来。

成本—效益分析法的评价指标一般有以下三种:1. 净效益现值(NPV);2. 内在报酬率(IRR);3. 效益成本比率(NI)。

净效益现值就是将项目长时期内各年的成本和效益数量化后,选择适当的社会贴现率,分别折算成现值,并用效益现值减去成本现值而得。其计算公式为:

$$\mathrm{NPV}_i = \sum_{t=0}^{n} \frac{b_i(t) - c_i(t)}{(1 + r)^t} - k_i \quad (t = 0,1,\cdots,n)$$

式中 NPV 代表净效益现值,PV 代表现值,B 代表收益,C 代表成本,r 代表社会贴现率,t 代表年限,n 代表时间期界。根据该公式计算出来的结果,我们就可以对某一项目的投资可行性作出判断:如果 $\mathrm{NPV} \geqslant 0$,则支出有效率,项目可行;如果 $\mathrm{NPV} < 0$,则项目不可行。几个项目比较时,选择 NPV 最大者。

内在报酬率就是使未来各年效益的贴现值总和等于投入成本的贴现值总和所对应的贴现率。也就是说,IRR 的贴现率能够使 $\mathrm{NPV} = 0$,它是方案本身的投资报酬率。其公式为:其中都是已知数,IRR 需要通过解方程得出。如果 IRR 等于或超过所冀盼的报酬率时,投资就有效率,项目就可行;如果小于,项目则不可行。几个项目排序时,具有较高内在报酬率的项目优先考虑。

效益成本比率就是将各支出方案的成本效益数量化后,折为现值,用效益现值与成本现值相除而得。其公式为:只考虑一个项目时,这一指标与净效益现值实质是相同的,仅仅是表达公式不同而已。如果 $NI \geqslant 1$ 时,则项目方案可行;如果 $NI < 1$ 时,则不可行。几个方案比较时,NI 最高者为最佳方案。

政府投资项目的支出总是要受到预算规模的约束。在项目选择的过程中,一般的原则是选择支出既定情况下的净社会效益最大的项目。在实践中,一般以"效益—成本"比率作为衡量指标。"益本比"小于 1 的项目不予考虑,一般选择"益本比"大于 1 的项目。当然,"益本比"最高的项目也不一定是最优的项目。为说明这一问题,我们考察这样两个项目。项目 A 的估计效益是 100 元,估计成本是 50 元,"益本比"是 2.0。项目 B 的估计效益是 200 元,估计成本是 125元,"益本比"是 1.6。尽管项目 B 的"益本比"较低,但其净效益的绝对额较大。如果这两个项目属于同类项目,但规模不同(比如 A 是小型水坝,B 是大型水坝),那么,只要有足够的资金,选择 B 也许是正确的。当然,如果这两个项目的规模相同,选择"益本比"最高的项目无疑是最佳方案。

"成本—效益"分析法尽管在世界各国得到了相当广泛的运用,但是,由于相当多的财政支出的成本与效益都难以准确衡量,有的甚至根本无法衡量,因而适用范围受到了局限。

二、最低费用选择法

对于不能运用"成本—效益"分析法的财政支出项目,可以运用最低费用选择法进行分析。此法与"成本—效益"分析法的主要区别,是不用货币单位来计量备选的财政支出的社会效益,只计算每项备选项目的有形成本,并以成本最低为择优的标准。

运用最低费用选择法来确定财政支出项目,其步骤大致是:首先,根据政府确定的建设目标,提出多种备选方案。其次,以货币为统一尺度,分别计算出诸备选方案的各种有形费用并予以加总。在计算费用的过程中,如果遇到需要多年安排支出的项目,也要用贴现法折算出"费用流"的现值,以保证备选方案的可比性。最后,还要按照费用的高低排出顺序,以供决策者选择。

最低费用选择法多被用于军事、政治、文化、卫生等财政支出项目上,不妨举一例加以说明。假定政府打算在 4 年内培养出 10000 名农学专业的大学生,经过专家研究,提出了 4 个能达到上述目标的备选方案:(1) 新建 5 所农学院,每所学院招生 2000 人,这要兴建校舍、招聘教师和管理人员;(2) 扩建既有的农学院,这要新建若干校舍,增聘若干教师和管理人员;(3) 兴办广播电视大学农学专业,这要增添与电视教学有关的各种设备,聘用教师,安排一应教学行政和组织工作;(4) 组织农学专业的自学考试,这要组织辅导、考试等一应工作。假定上述 4 个方案均能培养出 10000 名质量相等的农学专业的大学生,它们各自支出的费用却是不同的,对这 4 个备选方案的费用作比较分析,当然能选出费用最低者。需要指出的是,在运用最低费用选择法时,由于许多公共支出项目都含有政治因素和社会因素等,如果只是以费用高低来决定方案的取舍,而不考虑其他因素,显然是不妥的,因此要求在综合分析,全面比较的基础上,进行择优选择。

运用最低费用选择法来分析公共支出效益,确定最佳方案时,在技术上是不困难的,难点不在于费用开支的比较上,而在于备选方案的确定。因为,这里提出的备选方案应能无差别地实现同一个目标,要做到这一点,可能并不容易。

三、公共定价法

在现代市场经济中,由于政府也提供大量的满足社会公共需要的市场性物品,那么这些物品(包括服务)也涉及同其他商品和服务一样的问题,即价格的确定,这就是所谓的公共定价。从定价政策来看,公共定价实际上包括两个方面:第一,纯公共定价,即政府直接制定自然垄断行业(如能源、通信和交通等公用事业和煤、石油、原子能、钢铁等基本品行业)的价格;第二,管制定价或价格管制,即政府规定竞争性管制行业(如金融、农业、教育和保健等行业)的价格。政府通过公共定价方法,目的不仅在于提高整个社会资源的配置效率,而且,更重要的是使这些物品和服务得到最有效的使用,提高财政支出的效益。

无论是纯公共定价还是管制定价,都涉及两个方面,即定价水平和定价体系。定价水平是指政府提供每一单位"公共物品"的定价(收费)是多少。在管制行业里,定价水平依据正常成本加合理报酬得到的总成本计算。因此,研究定价水平实质上是研究如何确定总成本。定价体系是指把费用结构(固定费用和可变费用的比率)和需求结构(家庭用、企业用和产业用,以及少量需求和大量需求等不同种类的需求,高峰负荷和非高峰负荷等不同负荷的需求)考虑进来的各种定价组合。

根据上述分析,公共定价方法包括平均成本定价法,两部定价法和负荷定价法。

平均成本定价法是指政府在保持企业收支水平平衡的情况下,采取尽可能使经济福利最大化的定价方式。从理论角度来看,边际成本定价是最理想的定价方式,但它会使企业出现大量亏损,长此以往,它们很难提供足够的满足社会公共需要的物品,因为财政补贴也是有限度的。因此在成本递减行业,为了使企业保持收支平衡,公共定价或价格管制要高于边际成本定价。如图 3-2:D 为某自然垄断企业的需求曲线,MR 为相应的边际收益曲线,MC 为边际成本,AC 为垄断厂商的平均成本曲线。如果政府规定的管制价格 $P = MC$,则垄断厂商的产

出水平为 Q_1，但这时，由于 MC 低于 AC，所以垄断厂商每生产一个单位的产品，就会面临亏损额（FC），如果生产的产量为 Q_1，则总亏损额为长方形 P_1FCP_0 阴影部分，如果长期亏损，厂商就会退出生产。如果政府规定的管制价格 P = AC = P_2，则垄断厂商的产出水平减少到 Q_2，这时，社会总产出减少量为 Q_1Q_2，但由于政府规定的价格 P_2 正好相当于厂商的平均成本 AC，厂商正好可以维持其收支平衡。

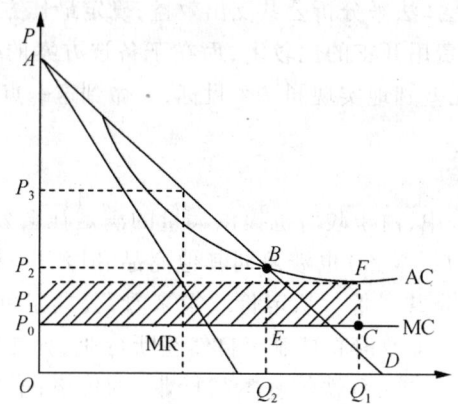

图 3-2　　边际成本定价与平均成本定价的效率分析

二部定价方法是由两种要素构成的定价体系：一是与使用量无关的按月或按年支付的基本费；二是按使用量支付费用。因此，两部定价是定额定价和从量定价二者合一的定价体系，也是反映成本结构的定价体系。由于两部定价法中的基本费是不管使用量的多少而收取的固定费，所以有助于企业财务的稳定；由于两部定价法具有"以收支平衡为条件实现经济福利最大化"性质，所以现在几乎所有受管制的行业（特别是电力、城市煤气、自来水、电话等自然垄断行业）都普遍采用这种定价方法。

负荷定价法是指对不同时间段或时期的需要制定不同的价格。在电力、煤气、自来水、电话等行业，按需求的季节、月份、时区的高峰和非高峰的不同，有系统地制定不同的价格，以平衡需求状况。在需求处于最高峰时，收费最高；处于最低峰时，收费最低。

本章小结

作为政府经济活动的主要方面之一，财政支出是政府配置社会资源活动的具体体现。财政支出是指政府为履行其职能而消耗的一切费用的总和。

财政支出可以有多种分类。对财政支出从不同角度进行分类，可以得到不同的财政支出结构，有利于财政支出结构的调整和优化，还有利于合理有效地使用社会资源。

对于财政支出增长的趋势问题，财政学家从不同的角度给予了解释，最具代表性的理论有：瓦格纳的"公共支出增长法则"，皮科克和怀斯曼的"公共支出梯度渐进增长理论"以及马斯格雷夫的"经济成长阶段论"。

财政支出效益是指政府在财政活动中财政资金的支出与所得的回报之间的对比关系，通过对这种对比关系的内控，保障政府目标的实现，提高财政支出的运行效率。成本—收益分析法、最低费用选择法以及公共定价法是评估政府公共支出绩效最常用的评价方法。

复习与思考

一、名词解释

财政支出　购买性支出　转移性支出　公共定价

二、思考题

1. 如何对财政支出进行分类？

2. 试述财政支出的原则。

3. 试述"瓦格纳法则"以及"经济发展阶段论"是如何解释财政支出的增长趋势的？

4. 评价财政支出效益的方法有哪些？

第四章　财政支出的内容

第一节　公共产品理论

按照能否在经济上得到等价的补偿进行分类,财政支出可分为购买性支出和转移性支出两大类。所谓政府的购买性支出,是指政府以购买者的身份在商品或劳务市场上购进商品或劳务时所发生的支出,在我国主要是指社会消费性支出和政府投资性支出。与转移性支出相比,购买性支出的性质和特点主要表现在以下三方面:首先,它是为了满足向全社会提供公共产品和公共服务的需要,它所提供的服务为全体公民共同享受。一国政府不仅要为公民提供国家防务和公共安全,还要通过法律、行政和社会管理处理和协调公民之间的相互关系,以维系正常的社会秩序。此外,随着经济的不断增长,政府还必须保证各项社会事业的相应发展,拓展社会经济的发展空间,不断提高国民的生活质量。其次,它是国家执行政治职能和社会职能的保证,而且提供行政管理和社会服务是政府合法性的基础,也是政府取得公民支持和承认的前提。最后,是在其购买活动中要遵循等价交换的原则。亦即,在购买性支出活动中,政府作为市场上商品和劳务的购买者,在付出货币资金的同时,必须得到等价的经济补偿,只有这样政府才可通过对商品和劳务的购买直接地影响社会的生产和就业状况。

为了确保履行政府的基本职能,满足全社会对公共产品和公共服务的基本需要,必然形成许多项目而且数量可观的财政支出。一般地,政府购买性财政支出的项目包括用于行政管理、国防、文教、科学、医疗卫生、环境污染治理、水利等许多方面的开支,在我国还包括工交商农等部门的事业费。在财政支出安排上,首先保证这些项目的必要支出,是财政工作的基本职责。由于篇幅所限,本书只介绍行政管理支出,国防支出以及文教科卫方面的支出的有关情况。

一、行政管理支出和国防支出

（一）行政性支出的概念和意义

行政管理支出和国防支出统称为行政性支出。

行政管理职能是政府众多职能中的一项最基本的职能,指国家依法行使国家权力,组织和管理国家事务的活动。为了实现这些职能,政府必须设立各种立法机构、行政管理机构以及公安部门、司法部门、监察部门、国家安全部门和外事机构等。相应地,政府履行这些行政管理职能所需的经费就是行政管理支出。

因此行政性支出是各级政府行使职能的财力保证。现代政府理论表明,除传统的政治和社会职能外,现代政府还负有经济管理和宏观经济调控职能。此外,国家必须执行的另一个职能是防御外敌侵犯,保卫国家安全,为此就需要建立军队和军事设施,因而国防费也是国家的基本支出之一。

（二）行政管理支出

我国的行政管理支出主要包括:

1. 立法机构支出,这是指国家财政用于人民代表大会的各项经费支出。

2. 行政支出,这是指国家财政用于国家各级政府机关,包括行政管理部门和经济管理部门的各项经费支出。具体有党政机关经费、行政业务费、干部训练费及其他行政费等。

3. 公共安全支出和国家安全支出,这是指国家财政用于公安机关、国家安全机关等的经费开支。公共安全支出包括各级公安机关经费、公安业务费、警察学校和公安干部训练学校经费及其他公安经费等。国家安全支出包括安全机关经费、安全业务经费等。

4. 司法检察支出,这是指国家财政用于各级法院、检察院和司法行政机关的经费开支,以及看守所、监狱支出等。具体包括司法检察机关经费、司法检察业务费、司法学校与司法检察干部训练经费及其他司法检察费等。

5. 外交支出,这是指财政用于国家外事机构进行外交活动的经费开支,主要包括国家驻外使馆、领事馆等机构的经费、政府团体出国访问费、外宾招待费和国际组织会议费等。

6. 其他行政性支出,包括政协经费、中国共产党机关以及民主党派经费等。

以上各种费用还可以具体分为人员经费、公用经费、业务费和基本建设拨款支出三个部分。人员经费包括上述国家权力机构、行政机关和外事机构的工作人员的工资、津贴等;公用经费包括公务费、会议费、修缮费等日常开支;业务费是指指定用于专业用途的业务开支,包括业务资料宣传、印刷等费用,基本建设拨款支出是用于上述政府机关或机构固定资产的购置、土建、安装等费用开支。

由于政府的行政机构和权力机关是不直接参加物质生产活动的,因而,财政的行政管理支出属于非生产性支出,它的使用不会直接创造任何物质财富。尽管如此,行政管理支出仍然会对社会再生产有间接的推动作用。因为,政治安定和良好的社会秩序、法律秩序,是投资环境的重要方面,它直接关系到投资者的合法权益能否得到保障,进而影响到社会经济的发展。可见,政府机构的正常有效运行是社会再生产顺利进行不可缺少的前提条件;并且在经济发展的基础上,维持行政管理支出的合理、稳定增长是完全必要的。但由于行政管理支出是一种纯粹的消费性支出,其使用不仅不会增加社会财富的积累,反而会消耗积累,因此,使行政管理支出的规模与社会经济发展相适应是一种必要的选择。

下表可以看出不同时期我国行政管理支出占财政总支出的比重情况。

表 4-1　我国各时期行政管理支出的情况

年份(年)	行政管理支出(亿元)	占 GDP 的比重(%)	占财政支出的比重(%)
1950—1952	46.07		12.72
1953—1957	112.18	2.39	8.50
1958—1962	133.16	2.03	5.95
1963—1965	76.42	1.74	6.44
1966—1970	134.27	1.41	5.35
1971—1975	196.71	1.46	5.02
1976—1980	280.06	1.53	5.30
1981—1985	587.41	1.82	7.85
1986—1990	1520.66	2.10	11.82
1991—1995	3355.90	1.78	13.76
1996—2000	8933.22	2.28	15.66
2001	3512.49	3.61	21.44
2002	4010.32	3.41	18.60
2003	4691.26	3.45	19.03
2004	5521.98	3.45	19.38
2005	6512.34	3.56	19.19
2006	7571.05	3.59	18.73
2007	8514.24	3.41	17.10
2008	9795.92	3.26	15.65

资料来源:根据历年《中国统计年鉴》数据计算。

表 4-1 的数据表明,改革开放以来,我国行政费用的绝对量呈持续增长的态势,从"一五"时期至"六五"时期,都保持在 5%—8% 左右,但是从"七五"开始,行政管理支出增长较快。"七五"至"九五"时期,分别达到 11.82%、13.76% 和 15.66%。进入 2001 年以来,该项支出占当年支出的比重基本接近 20% 的水平。

此外,财政支出和 GDP 中行政支出所占的比例总体上升。其中行政管理支出在财政支出的比例由 1980 年的 5.3% 上升到 2007 年的 17.1%,增长了近 3 倍;行政管理支出占 GDP 的比重由 1980 年的 1.53% 上升到 2007 年的 3.41%,增长了两倍多。从 2000 年以来,与其他发达国家相比,我国行政管理支出占财政支出的比重出现了高速上升的势头。这从下表 4-2 各国行政管理支出占财政支出的比重对比可以略见一斑。

表 4-2　2000 年世界各国行政管理支出占财政总支出的比重　　　单位：%

	中国	日本	英国	韩国	法国	加拿大	美国
行政管理支出占财政支出的比重	17.42	2.38	4.19	5.06	6.5	7.1	9.9

资料来源：《国际统计数据》2000 年。

（三）国防支出的内容和管理

从国防支出的性质来看，不论是武器装备的研制和购置支出，还是军事人员经费支出，或军事活动维持费的支出，都不会直接增加生产资料和消费品。相反，在国防建设中还要消耗大量的社会财富。从这个意义上说，国防支出也属于消费性支出。因此，在满足正常国防开支的前提下，加强对国防支出的控制是十分必要的。但从另一个角度来看，我们不应当忽视国防建设与经济建设的密切关系。一方面，一个国家的国防状况受到其经济发展水平和国家财力的制约；另一方面，国防建设对社会经济发展也不是消极被动的，国防科学技术的发展是经济发展的强大动力，将先进的军用技术与民用技术结合起来，有助于国家的经济建设。此外，国防建设不仅直接影响投资环境，对经济建设也起到保障作用，而且国防建设还可以促进科学技术的进步，从而推动社会再生产的发展。这主要因为：军事领域总是向科学技术的研究和发展提出新的课题并可以为新技术的研究和开发提供相应的环境条件和实验场所的领域；其次，在军事需求的推动下，科学技术的飞速发展，一方面刺激了军队战斗力的提高，另一方面则由于军用技术向民用部门转移促进了社会生产力的发展。可见，在科学技术飞速发展的今天，国防支出已不仅仅是一项纯粹的社会消费支出，只要我们能够正确处理好国防建设与经济建设的关系，国防支出将会产生极大的经济效益。一般而言，一国国防支出水平的高低，主要取决于其经济发展水平、国家的管辖范围以及国际环境和国际形势。在正常情况下，一国经济发展水平的高低，是确定国防支出的物质基础，经济实力越强，国防支出就可以越大，经济实力越弱，国防支出就会受到很大的限制。同样的一国领土越大，人口越多，则国防开支也会越多，反之亦是。此外，国际环境和国际形势的变化对国家安全会产生潜在的影响。在国际环境恶化、国际形势紧张时，一国的国防支出可能会大幅度增长。而当国际环境较为平静、国际形势趋于缓和时，一国的国防支出就可能会缩减。

各国国防支出的细目分类虽然不尽相同，但是都可以划分为维持费和投资费两大部分。军事维持费主要用于维持军队的稳定和日常活动，提高军队的战备程度，是国防建设的重要物质基础。维持费包括以下内容：军事人员经费、军事活动维持费、武器装备维修保养费和教育训练费。军事投资费主要用于提高军队的武器装备水平，是增加军队战斗力的重要条件。投资费包括以下内容：武器装备的研制费、武器装备的采购费、军事工程建设费和全民防空费。如果按军兵种划分，国防支出又可以分为国防部支出、战略部队支出、陆军支出、海军支出、空军支出、内卫部队支出(如我国的武警部队支出)和预备役、后备役支出。

二战以后,世界各国的国防支出的发展变化有以下三个特点:

1. 国防支出数额呈现出不断增长的趋势。

第二次世界大战以后,国防支出不断增长是世界各国的共同特征。造成国防支出不断增长的主要原因:一是军事磨擦不断。虽然第二次世界大战以后国际形势趋于缓和,但是紧张局势的根源并未完全消除,局部战争仍然连绵不断,此起彼伏。尤其是近二十年来由美国发起的两次伊拉克战争和2001年恐怖分子袭击美国世贸大楼的"9·11"事件,加速了各国的军备竞赛,军费开支自然居高不下。二是由于新技术革命的影响,技术更新换代的周期越来越短,各国为了在未来战场上取得优势,纷纷投入巨额资金,竞相开发先进技术。三是新技术革命的发展,使武器价格水平不断提高。

2. 国防支出中投资费的比重不断提高。

当今世界,新技术革命的发展在军事上产生了深刻的影响,导致军队技术构成(武器装备数量与使用这些武器装备的军人人数之间的比率)日益提高。军队技术构成的提高,使国防支出不断增加,同时也改变了国防支出结构。如前所述,国防支出可以分为维持费和投资费两大部分,其中主要是军事人员费和武器装备的研制费和采购费。不断提高武器装备的研制费和采购费,适当降低军事人员费用,已经成为各国国防支出发展的共同趋势。

3. 军民结合是国防支出的发展方向。

科学技术的适用性,决定了经济建设和国防建设有必然的联系。军事技术的开发对社会经济的推进作用,日益受到各国的重视。许多国家为了提高国防支出的经济效益,在国防投资上趋向于军民结合的道路。

关于国防支出的合理规模,一方面需要从国际与国内形势进行战略性思考,另一方面还应遵循其规律性。为了探求国防支出本身的合理限度,20世纪60年代初,美国国防部长罗伯特·麦克纳马拉(Robert Mcnamara)提出了新的预算方法,称为"计划—方案—预算"(Planning-Programming-Budgeting System,PPBS)。该方法认为,国防的目的是保卫国家不受侵犯,侵犯之敌或可能的侵犯之敌位于何方,可能动员的侵犯力量有多大,有效地遏止这些侵犯所需的军事力量要有多大,都是可以接近准确地估计并且可以量化为若干指标的。PPBS按照以下程序编制预算:一国首先确定所需的军事打击力量规模,然后为此制定军事措施计划,再为执行各个计划项目拟定一系列可以替代的实施方案,对各个方案进行成本—效益分析,选定成本最小而收益最大的方案,最后,根据被选定的方案所需资金,编制国防支出的预算。很多学者认为,上述制度是一种理想的预算制度,可以广泛运用于国防支出预算上。尽管这一制度尚有缺陷,但它毕竟为制定国防预算本身的合理限度提供了若干可以遵循的规则。

表 4-3　我国国防支出情况

年份(年)	国防支出总量 (亿元)	国防支出增速 (%)	占当年财政支出 的比重(%)	占当年 GDP 的比重%
1996	720.06	13.09	9.07	1.03
1997	812.57	12.85	8.80	1.05
1998	934.70	15.03	8.66	1.13
1999	1067.40	15.16	8.16	1.22
2000	1207.54	12.18	7.60	1.23
2001	1442.04	19.42	7.63	1.33
2002	1707.78	18.43	7.74	1.43
2003	1907.87	11.72	7.74	1.41
2004	2200.01	15.31	7.72	1.38
2005	2474.96	12.50	7.29	1.35
2006	2979.38	20.38	7.40	1.40
2007	3554.91	16.88	7.14	1.42
2008	4099.43	17.72	6.57	1.36

资料来源:朱福兴,上官敬芝:《财政学》,机械工业出版社 2010 年版,第 91 页。

袁崇坚:《财政学》,上海财经大学出版社 2009 年版,第 66 页

从表 4-3 可以看出,我国国防支出总量虽呈逐年增加的趋势,但增速缓慢。这表现在:国防支出占财政支出和 GDP 的比重变化比较平缓,2003—2008 年,我国国防支出年均增长 15.8%,明显低于同期财政收入年均增长 22.1% 的水平。此外,我国国防支出占 GDP 的比重和占财政预算支出的比重与其他国家相比,特别是一些大国相比,均处于较低的水平。以 2007 年为例,美国国防费占其 GDP 的比重为 4.6%,占其当年财政预算支出的比重为 16.6%;而这两方面的比重,英国当年分别是 3% 和 6.9%;法国当年分别是 2% 和 13.5%;俄罗斯分别为 2.63% 和 15.1%;印度为 2.5% 和 14.1%。而 2007 年我国的国防支出占 GDP 的比重仅为 1.41%,占财政预算支出的比重仅为 7.14%。

二、文教科卫支出

(一)文教科卫支出的经济性质

文教科卫支出是指国家财政用于文化、教育、科学、卫生、体育、通讯、出版、广播等事业单位的经费支出的简称。由于文教科学卫生诸项事业在现代经济发展中发挥着越来越重要的作用,各国政府无不投入大量资金,而且支出规模呈现日益增长的趋势。

文教科卫支出的性质表现在以下几个方面;

1. 文教科卫支出的性质,首先表现在文教科卫等事业单位与企业单位性质

的异同上。(1)二者从事活动的目的不同。企业从事经营活动的直接目的是取得经济利益,而文教科卫事业单位从事活动的根本目的是取得社会的共同利益和长远利益。(2)二者的资金运动形式不同。企业的支出是为了取得收入,而事业单位获得收入是为了进行支出。(3)事业单位与企业也有许多相似之处,二者都要向社会公众提供一定的产品。企业提供的产品主要是为了满足个人的消费需要,而事业单位提供的产品(主要是服务产品)多是为了满足社会公共需要。诚然,文教科卫事业单位提供的产品也有一些并不是为了满足典型的社会公共需要,例如大学教育、医疗保健等在性质上是介于社会公共需要和个人需要之间的。文教科卫事业单位的性质决定了具有典型社会公共需要性质的国有事业单位所需要的资金主要由国家财政来提供。

2. 文教科卫支出兼有社会消费性和非生产性的特征。因为,文教科卫等事业部门是非物质生产部门,它们不生产物质产品,也不提供生产性服务,就其事业的过程来看,却是消耗物质资料、消耗财力的过程。特别是有一部分事业,如体育文艺广播电视等不直接创造生产力,他们只是为社会提供精神产品,从而激发劳动者的生产积极性。

这里需要指出的是,文教科卫支出中的文化教育医疗卫生保健并不仅仅是一般意义的单纯的消费性支出,而且也是一种投资,美国经济学家西奥多·W.舒尔茨最先称之为"人力资本投资"。西方经济学的理论和实践已经证明,用于人力资本与科学技术投资的收益率要高于物资资本投资的收益率,人力资本投资与科技进步与物质财富的生产有密切关系,是推动一国经济发展与增长的直接因素,也是导致经济增长率国际差异的主要原因。从这个意义而言,文教科卫支出中有相当一部分又具有生产性的特征。

由于文化、教育、科学、卫生事业在现代社会经济发展中发挥着日益重要的作用,各国政府无不投入大量资金,而且支出规模越来越大。从我国财政支出结构的变化中也充分反映了文教科卫支出份额不断增大的趋势,参见表4-4。

表4-4 文教科卫支出增速及其占财政支出的比重(%)

年份	增长速度	占财政支出的比重
1978	24.90	10.0
1980	18.30	12.7
1985	20.30	15.8
1990	11.60	20.0
1995	14.80	21.5
2000	13.70	17.2
2001	22.80	17.8
2002	18.39	18.0

（续表）

年份	增长速度	占财政支出的比重
2003	13.20	18.3
2004	14.20	18.1
2005	18.70	18.0
2006	21.10	26.8
2007	33.20	19.9
2008	26.20	19.5

资料来源：根据历年《中国财政年鉴》数据测算而来。

（二）文教科卫支出的内容及其资金来源

文教科卫支出可以从以下几个角度对其分类。按支出的部门划分，文教科卫支出的内容包括文化事业费、教育事业费、科学事业费、卫生事业费、体育事业费、通讯事业费、广播电视事业费、文物事业费、地震事业费、海洋事业费及计划生育事业费等。按支出的用途划分，文教科卫支出又可划分为人员经费支出和公用经费支出。其中人员经费支出主要是工资性支出，包括工资、补助工资、职工福利费、离退休人员费用、奖学金等。公用经费支出是用于解决文教科卫等事业单位为完成事业计划所需要的各项费用的开支，包括公务费、设备购置费、修缮费、业务费等。

文教科卫等事业单位处于政府与企业的中介，其提供的也主要是介于公共产品和私人产品之间的混合产品，这就决定了其资金来源的多样性。其中政府拨款是文教科卫经费来源的主渠道之一。

除财政拨款外，社会资助也是市场经济下文教科卫事业单位的重要资金来源，尤其是对那些带有公益事业性质的单位而言。但由于这类资助在法律方面尚不够健全，加之受到资助者在资金供给数量、时间、条件等方面的种种限制，因而目前它还不能成为其主要的资金来源。此外，向受益单位和个人收费是文教科卫事业单位经费来源的又一渠道。在国家财力有限，广大社会公众的收入水平日益提高的情况下，社会的文教科卫中的经费，应该由政府和受益单位和个人共同分担。

（三）我国文教科卫支出的现状

1. 我国教育支出状况

1993年的《中国教育和发展改革纲要》就已指出，要"逐步提高国家财政性教育经费支出占国民生产总值的比例，本世纪末（指2000年前）达到4%，达到发展中国家20世纪80年代的平均水平。"近20年来，我国一直朝着这个目标努力，教育支出规模变化呈现出以下特点：一是预算内教育经费的绝对规模不断扩大。从表4-5看出，我国预算内教育经费从1991年的617.83亿元，增加到2008

年的9010.21亿元,增长了近14.58倍。二是从相对量看,财政对教育的支出占财政总支出的比值却不是一直增加的,在2006年仅为13.71%。三是教育经费支出占GDP的变动趋势是,从1991年—1995年,财政对教育的支出占GDP的比重从2.84%逐渐下降到2.3%,随后又上升到2008年的2.97%。这可能是因为在这期间我国的财政支出增速比GDP增速快。但不管怎样,这与我国教育支出达到4%的目标水平仍有差距。

表4-5　我国财政教育经费及其占财政总支出、GDP的比重情况

年份(年)	财政教育经费支出(亿元)	当年财政支出(亿元)	当年GDP(亿元)	占当年财政支出的比重(%)	占当年GDP的比重(%)
1991	617.83	3386.62	21781.5	18.24	2.84
1992	728.75	3742.20	26923.5	19.47	2.71
1993	867.76	4642.30	35333.9	18.69	2.46
1994	1174.74	5792.62	48197.9	20.28	2.44
1995	1411.52	6823.72	60793.7	20.69	2.30
1996	1671.70	7937.55	71176.6	21.06	2.35
1997	1862.54	9233.56	78973.0	20.17	2.36
1998	2032.45	10798.18	84402.3	18.82	2.41
1999	2287.18	13187.67	89677.1	17.34	2.55
2000	2562.61	15886.50	99214.6	16.13	2.58
2001	3057.01	1890.58	109655.2	16.17	2.79
2002	3491.40	22053.15	120332.7	15.83	2.90
2003	3850.62	24649.95	135822.8	15.62	2.84
2004	4465.86	28486.89	159878.3	15.68	2.79
2005	5161.08	33930.28	183867.9	15.21	2.82
2006	5545.86	40422.73	210871.0	13.71	2.63
2007	7122.32	49781.35	257306.0	14.31	2.85
2008	9010.21	62427.03	300670.0	14.39	2.97

资料来源:数据分别来源于各年度《中国统计年鉴》和《中国财政年鉴》。

另外,从教育支出的来源结构看,以政府投入为主的多渠道教育经费投入格局逐步形成。在普及义务教育阶段,我国的教育投入基本是以财政投入为主,但对高等教育的投入如果仅仅依靠国家财力是远远不够的。1993年以后,我国高等教育已逐步形成了投资主体多元化、投资形式多样化的格局。

表4-6　我国教育投入总规模及各种来源的比重(%)

年份	合计(亿元)	国家财政性教育经费	预算内教育经费	社会团体和个人办学	社会捐资和集资办学	学费和杂费	其他
1995	1878.0	75.16	54.76	1.08	8.67	10.72	4.37
2000	3849.1	66.58	54.19	2.23	2.96	15.45	12.78
2001	4637.7	65.92	55.68	2.76	2.44	16.08	12.81

（续表）

年份	合计 (亿元)	国家财政性 教育经费	预算内 教育经费	社会团体和 个人办学	社会捐资和 集资办学	学费和 杂费	其他
2002	5480.0	63.71	56.83	3.15	2.32	16.84	13.98
2003	6208.3	62.03	55.63	4.17	1.68	18.06	14.06
2004	7242.6	61.66	55.61	4.80	1.30	18.59	13.65
2005	8418.8	61.30	55.42	5.37	1.11	18.45	13.77
2006	9815.3	64.68	59.05	5.59	0.92	15.82	4.29
2007	12148.1	68.16	63.01	0.67	0.77	17.54	4.25

资料来源:《中国统计年鉴2009》。注:2007年对部分教育经费统计指标进行了修订。"社会团体和个人办学"在2007年指"民办学校办学经费",具体是指民办学校中举办者投入。

由表4-6的数据可以看出,在我国,财政性教育经费拨款一直是教育经费的最主要来源,所占比例约达60%—70%。社会团体与公民个人办学经费近10年来所占比重增长较快,学费、杂费、经费所占比重在2005年前增长显著,但2006年后出现了较大回落,这主要是在2005年,国家开始实施"两免一补"政策,即免除国家扶贫开发工作重点县农村义务教育阶段贫困家庭学生的书本费、杂费,并补助寄宿学生生活费。2006年,国家在西部实行"两免一补";2007推广到全国,2008年,不仅实现了城乡免费义务教育,农村学生还领到了免费的课程教科书。这种城乡教育逐步均等化的进程正体现了公共财政的民生改善过程。

2. 我国科技支出状况

从表4-7看出,我国财政用于科学研究的支出及其占GDP的比重基本上逐年有所提高,同时还通过科技三项费用、税收优惠和财政补贴等多种渠道,鼓励和带动民间的科技投入。但科技支出占财政支出的比重却呈逐年下降趋势,从1992年的5.06%下降到2008年的3.41%,且财政科技支出年度之间的增长也呈不均衡之态,大多数年份要低于相应年份的财政支出的增长幅度。

表4-7 我国财政科学研究经费支出及其占财政支出和GDP的比重情况

年份(年)	科学研究经费 支出(亿元)	科研支出占当年财政 支出的比重(%)	科研支出占当年 GDP的比重(%)
1991	160.69	4.74	0.74
1992	189.26	5.06	0.70
1993	225.61	4.86	0.64
1994	268.25	4.63	0.56
1995	302.36	4.43	0.50
1996	348.63	4.39	0.49
1997	408.86	4.43	0.52

（续表）

年份(年)	科学研究经费支出(亿元)	科研支出占当年财政支出的比重(%)	科研支出占当年GDP的比重(%)
1998	438.60	4.06	0.52
1999	543.90	4.12	0.61
2000	575.60	3.62	0.58
2001	703.30	3.72	0.64
2002	816.22	3.70	0.68
2003	975.50	3.96	0.72
2004	1095.34	3.85	0.69
2005	1334.91	3.93	0.73
2006	1688.50	4.18	0.73
2007	1783.04	3.42	0.72
2008	2129.21	3.41	0.71

资料来源:数据分别来源于各年度《中国统计年鉴》和《中国财政年鉴》。

3. 我国公共卫生支出状况

我国财政用于医疗卫生支出的预算安排情况由表4-8表示。从1998年到2008年,我国财政用于卫生支出的总量一直在增长,但其占财政支出的比重反而有下降的趋势,从1998年的5.44%下降到2006年的4.4%;其占GDP的比重也一直徘徊在0.8%以下,直到2003年非典以后,才达到0.82%。这说明政府对卫生事业支出的力度仍不够。从总体上看,我国医疗卫生事业的发展在世界上处于较低水平。以表4-9中的2004年数据为例,我国卫生费用总支出为7590.4亿元,占当年GDP的4.75%,远低于经济发达国家在1992年就已达到的9.2%的水平。

表4-8　我国财政预算卫生支出及其占财政支出和GDP的比重

年份\项目	财政用于卫生支出(亿元)	占财政支出的比重(%)	占GDP的比重(%)
1998	587.2	5.44	0.70
1999	640.9	4.86	0.71
2000	709.5	4.47	0.72
2001	800.6	4.24	0.73
2002	908.5	4.12	0.75
2003	1116.9	4.53	0.82
2004	1293.6	4.54	0.81
2005	1552.5	4.58	0.84
2006	1778.9	4.40	0.84
2007	2297.1	4.61	0.92

资料来源:《中国统计年鉴2009》。

　　从表4-9近十年来全社会卫生总费用及其构成情况可以看出:自1998年一直到2004年,由财政拨款的政府预算卫生支出占全社会卫生总费用的比值一直未超过17%,而由社会和居民构成的卫生支出之和则占到了总费用的83%左右,特别是在2001年,居民个人的卫生支出占总费用支出的比值最高,达到了近60%,2001年以后居民个人卫生支出比例才呈逐年递减的趋势。这主要是自2001年开始在部分城市试点居民医疗保险制度,减少了个人支付的比例,自2003年开始在全国城市居民中逐步推行,所以表现在从2003年始,政府预算卫生支出的总数增幅较高。2009年3月17日,《中共中央国务院关于深化医疗卫生体制改革的意见》明确提出了深化我国医疗卫生体制改革的指导思想以及总体目标,这个总目标就是:建立覆盖城乡居民的基本医疗卫生制度,为人民群众提供安全、有效、方便、廉价的医疗卫生服务。与此同时,我国财政资金也将大力支持推进基本医疗保障制度建设等重点工作。

表4-9　1998—2007年全社会卫生总费用及其构成

年份＼项目	卫生总费用(亿元)			卫生总费用构成(%)		
	政府预算卫生支出	社会卫生支出	居民卫生支出	政府预算支出	社会卫生支出	居民卫生支出
1998	587.2	1006.0	2183.3	16.0	29.1	54.8
1999	640.9	1064.6	2473.1	15.8	28.3	55.9
2000	709.5	1171.9	2705.2	15.5	25.5	59.0
2001	800.6	1211.4	3013.9	15.9	24.1	60.0
2002	908.5	1539.4	3342.1	15.7	26.6	57.7
2003	1116.9	1788.5	3678.7	17.0	27.2	55.8
2004	1293.6	2225.4	4071.4	17.0	29.3	53.6
2005	1552.5	2586.4	4521.0	17.9	29.9	52.2
2006	1778.9	3210.9	4853.6	18.1	32.6	49.3
2007	2297.1	3893.7	5098.7	20.3	34.5	45.2

资料来源:《中国统计年鉴2009》。

　　(四)文教科卫支出的管理

　　文教科学卫生事业在社会经济发展中居于重要地位。财政工作的任务是:一方面要在收支安排上加大投入力度;另一方面要加强管理,提高效益,只有将两个方面结合起来,才能有效地支持和促进文教科学卫生事业的发展。

　　1. 逐步规范财政资金供应范围。传统体制下各项事业基本上由政府包办,在经济体制转换过程中,政府职能的转换和行政事业体制改革一时还不能完全到位,一方面,政府包揽过多的弊端还没有根本改变,形成财政不堪重负;另一方面,财力有限,使用分散,急需兴办的重点事业得不到有力的支持和发展。如前所说,在市场经济条件下财政是满足社会公共需要的,但这样的一个理论原则在实践操作上的具体化,还有许多复杂问题需要认真研究,并通过实践逐步规范。首先要做的事情,是对文教科学卫生事业进行合理地划分,明确哪类事业单位理应由财政基本保证,哪类单位是应由财政给予部分补助,哪类单位是要最终进入市场,走企业化的道路。同时要制定相应的配套措施,比如对企业化的事业单位给以必要的政策支持等。

2. 改革和完善文教科学卫生事业单位的财务制度。经国务院批准,自1997年开始对事业单位实行新的财务制度。新的财务制度体系由三十层次组成,即事业单位财务规则、行业事业单位财务管理制度和事业单位内部财务管理具体规定。其中,事业单位财务规则是整个事业单位财务制度体系中最基本、最高层次的法规,是所有国有事业单位必须遵守的行为规范,依据事业单位财务规则制定行业事业单位财务管理制度和事业单位内部财务管理具体规定。

3. 改革事业单位管理形式。传统的事业单位管理办法,是依据经费自给率的大小,划分为全额管理、差额管理和自收自支三种管理形式,同时规定"两个过渡",即全额管理单位逐步向差额管理单位过渡,差额管理单位逐步向自收自支管理单位过渡。这种管理办法执行多年,在一定时期内对加强事业单位的管理曾发挥了积极作用,但随着经济体制改革的深化,它的弊端日益明显。主要是三种管理形式的划分不能如实反映客观实际,不够科学合理。针对这种情况,新的管理形式改为"核定收支,定期或者定额补助,超支不补,结余留用"办法。根据该办法,财政部门将依据事业单位的特点、事业发展计划、单位收支状况、财政政策和财力可能,确定不同单位的定额或者定额补助标准;补助数额一经确定,一般不再调整,各单位的预算规模由各单位根据自己的资金来源、事业发展需要自行确定,自求平衡。实行新的管理办法,"两个过渡"的提法也就取消了,但仍强调凡具备条件的事业单位都要逐步走向市场,与财政供给脱钩,只是过渡形式不同罢了。

4. 推行定额管理,改进资金分配办法。定额管理是事业单位财务管理的基础工作,它为合理分配资金提供科学的量化的依据。过去经费分配一向采取"基数加增长法",这种办法,基数在分配中起决定作用,而且基数定终身,不考虑形势的发展变化,必然带来分配不公和效率损失。针对这种情况,新的分配办法是在定额管理的基础上,实行"零基预算法",即打破原有的基数,经费分配从零开始,重新根据事业单位的性质、任务、收支情况、财政政策和财力可能等因素,对单位的支出进行量化分解和分析,通过制定科学的定额来确定经费的分配。

5. 多种形式发展事业,多渠道筹集资金,实行收支统一管理。改革开放以来,文教科学卫生发展形式和经费来源渠道逐步打破了国家包办的格局。在发展形式方面,各地涌现了民办的学校、科研机构、文艺表演团体、医疗机构,以及与企业横向联合、与外商合资合作等各类发展形式。在经费来源方面,已初步形成政府拨款为主、多渠道集资的格局,社会集资、金融贷款、横向联合、捐赠和赞助以及引进外资等收入来源呈不断增长趋势。然而,在经费收支管理方面,过去财政部门只侧重于政府拨款及其支出的管理,忽视对单位自身组织的收支管理,缺乏健全的规章制度;而主管单位收入的部门,又不管单位财务和预算内拨款,于是形成预算内外资金管理和使用的脱节,滋长铺张浪费之风,损减资金使用效率。为适应当前新形势的发展,现行管理制度规定,事业单位要将所有的全部收入,即包括预算内拨款、预算外收入以及其他各类收入统统纳入预算,统一管理,统一核算,实行收支统一管理,建立全面反映单位全部收支及财务活动的新型的单位财务管理体系。应当说,这是事业单位财务管理制度的一项创新和突破。

四、政府采购制度

政府采购制度是各级政府为满足日常政务活动和面向公众服务的需要,以公开招标、投标为主要方式选择供应商(厂商),在国内外市场上为政府部门或所属团体统一购买商品或服务的一种制度。因此,政府采购又称为公共采购。它具有公开性、公正性、竞争性,其中公开竞争是政府采购制度的基石。只要政府有效地利用商业竞争和金融刺激,就能从市场上买到最好的商品和服务,并且大大节省费用,使公民缴纳的税产生更大的效益。政府采购制度在国外从20世纪30年代开始,现在西方各国已普遍采用,并且目前西方国家的政府采购占GNP的比率较高,一般为10%—20%,如美国为20%,欧盟为15%—20%,日本为10%。

政府采购制度从三个层次上有利于财政支出效益的提高。第一个层次是从财政部门自身的角度来看,政府采购制度有利于政府部门强化支出管理,硬化预算约束,在公开、公正、公平的竞争环境下,降低交易费用,提高财政资金的使用效率。第二个层次是从政府部门的代理人角度来看,通过招标竞价方式,优中优选,具体的采购实体将尽可能地节约资金,提高所购买货物、工程和服务的质量,提高政府采购制度的实施效率。第三个层次是从财政部门代理人与供应商之间的关系角度来看,由于政府采购制度引入了招标、投标的竞争机制,使得采购实体与供应商之间的"合谋"型博弈转化为"囚徒困境"型博弈,大大减少它们之间的共谋和腐败现象,在很大程度上避免了供应商(厂商)和采购实体是最大利益者而国家是最大损失者问题。从各国的经验来看,政府采购制度的程序一般分为三个阶段:确定采购要求;签订采购合同;管理、执行采购合同。

政府采购制度与我国一直实行的"供给制"和"控购制"不同。首先与供给制不同。在供给制度下,财政部门是选购商品的主体,商品的使用者只能被动地接受商品。在政府采购制度下,财政部门只是监督商品的采购过程,商品的使用者不仅要参与采购过程,而且是采购商品的主体。其次与控购制不同。从目的来看,我国最初实行的控购制的主要目的是在短缺经济条件下,控制集团需求,平衡供求矛盾;政府采购制度的主要目的是细化预算,节约支出,提高资金使用效益。从管理手段来看,控购的管理主要是通过直接的行政手段实现的,即分指标和审批;政府采购制度的管理主要是通过间接的规范采购方式和财政监督来实现。从管理的范围来看,控购针对的是某些具体的商品,而政府采购则无品目限制。

在我国建立有效的政府采购制度是一个漫长的过程。这是因为,目前我国的市场体系尚不完善,政府采购实体和采购主管部门的职能还不能符合市场化进程的要求,各类竞争主体的市场机会不均等,再加上政府采购客体的市场组织化程度低,市场秩序比较混乱等,政府采购制度的创新仍存在重重障碍。由于贸易协定的签订使各国政府随时都可以进入竞争激烈的世界市场挑选最好的产品,因此,政府采购不仅限于本国市场,外国厂商也可以参与政府采购的竞标。在这种情况下,我国作为发展中国家,为了保护民族产业,要利用法律手段限制外国产品进入本国市场,有效地保护本国的政府采购市场,促进国内工业的发展。就是发达国家也有类似的法律,保护民族产业,例如,美国就有《购买美国产品法》。另外,开放政府采购市场要循序渐进,有序地进行。随着我国世界贸易组织成员国地位的恢复,开放我国的政府采购市场和加入《政府采购协议》是大势所趋,但这一过程是渐进的。我国要根据经济发展水平和各行业的发展状况,研究确定开放市场的能力。只有在我国企业具有了强大的竞争优势,外贸出口结构也趋于合理的情况下,才能进一步扩大开放政府采购市场。国际经验表明,当本国完全成为外向型经济国家后才加入《政府采购协议》,而且即使加入了《政府采购协议》,在某些领域也要限制对外开放。例如,美国在加入《政府采购协议》后,在电信领域仍然不对欧盟开放。

第二节　政府投资性支出

一、政府投资性支出的特点

本书前面介绍的消费性支出,只是购买性支出的一个部分,购买性支出还包括另一个十分重要的部分——政府的投资性支出。所谓政府的投资性支出,是指以国家(或政府)为投资主体,以财政资金为投资来源的一种投资活动。它区别于财政消费性支出是因为财政投资当期的投入,会带来未来的产出。投资性支出从属于政府的经济职能,是政府直接干预经济,进行宏观调控的重要方式之一。

在任何社会中,社会总投资都可以分为公共财政投资(政府投资)和非公共财政投资(非政府投资)两大部分。一般而言,公共财政投资即为政府投资。非公共财政投资是指具有独立经济利益的微观经济主体进行的投资。由于各国社会经济体制和经济发展阶段的不同,这两大部分投资在各国社会总投资中所占的比重存在相当大的差异。一般而言,实行市场经济的国家,非政府投资部门在社会总投资中所占的比重较大;在实行计划经济的国家,财政投资所占比重较大。发达国家的公共财政投资占社会总投资的比重较小;欠发达和中等发达国家的财政投资占社会总投资的比重较大。

政府投资与非政府投资相比,有自身明显的特点:(1)社会性和非营利性。非政府投资是由具有独立法人资格的企业或个人从事的投资,作为商品生产者,它们的目标是追求微观经济效益的最大化。政府投资则主要受非经济动因的支配,以追求社会效益、生态效益和宏观经济效益的最大化为目标。(2)间接性和无偿性。政府投资的领域主要是具有公益性的项目和社会基础设施建设,其使用一般是无偿的,因而,政府投资价值无法通过计价收费的方式来补偿或是只能得到部分补偿。从经济实质上看,此处的政府是作为社会公众间利益关系的组织者和协调者而存在,发挥着中介作用,公共投资最终来源于纳税人缴纳的税款,其形成的公共设施最终也要由纳税人享用。(3)政策性和调节性。政府投资是以国家为主体的,要考虑是否符合一定时期社会经济发展战略目标和国家产业政策。在市场经济条件下,企业投资、个人投资等这些非政府投资,由于受其自身物质利益的诱导,更多的是考虑投资的内在成本和内在收益,而较少考虑投资的外在成本和外在收益,因而会将其资金主要投放在收益快、期限短、盈利大的产业和产品上。而政府投资因其投资主体的超然地位,必然具有调节性,可以引导社会其他投资主体的投资方向,弥补社会投资对某些部门投入的不足,使社会各个投资主体的目标,与国家的整体体系保持和谐统一,以保证社会投资活动的正常顺利进行。(4)计划性和长期性。政府投资作为国家财政支出的重要内容,其投资资金来源、数量和结构是由国家预算加以确定的,具有明显的计划性,其大中型项目的立项、决策、审批以至项目实施等各个阶段,都严格置于国家计划之下。这一特点使得政府投资在经济建设中发挥着其他投资形式所不能取代的作用。由于是国家通过预算程序把筹集的财政资金主要运用于固定资产建造,这一过程的长期性和建筑产品的固定性、综合性和永久性,决定了政府投资具有长期性;另外,由于政府投资很大一部分属于非经营性投资,其投资对象属于非物质生产领域,投资资金的运动不可能具有周转性,从这个意义上说,政府投资也必然具有长期性特征。

二、政府投资性支出的范围

科学界定政府财政的投资领域,对于有效发挥市场机制与政府机制在投资领域的互补性调节作用有重要意义。在对政府投资范围进行选择时,首先应充分考虑一些因素。

其一,政府财政投资不宜干涉民间的投资选择和偏好。政府的投资选择要充分考虑其对民间投资及市场竞争格局可能带来的影响,应该为众多的企业投资、民间投资创造必要的、与经济增长相适应的外部环境和条件,而不是去强行干涉它们。政府财政投资规模的增长,不应以牺牲民间投资,特别是不应以削弱国家鼓励发展的相关产业部门的企业投资实力为代价,以免挫伤非政府投资主体在其所适宜的领域内进行投资的积极性。

其二,政府的财政投资不能妨碍市场的资源配置功能,其投资选择应建立在尊重市场规律,有利于充分发挥市场作用的基础之上。凡是市场能解决的问题,政府就应少加干预;凡是能由非政府渠道解决的筹资问题,政府就应考虑退出。但是,另一方面,在市场解决不了或不宜由市场去自发解决的问题上,政府则应积极介入,责无旁贷。只有这样,才能既把政府财政投资控制在以解决市场失效为目标的必要限度之内,又能使国家宏观调控与市场资源配置有机结合。

其三,政府的财政投资应有利于社会经济效益和投资效益的增进。评价政府财政投资的社会效益、宏观经济效益和投资效益状况,以及它的外部经济效应,是选择其投资效应的出发点及最终目标。

此外,在确定政府财政投资范围时,会涉及中央政府和地方政府的投资范围划分,这需要注意两个原则:受益原则和比较效率原则。如果政府行使某项投资职能,其受益范围遍及全国,受益对象为全体社会成员,则该项投资应由中央政府负责,反之则由地方政府负责;如果中央政府负责某些投资项目,效率较地方政府为高,则应由中央政府负责,反之则由地方政府负责

在上述原则的指导下,我们可将政府财政投资的范围划分为两个方面:一是公益性投资领域。主要是科技、教育、文化、卫生、福利、城市维护等事业和国防、政府机关等属于政权机关的投资项目。它们提供的产品和服务,基本上属于纯公共产品或准公共产品,主要满足社会公共需要而非市场需求,具有社会效益高、经济效益低的特征,一般企业和居民因这种投资无利可图而不愿进入这一投资领域。因此,公益性项目主要由政府立项、决策,所需资金由各级政府运用财政资金统筹安排建设。二是基础性投资领域。主要是基础产业,包括基础设施和需要政府进行重点扶持的一部分基础工业项目,以及直接增强国力的符合规模经济的支柱产业投资项目。它们是国民经济赖以运行的物质基础,其发展水平和质量关系到国民经济整体素质的提高,其任何重大波动都会严重影响经济及社会的全局稳定。这些领域具体包括农、林、牧、渔、水利、气象等基础设施,能源工业,交通运输业,邮电通讯业,地质普查与勘探,支柱产业和高新技术产业等。

从国际经验和政府财政投资理论来看,典型的财政投资领域主要有自然垄

断的行业、基础产业、高科技产业、农业等。

（1）自然垄断行业。自然垄断是市场失灵的重要表现。在电话、供电、供水等规模经济显著的行业,产品平均成本递减的情况持续到产量很高的阶段。大企业由于成本较低,往往能在竞争中占据有利地位,从而形成垄断。另外,如果该行业的固定资产主要是专用设备,相当数量的投资一旦进入该行业就无法撤出,成为沉淀成本(sunk cost),潜在的竞争者考虑到这种退出壁垒的存在,不会愿意加入竞争,于是垄断者的垄断地位进一步得到巩固。垄断者必将通过提高价格、限制产量来获取垄断利润,这自然会对社会福利造成损失。为避免垄断带来的福利损失,世界各国政府对自然垄断行业都或多或少地进行干预,采取的措施主要有两种:一是对垄断企业进行管制:最优的方案是要求企业按边际成本定价,但此时厂商无法补偿其生产成本,必将遭受亏损,故应由政府给予补贴;次优的方案是要求企业按平均成本定价,在不盈不亏的状态下维持经营。二是对自然垄断行业直接由公共部门来投资经营。由于所提供的产品的边际成本不为零,所以应向使用者收取相应的费用以避免过度消费。在一些发达国家,政府投资于邮政、铁路、通讯、民航、电力等行业,或兴办国有企业等做法相当普遍,以纠正自然垄断造成的市场失灵。当然,管制和补贴也是可供选择的措施,但补贴在这里实质上也是一种财政投资性支出,只不过采取了一种间接的方式。

（2）基础产业。基础产业又包括基础设施和基础工业。基础设施主要包括交通运输、机场、港口、桥梁、通信、水利和城市供排水、供气、供电等设施;基础工业主要指能源(包括电力)工业和基本原材料(包括建筑材料、钢材、石油化工材料等)工业。

无论是基础设施还是基础工业,大都属于资本密集型行业,需要较大的投资规模,而且资金周转慢,建设周期长,投资回收慢,私人部门难以全部包揽投资资金,因此只能依赖国家财政投资提供资金。特别是在发展中国家,经济发展尚处于初期阶段,而基础产业是经济起飞的前提条件,发展中国家的私人部门往往不够强大,无力进行这方面投资,所以,发展中国家的基础设施更应由政府投资。否则,当加工工业发展之后会出现瓶颈效应,延缓经济发展的进程。

（3）高科技产业。随着知识经济时代的到来,高新技术产业将逐步成为主导产业。从性质上讲,这一产业不同于基础产业,因其一旦投资成功回报率就较高;但也不同于一般的竞争性行业,因其具有较大风险。从前者出发,高新技术产业没有必要一定由政府作为投资主体直接投资,但从后者出发,单个企业作为投资主体不仅资金力量有限,而且投资风险过大,也不适宜。因此借鉴国际经验、建立管理规范的风险投资基金作为投资主体是较理想的途径。为了促进风险投资基金的发展,财政税收政策有必要从多方面予以支持,如对风险投资基金的投资收益、技术成果转让、高科技产品销售收入等给予一定的税收优惠,以及运用信用担保、财政贴息等政策措施支持风险投资行业的发展。当然,航天、遗传工程等某些特殊的尖端科技产业,由于私人资本力量的局限,仍旧需要政府直接投资。

(4)农业。人们常说,"农业是国民经济的基础"。农业发展对于国民经济发展有重要意义。但农业又是一个特殊的生产部门。从农产品供应来看,它受气候及其他诸种条件的影响,不仅波动很大而且具有明显的周期性。另一方面,对农产品的需求却是相对稳定的。农产品供求关系的这种不稳定性,也使农业部门的生产经常处于不稳定状态。而这种不稳定很难依靠农业部门自身的力量通过市场来加以克服,如果没有政府的扶持,将难以确保整个农业生产的稳定,也难以保证全社会对农产品的需求。因此,为了稳定农业,并进一步稳定整个国民经济,政府必须广泛介入农业投资。

在世界范围内,依各国经验,政府财政对农业的投资范围主要集中在以水利为核心的农业基础设施建设、江河治理、农业科技的研发和推广、农村教育和培训等方面,这些领域的特点是投资量大、投资期限长、牵涉面广,投资以后产生的收益不易分割,因此不可能也不适宜由分散的农户独立进行,必须由政府财政进行投资。

三、政府财政投资的形式

(一)财政拨款方式投资

财政拨款投资方式指政府无偿拨付财政资金给投资单位,而不要投资单位归还的支出形式。具体而言,就是每年的财政投资资金按部门归口切块分配和按地区切块分配,由各部门各地区根据当年安排的计划投资项目,通过行政体制层层下拨到每一个具体建设项目。各部门和建设单位无偿使用,由建设银行负责对财政投资的使用进行监督、管理和核销。这种投资方式的优点,有利于所需资金的及时到位,保证建设顺利进行,借助于政府财政投资,使政府获得了所有者的产权地位而进入某些领域,国家运用财政投资资金,也可以有效地组织和调控社会投资方向和结构。此外,这种投资方式最大的长处在于可以集中国家有限的财力进行重点工程建设,这是那些具有较大社会效益而无经济效益的投资项目的主要投资方式。缺点是由于对投资资金的使用不需归还,缺少对投资效果的相应责任,容易引起建设单位盲目争项目、争投资,从而忽视了对投资项目的可行性分析,造成财政资金使用上的低效或无效。在传统体制中,无偿拨款曾经是我国政府公共投资的唯一方式,当然,在建国初期,我国工业底子薄,财力物力有限,需要相对集中的资金保证国家重点项目建设,政府无偿拨款对此发挥了积极的作用。然而,在投资项目越来越多的今天,政府如果仍然只采用无偿拨款方式,既很难满足社会各方面对投资资金的需要,也不利于使用单位管好用好投资资金,提高财政资金使用效益。

（二）贷款方式投资

贷款方式投资是指政府以低息或无息的信贷方式供应财政资金,使用单位负有偿还责任的支出形式,即有偿贷款方式。其具体由两种形式构成:一是由财政部门通过建设银行间接贷款给资金使用单位,如财政通过建设银行发放的基本建设投资贷款等;二是由财政部门直接贷款给资金使用部门。在现代社会,有偿贷款支出方式越来越成为各国政府财政投资支出的重要形式。其优点是,由于受归还投资的压力,投资单位能比较慎重的选择项目,因而促进了财政资金的节约使用和财政效果的提高,使用单位取得财政资金是以到期还本付息为条件的,这可导致他们少借款,快偿还,因而可提高财政资金的使用效益。其缺点之一是,虽然政府是出资人,但并不拥有该投资项目的所有权;之二是企业(投资人)对于那些风险较大的项目,或是具有较大社会效益而无经济效益的投资项目,往往不愿贷款投资而失去机会。

（三）股份投资方式

股份投资即财政投资作为投资方之一,与其他投资主体一起,通过购买股票或合资,共同参与投资、管理和收益分配。具体来说,就是国家投资公司可以通过与其他投资主体和建设单位合股投资,或向社会发行股票筹资建设,或通过证券投资的形式,购买其他投资主体和建设单位的股票,取得企业资产的一部分所有权和经营管理权,是现行财政投资的一种具有直接和间接双重性质的投资。这种方式由于实现了投资主体的多元化,筹集到的资金数额较大,投资者共同出资,共担风险,有利于减轻政府财政负担,补充财政投资资金的不足;同时,股份投资实现了财产所有权、经营权与资产收益的有机联系,通过产权关系的制度化和法律化,使各投资主体责权利关系明朗化,并且,打破了部门和地区的条块限制,加强了资金的横向流动,对于促进生产要素的自由流动和优化组合,提高社会资金的利用效果,都有着积极的作用,因此这是一种比较灵活的投资方式。此外,股份投资还是补充国家投资资金不足的有效途径之一,国家可以运用经济手段调控投资行为,使各种投资活动沿着国家的投资目标体系正常进行。

在市场经济条件下,政府投资项目尤其是基础设施项目所需投资数额巨大,政府很难完全满足其投资需求,这时有必要以政府筹资为主,同时鼓励和吸收各方投资参与。典型的做法一般是按照统一规划,首先由国家开发银行等政策性银行,通过财政投融资和金融债券等渠道筹集资金,然后采取政府控股、参股和政策性优惠贷款等多种形式进行投资。从项目管理级次上讲,地方政府负责地区性的项目建设,中央政府只负责国家重大项目的建设。而在公共基础设施项目的建设与经营上,则由项目法人主体对决策筹划、筹资、建设直至生产经营、归还贷款本息以及资产保值增值的全过程负责。

四、财政投融资和政策性银行

政府投资并不意味着完全的无偿拨款。国际经验表明,将财政融资的良好信誉与金融投资的高效运作有机地结合起来的办法进行融资和投资,即财政投融资,是发挥政府投资作用的最佳途径。在我国市场经济发展的现阶段,建立财政投融资体制具有非常重要的现实意义。

财政投融资是一种政策性投融资,它既不同于无偿拨款,也不同于商业性投融资。在基础产业等政府投资领域,其经营目标不是利润最大化,而是产量最大化和成本最小化,其产品的定价受政府直接或间接调控,这些企业往往无法满足商业性融资要求的安全性、流动性和盈利性目标,如果仅依靠一般性的商业投融资渠道很难满足其巨额资金的发展需要。因此,政策性投融资就成为一些发展中国家对基础部门重要的财政投资性支出方式。

财政投融资具有下述基本特征:(1)它是在大力发展商业性投融资渠道的同时构建的新型投融资渠道。(2)财政投融资的目的性很强,范围有严格限制。它主要是为需要政府给予扶持或保护的产业,或直接由政府控制定价的基础性产业融资。(3)虽然财政投融资的政策性和计划性很强,但财政投融资并不脱离市场,而是对市场的资金配置起补充调节作用。(4)财政投融资的方式和资金来源是多样的,既可通过财政预算取得资本金,也可通过信用渠道融通资金,既可通过金融机构获取资金,也可通过资本市场筹措资金,部分资金甚至还可以从国外获得。

国外建立财政投融资制度,比较成功的经验是发展政策性银行。实际上政策性银行既不是银行,也不是制定政策的机关,而是执行有关长期性投融资政策的机构,类似开发署的性质。对于投资优先部门的划分、政策性贷款总额、有息补助或本金的偿还等政策选择问题,是通过特定的计划安排和审批程序进行。它在很大程度上充当着政府投资的代理人,把计划、财政、银行的政策性投融资业务结合起来,形成有效的政府投资运作机制。

一般来说,政策性银行的资本金,主要应由政府预算投资形成。为此,需要在预算上单列一笔政策性投资基金,并把它与经常性预算分开。在政策性银行的负债结构中,长期性建设国债、集中的邮政储蓄和部分保险性质的基金应占有重要份额。此外,直接对商业银行和其他非银行金融机构发行金融债券,也是重要的投资资金来源。我国于1994年成立了三家政策性银行,它们是中国国家开发银行,中国农业开发银行,中国进出口银行。其中,国家开发银行的主要任务就是建立长远稳定的资金来源,筹集和引导社会资金用于基础产业和重点建设,为重点建设项目提供贷款和贴息。

财政投资有助于克服市场失灵,促进社会资源优化配置;它对财政投资规模的调节同时还是国家进行宏观经济调控的手段。财政投资对于私人部门投资具有导向性,通过财政直接投资或以参股等形式投资于某些行业,可以引导本国私人部门资本和外国资本的投资方向。财政投资与民间投资必须按一定的客观比例进行组合,这样社会资源才能达到最有效率的配置。

第三节　财政转移性支出

一、财政转移性支出的性质和特点

相对于公共财政的购买性支出,财政转移性支出就直接表现为政府财政资金无偿的、单方面的转移,不能在经济上得到等价的补偿。它并不是政府直接购买和消费经济资源,而是经由财政之手,将某个部门、集团和个人的部分收入转移到社会另一部门、集团和个人的手中。从世界经济的发展史来看,随着各国经济发展水平、人均收入水平的不断提高,以及国家职能的日益扩展,转移性支出在国家财政总支出中的比重也逐步增大。

转移性支出主要包括各类财政补贴,补助金和津贴(统称为补贴),养老金和失业救济金等社会保障支出、捐赠支出和债务利息支出等。这些支出都具有以下一些主要特点:一是非购买性和直接消耗性。即政府的这类支出,不表现为对商品或劳务的直接购买,而是为了实现公平与效率,有利于保持社会经济稳定等目标,而采取的一项资金转移或政策调节措施。二是无偿性,是指转移性支出,其直接表现为政府财政资金无偿的单方面的转移,既不期望在经济上得到等价的补偿,也不要求受益者对所得到的转移资金予以归还。三是对社会经济发展的间接影响性。作为社会再分配的一个重要手段,转移性支出的增加必然会增加部分消费者对大众商品和劳务的需求,从而将对社会购买力、储蓄能力和价格等产生不同程度的影响,但这种影响往往又具有间接性的特点。比如,政府对居民的价格补贴,其中有多少会转化为当期的需求,有多少会转化为储蓄或后续的消费—投资需求,从而将对当期和以后的社会需求总量产生多大的影响,这很难直接反映和计算出来。

本书主要介绍财政转移性支出的两项重要内容:社会保障支出和财政补贴。

二、社会保障支出

(一) 社会保障制度的功能

社会保障支出是财政转移性财政支出中的重要部分。社会保障支出是与社会保障制度联系在一起的。所谓社会保障,是劳动者或全体社会成员因年老、疾病、伤残、丧失劳动能力或丧失就业机会以及遇到其他事故而面临生活困难时,国家向其提供必要的基本生活保障和社会服务。社会保障制度指国家和社会依据一定的法律和规定,通过国民收入的再分配,对社会成员的基本生活权利予以保障的一项社会政策和措施体系。社会保障在人们的生活中发挥着重要功能,主要表现为以下三点:一是保障及补偿功能。这主要体现在社会救济和社会保险两方面。社会救济的直接功能就是保障最低生活水平,具有鲜明的扶贫特征;社会保险的直接功能就是对劳动者在其生命周期内遇到的各种失去收入的风险后进行的一种补偿,以保证其基本生活需要,这不仅是对事故发生后的补救手段,也是一种事前的预防措施,因而能有效地将这种风险分散。二是收入再分配功能。社会保障是国家强制性地参与国民收入分配和再分配的一种重要方式。在社会保障资金的形成和使用过程中,既包括了国家、集体与个人之间的利益分配,同时也包含了各地区、各部门以及各阶层群体之间的利益分配,其目的在于缩小收入和财富的分配差距,实现社会公平。社会保障制度对社会收入的再分配是通过两种方式实现的,第一种是垂直性再分配,即进行从高收入向低收入阶层的收入转移,第二种是水平性再分配,这是在劳动时与非劳动时,健康正常时与伤残时之间进行的所得转移。三是社会稳定功能。在市场经济条件下,市场依靠供求关系、价格参数以及竞争机制来调节全社会的资源配置,从而实现微观经济主体的经济效益和社会资源配置的高效率。但微观经济主体在追求高效率的同时,由于竞争必然会排斥老弱病残等不能正常从事劳动的人,结果是这部分人的基本生活面临困难,导致严重的社会问题,进而影响到社会的稳定和经济的正常运行。因此,为了克服市场经济的缺陷,有必要通过政府的干预,在全社会建立和健全社会保障制度,消除社会的不稳定因素,促进经济的高效运行。从这点来看,社会保障制度可视为社会的"减震器"和"安全网"。世界各国对此都予以高度的重视。

社会保障制度的建立是一个渐进的过程。在19世纪80年代,德国的俾斯麦政府最早创立了社会保障制度。当时,在工人运动的推动下,该政府颁布了疾病、工伤和养老三项社会保险立法,建立了世界上第一个社会保障制度,开创了社会保障的先河。以后各国陆续颁布了有关法律、法规。20世纪30年代,世界性的经济危机使西方各国更深刻地认识到社会保障的重要性,纷纷建立社会保障制度。如今发达国家的社会保障制度已十分完整和稳定,并形成了相当大的规模。从财政收入一方看,社会保障税已成为仅次于所得税的第二大税类;从财政支出一方看,社会保障支出则已超过其他一切项目而独占鳌头。

(二) 社会保障支出的资金来源及其筹集方式

社会保障支出的资金来源。稳定的资金来源是社会保障制度顺利实行的必要前提。在各国的实践中,用于社会保障支出的资金主要来源于两个渠道;一是社会保险税,二是财政支出中的转移支付。这两个来源都与政府强制力有关,主要区别在于:社会保险税的资金具有专款专用的性质,具有较高的透明度,受保人与投保人有对称性,社会保障收入可以根据所交纳的社会保险税按一定比例计算出来。财政支出中的转移支付则不同,提供资金来源的社会成员不一定是接受转移支付的社会成员。即使是同一人,其接受社会保障的收入也同他交纳的税收(社会保障资金的最终来源)无关,即收入与支出的权利义务是不对等的。原本拥有这笔资金的社会成员,一旦将资金以税收的形式(社会保险税除外)缴纳给政府,就失去了对这笔资金的所有权、使用权。而接受收入补贴的社会成员也无需对取得这笔资金支付任何代价。

　　不同的社会保障资金来源对社会公平与效率的影响也是不同的。社会保险税对于协调有收入的社会成员的公平和社会效率是行之有效的。首先,同商业保险相比,社会保险采用社会保险税的方式更为公平。征收社会保险税、实行社会保障有利于防止商业保险中可能出现的"逆向选择"。在商业保险中,某一固定的保险费总是相当于该保险项目的平均风险。风险高的投保人投保,保费支出代表的风险水平低于可能出现的风险,风险低的投保人投保,保费支出代表的风险水平高于可能出现的风险。于是,低风险的投保人退出该保险,该保险项目平均风险增大,保险费用提高。然而,没有退出的投保人中仍然有风险差异,较低风险的投保人不愿承担不相称的高费用,又会退出;如此周而复始,该商业保险的保费不断提高,投保人不断减少,最后的结果必然是该保险项目无法支持或少数高风险者以高费用投保。在社会保险的各个项目中,投保人的风险与收入一般不成正比,若实行商业保险可能导致高风险但并非高收入的社会成员承担高额保险费用,社会分配趋向更不公平。开征社会保险税,实施社会保险,可以以强制力要求风险小的社会成员参与保险,避免了高风险但非高收入的社会成员承担高额保险费。同时由于低风险的投保人加入,保险费用将降低,这实际上是用社会保险税的形式,将收入在不同风险的社会成员中再分配,维护了高风险的社会成员的利益,使社会收入更趋于公平。其次,社会保险税与财政转移支出作为社会保险的资金来源相比,具有更高的透明度与权利义务对等性,使高收入的社会成员在缴纳较多的保险税后能取得较多的保险收入,有利于保持高收入者的工作积极性,维持社会效率。由此可见,社会保险税可以看作商业保险与财政转移支出在公平与效率之间的一种折中选择,它既不会导致商业保险中低收入者承担高费用,又不会明显降低高收入者的工作积极性,是一种兼顾公平与效率的做法。但是,社会保险税并非十全十美,对于收入极低或零收入的社会成员,因其没有可以用作投保的资金,无法参与社会保险,社会保险所产生的保险收入及"高收入、高保障"对他们是没有意义的。另外,社会保障中有一类项目,虽然具体的保障收入归属于一部分社会成员,但实际上具有全社会的意义。如对现役军人的补贴,虽然得到补贴的是现役军人,但它起到了优待军人、使他们安心服役的作用,更好地加强了国防力量,有利于社会的每一个成员。这一类保障项目与公共产品有密切的联系,一旦有人提供,其他人可以无偿地享受到好处,社会成员就倾向于"搭便车",于是这一类的支出不适合社会保险税较为透明的原则,而需要政府以转移支出的方式提供。由此,财政转移支付作为社会保障的资金来源,对于社会保障的部分项目是十分有效的。

社会保障支出的资金筹集方式。社会保障支出资金的筹资模式反映一定时期内社会保障计划支出之间的数量关系。社会保障资金筹集的总原则,就是"以收定支,收付平衡",即一定时期内社会保障基金的筹集总额,应以同期预计支付的社会保险费用总额为依据来确定,并使二者始终保持大体上的平衡关系。在目前各国的实践中,可供选择的社会保障资金的筹集模式有以下三种:基金制模式,现收现付制模式,部分基金制模式。

基金制模式:基金制是采用预筹积累方式来筹集资金的模式。这种模式是在对有关人口健康和社会经济发展指标进行长期预测的基础上,预计社会保险成员在享受保险待遇期间所需开支的保险基金总量,并将其按一定的比例逐年逐月缴纳以积累形成社会保障资金。其基本特点就是事先提留、逐年积累、到期使用。由于采用个人账户,产权清晰,在社会保障机制中引入激励机制,可以调动人们进行积累和劳动的积极性。此外,这种筹资模式还具有提取比例稳定、对应性强、能形成预筹资金、不存在支付危机的优点。一般养老保险采取此种筹资模式。其缺点是这种模式在开办初期就实行较高的缴费率,并且在通货膨胀的情况下难以保值增值,同时采用个人账户方式进行预筹积累,必然依赖大量的信息,要对庞大的信息系统进行管理,这就对管理人员的素质和科技水平提出了较高的要求。

现收现付制模式:即当年筹集的保险资金只用于满足当年支出的需要,而不为以后年度的社会保险储备基金。在西方国家,这种模式较典型地是采取社会保险税的形式。社会保险税是为筹集特定的社会保险款项,对一切发生工薪收支关系的雇主、雇员,就其支付、取得的工资、薪金收入为课税对象而征收的一种税。社会保险税借助税收的强制性、固定性来筹集社会保险资金,使其具有稳定、可靠的来源,具有税率调整灵活、基金收缴便利、社会覆盖面广、负担和保障待遇公平、资金不受通货膨胀和利率波动影响的优点,有利于统一管理,提高社会保障的社会化程度。目前,在世界上的131个已建立了社会保障制度的国家中,有80个国家选择了社会保险税为其筹资手段。但是现收现付制只能适应人口数量较为稳定的社会或国家,人口数量变化较大将引起"跨代分配不公平",甚至现收现付制的无法维持。假定每年出生的人口数量呈周期性变化,这将导致在职人口数与退休人口数也呈周期性变化,后两者周期往往不能同步统一。在现收现付制下,很有可能导致人数较少的就业人群负担人数较多的退休人群的社会福利保障,而当人数较少的就业人群退休时,新就业人群高峰仍未到达,则人数较少的退休人群福利状况与他们创造的社会效益明显不对等,与基金制相比,他们的部分福利被前一代人取得了。现收现付制造成了社会成员"代与代"之间的分配不公。从世界各国的情况来看,对于医疗、生育、失业方面的保险,由于它们具有短期性和不确定性,难以预测,所以,一般国家都采用这种现收现付的筹资模式。

部分基金制模式:基金制与现收现付制在一定的情况下都可能会出现危机,于是产生了界于二者之间的部分基金制。这种模式是在社会保障基金的形成上,资金的筹集一部分采用现收现付制模式,以保证当前开支需要,另一部分采用基金制模式,满足将来不断增长的开支需要。在一定程度上,可以尽量避免单一实行上述两种筹资模式的缺点,既可以解决现收现付模式下缴费率随支出的增加频繁调整的问题,也可以解决基金制模式下初期缴费负担过重的问题。

社会保障资金的三种筹集方式,各自适应一定的社会状况:基金制可以在人口老龄化的国家顺利实施,但需要社会经济状况较为平稳。现收现付制可以适应变化的社会经济状况,但当人口数量变化大时可能不能适应。部分基金制则是介于两者之间的。在一定社会经济背景下,实施合理的社会保障资金筹集制度是确保社会保障制度顺利实施的必要前提。

(三) 我国的社会保障制度

从 20 世纪 80 年代中期开始,我国的社会保障制度进行了一系列改革和探索,保障制度从无到有、保障范围由小到大、保障项目从少到多、保障水平由低到高。经过 20 多年的改革,已初步建立了我国的现代社会保障制度。在社会保险方面,建立了养老保险、医疗保险和失业保险制度,实施了工伤保险和生育保险两项辅助保险项目。在社会救济和社会优抚方面进行了救灾救济方面的改革,如农村"五保户"制度开始定型化、军人抚恤优待制度步入规范化、城市最低生活保障制度开始建立等。

但随着我国经济体制的改革和社会转型,我国现行的社会保障仍然存在着一些不容忽视的问题,与社会主义市场经济的客观要求有很大的差距,主要表现在以下几个方面:

1. 覆盖面小,实施范围窄,统筹层次低,社会保障制度的社会化程度低。长期以来,我国社会保障的社会化程度较低,覆盖面较为狭窄。城乡之间和不同所有制之间存在着较大的差距,这突出表现在养老保险、医疗保险和失业保险上。目前,我国除了养老保险和失业保险外,其他社会保险项目仍停留在试点阶段,没有全面实行社会统筹。此外,在已经享受到社会保障待遇的人群中,由于保障资金来源不一,其享受的待遇还存在很大差异。这显然不利于调动广大劳动者的积极性和创造性,不利于劳动力市场的形成。

2. 企业负担过重,个人权利和义务较脱节。我国现行的各项保险,个人缴纳的比例很低,大部分由企业和单位承担。如我国目前正在实施的养老保险、失业保险、医疗保险、工伤和生育保险,由企业和单位缴纳的保险费相当于工资总额的33%,个人缴纳费用只占本人工资的11%,而世界上大多数国家,企业和个人缴纳的比例为1:1。现行的筹资机制使得财政和企业负担过重。

3. 社会保障基金收缴困难、管理政出多门。

当前,我国社会保险资金是通过社会统筹与个人缴费来筹集的,由于缺乏必要的法律制约和征缴手段,社会保障基金的收缴越来越困难,实际收缴率大幅度下降。在使用和管理方面,大多数由社会保险机构分散管理,如卫生部门管医疗保险,社会保险局管城镇企业职工的养老保险、工伤保险、生育保险,民政部门负责社会救济、社会福利社会优抚、农村养老保险等,劳动部门负责失业保险,人事部门负责机关事业单位的养老保险。由于各自利益关系的驱动,在实际工作中经常发生决策及管理上的摩擦和矛盾。再加之各种管理办法不健全,各地各部门不同程度地存在着挤占挪用的问题,有的甚至造成了资金的流失,社会保障资金的保值增值问题也没有得到有效的解决。

4. 社会保障制度法制化程度低。

社会保障制度的发展与完善是以健全的法律为基础的。而我国现行社会保障制度是以大量的行政法和地方性法规为依据的,缺少明确、规范的法规体系,不利于推动、规范社会保障制度的改革进程。

反观那些已经有一套成熟的社会保障制度的西方各国,虽然其制度的具体实施方法和运筹资金的模式各有特色,但无不具有以下这些共同特点:

(1) 保障项目名目繁多,其中又可分为四类,有从收入方面提供支持和援助的老年退休和失业补助、贫困救济和残疾补助等项目;有从开支方面提供支持和补助的健康医疗、住房、儿童照顾和解决家庭问题补助等的项目;有教育和培训方面的支持和补助项目;还有对遭受某种损失给予支持和补助的项目,如劳动保护和保健、交通安全、公共卫生、环境保护、食品和医药等。

(2) 社会保障有确定的资金来源,主要来自社会保险税。社会保险税不足以满足社会保障支出的部分,由政府通过财政拨款解决。

(3) 社会保障支出依法由政府集中安排。尽管具体管理社会保障项目的机构很多,但从总的倾向看,是由政府集中管理,并且从资金来源、运用的方向、保障的标准、收支的程序等实施社会保障制度一切细节来看,大都有明确的法律规定。

因此借鉴西方国家的成熟经验,结合我国市场经济发展的实际情况和需要,继续改革和完善我国的社会保障制度,建立一个既具有中国特色,又符合市场经济要求的新的社会保障体制势在必行。具体思路如下:

加强社会保障立法,依法实施管理。社会保障法是确保社会保障基金正常有序运转的基础。目前我国正处于发展社会主义市场经济的转轨时期,客观形势要求我们的社会保障要早日纳入法制轨道。因此有必要通过法律形式规定社会保障机构的设置及其职责权限,以保证社会保障管理体制的一体化和社会化,使各级社会保障部门各司其职、各负其责;有必要通过社会保障的立法,明确规定社会保障基金的筹集模式、资金来源、用途及安全保值等方面,确保社会保障基金正常有序运行,从而可以避免当前社会保障基金的管理政出多门、条块分割的局面。

进一步拓宽社会保障的覆盖面,逐步提高社会保障的社会化程度,建立一个包容社会各领域,真正面向全社会的全方位、多层次的社会保障体系。社会保障的享受对象应该是全体社会成员。但是对于一个具体国家和地区来说,在一定时期内社会保障的覆盖面到底能包括多少社会成员,这还取决于国家财政的支持能力、国家的工业化程度、社会保障部门的自身管理水平以及社会保障制度的健全程度。随着社会主义市场经济体制的改革、现代企业制度的建立,应逐步把非国有企业以及个体劳动者都纳入不同形式的社会保障制度范围内,让他们共同享有同等的权利。

加强社会保险基金的监督管理和保值增值。社会保险基金的收缴、支付及营运要规范化、制度化、安全、透明。要建立社会保险基金分级管理责任制,制定各类社会保险基金财务、会计、审计、统计制度,保证基金合理使用,防止被挪用。在国家宏观政策指导下,应不断拓宽社会保险基金用于投资的渠道和办法;建立社会保险监督组织,加强对社会保险基金收支、营运和管理的监督。

改革社会保障基金的筹资渠道和筹资模式,逐步建立多渠道、多层次、全方位吸纳机制。原则上,社会保障基金应由国家、企业和个人三方出资,合理负担,这有利于在有限的经济发展水平上拓宽筹资渠道,调动各方面积极性,从而增加社会保障基金。在社会保障的筹资模式中,鉴于国际上社会保障税已被公认是一种规范化、法制化、强制性的筹资形式,今后应选择社会保障税作为我国社会保障基金的主要筹资手段。今后社会保障制度的改革应变社会统筹为社会保障税。设计社会保障税应当考虑以下几点:(1) 社会保障税的纳税人应以社会保障的普遍性原则来确定;(2) 课税对象应以纳税人(在职职工和企业)所取得的工资总额或收入总额为依据;(3) 税目设计可分为养老、失业、医疗、工伤、社会救济等五个方面;(4) 税率设计既要考虑社会保障支出的需要,又要考虑纳税人的负担能力。

建立统一的社会保障机构,强化社会保障的监督。为了加强对社会保障事业的综合规划、统一管理、统一协调和有力地进行宏观调控,必须建立和健全全国的社会保障管理机构,行使行政管理职能。在职能分工上,中央社会保障管理机关是统一管理全国社会保障事业的领导和决策机构,负责拟定社会保障的发展规划、改革方案、方针政策和有关法规及规章制度。各级地方政府的社会保障管理机构则负责组织社会保障制度的实施和监督检查。中央和地方的社会保障管理机构,都应按照政事分开的原则,理顺同社会保障基金经营单位的责权利关系,把社会保障的行政管理与基金管理分开,实现社会保障管理的规范化。此外,为了强化社会保障的监督,还应建立由政府有关部门和社会公众参加的社会保障监督组织,以监督社会保障各项方针政策的实施和社会保障基金的收支运营状况,同时应加强其内部监督,对负责和参与社会保障的所有机构的活动进行监察和督导。

完善养老保险和失业保险以及医疗保险的改革。为了迎接 21 世纪正在迈进的人口老龄化的到来,解决人口老龄化带来的问题,以及配合现代企业制度的实施,当前最迫切的是要改革养老保险、失业保险和医疗保险。

三、财政补贴支出

(一) 财政补贴支出的涵义及特征

财政补贴是指国家为了实现特定的政治、经济和社会目标,在一定时期内向生产者或消费者提供一定的补助或津贴。这种经济手段是国家调节经济的重要财政杠杆之一,是财政调节经济过程中派生的一种分配形式,也是发挥财政分配机制作用的特殊手段。

财政补贴属于财政的转移性支付。从性质上看,它是一种与相对价格变动紧密相连的国民收入再分配形式。政府将一部分无偿收入再无偿转移给企业或居民支配使用,可以对不同企业及居民的物质利益进行有效调节,进而影响资源配置结构及整个社会经济的发展。作为一种转移性支出,财政补贴支出同社会保障支出有很多相似之处。从政府角度看,无论是以补贴形式还是以社会保障形式拨付支出,都不能换回任何东西,支付都是无偿的;从领取补贴者的角度看,无论以什么名目得到政府的补贴,都意味着实际收入的增加,因而经济状况都较以前有所改善。然而,财政补贴与社会保障支出作为转移性支出的两种形式,差别也是明显的,主要体现在同相对价格体系的关系上。财政补贴总是与相对价格的变动联系在一起,或者是补贴引起价格变动,或者是价格变动导致财政补贴,由于存在这种联系,很多人习惯将财政补贴称为价格补贴或财政价格补贴。社会保障支出则与产品和服务的价格不发生直接联系,固然人们获得社会保障收入后用于购买,可能使购买商品的价格发生变动,但这种影响既不确定,又是间接的。此外,因为与相对价格结构有着直接的联系,财政补贴便具有改变资源配置结构、供给结构与需求结构的作用,而社会保障支出则很少有这种影响。

在政府的各种转移支出中,财政补贴又有别于其他转移支出。财政补贴除了具有转移性支出的共性,会产生收入效应,即受领者收入增加后可能会购买更多的商品和服务,此外,财政补贴还会产生替代效应,即在补贴品可以替代的范围内,人们倾向于更多地购买补贴品,相对减少了对其他商品的购买,这是财政补贴区别于财政其他转移支出的主要特点。

作为国民收入的一种分配形式以及调节国家经济活动的一个经济杠杆,财政补贴具有其他经济手段所不能代替的特性:政策性。财政补贴的依据是国家在一定时期内的政策目标,因而具有很强的政策性和时效性。国家的方针、政策会随着政治、经济形势的变化而不断地进行修正、调整和更新,因此,依据一定时期国家的方针、政策而制定的财政补贴措施也必将随之进行修正、调整和更新。财政补贴是国家可以掌握的一个灵活的经济杠杆,它可直接针对具体的对象,选择不同的补贴方式和补贴金额,更迅速、更直接地进行调整,财政补贴也无需建立相对规范的制度、固定的补助数量来实施,因此在调节经济活动、协调各方面的经济关系时,比税收等经济杠杆的调节作用来得更直接、迅速。

(二) 财政补贴支出的分类

财政补贴支出是目前世界各国政府财政活动的重要内容之一,补贴的项目和种类繁多。根据不同的需要,可以进行各种不同的分类。

按财政补贴的环节分类,可以划分为生产环节的补贴、流通环节的补贴、分配环节的补贴和消费环节的补贴。其中属于生产环节补贴的主要有农业生产资料价格补贴、工矿产品价格补贴、生产企业的政策性亏损补贴。属于流通环节补贴的主要有农副产品价格补贴、商业和外贸企业的政策性亏损补贴。属于分配环节补贴的主要有财政贴息和税式支出等。财政贴息是指国家财政对使用某些规定用途的银行贷款的企业,就其支付的贷款利息提供的补助,实质上是财政替企业向银行支付利息,是国家财政支持有关企业或项目发展,帮助其承担市场风险的一种形式;税式支出,是指国家财政对于某些纳税人或课税对象给予的减税免税。纳税人本应依法上缴的税款,由于某些原因,经申请和有权机关批准,可给予减税和免税。从财政角度而言,它相当于以税收方式发生的一笔财政支出。属于消费环节补贴的主要有职工生活补贴。

按财政补贴的经济性质分类,可以分为生产补贴和生活补贴。生产补贴如农业生产资料价格补贴、财政贴息等。生活补贴如职工副食品价格补贴,此外,支付给商业部门的粮棉油等农副产品价格补贴,就其实质分析,也属于生活补贴。

按财政补贴的对象分类,可以划分为企业补贴和个人补贴;按财政补贴的透明度分类,可以划分为现金补贴(明补)和实物补贴(暗补)等等。现金补贴是补贴接受主体在自身权利之外得到超额收入的那部分财政补贴,即不发生补贴利益转移的那部分财政补贴,一般也把它称为"明补",在我国,现金补贴主要有职工生活补贴等。实物补贴是从补贴接受主体手中转移给最终受益者的。在这一转移过程中,财政补贴附着在具体的产品之上。对于实际获益者来说,他享受的方式是以一定量的货币购得了较多的补贴商品,或者是为购买定量的补贴商品,付出了较少的货币。实物补贴与一般所说的"暗补"概念相近,主要体现为农副产品价格补贴、农业生产资料价格补贴等。

（三）财政补贴支出的经济影响

财政补贴作为一种财政无偿支出,通过补贴影响相对价格结构,从而影响资源配置,调节总供给与总需求及内部结构,因而财政补贴是国家财政调节经济的一个重要手段。

1. 财政补贴对价格分配的调整和对社会资源配置的影响。

价格是市场机制的核心,市场机制通过供求双方的互动作用,确定与要素、产品价值相当的价格,同时也进行了要素与产品的分配。由于各种因素的影响,市场机制往往不能形成合理的价格,价格分配往往是常见而不合理的,需要由与相对价格体系密切相关的财政补贴对其进行调节。财政补贴对价格分配的调控及其对社会资源的配置作用表现为以下三个层次:

第一层次为要素价格分配。由于各种因素的影响,包括土地、资金、劳动在内的各种生产要素,它们在市场上的价格并不能完全反映其对生产所作的贡献,从而使国民收入在要素的所有者与使用者之间再分配。比如土地这种生产要素,由于它本身有优劣等级之分,价格定位往往不准确,易于造成过度开发或废弃不用,若以财政补贴调节此类要素价格则有助于土地资源的合理开发、利用。一般地,财政补贴对资金价格分配以财政贴息方式进行,对劳动价格分配则以对劳动者的生活福利补贴方式进行,从而达到要素最优利用下的最大产出。

第二层次是产品价格分配,即在商品交换中由于价格与价值偏离所形成的国民收入再分配。一般地,市场上商品或劳务的价格不合理是市场自身缺陷或某些政府行为的直接后果。对于市场缺陷,财政补贴将起到弥补市场机制不足,维持商品实际价格与价值相当的作用;对于政府为达到某种政策目标而造成的价格扭曲,更是有必要由政府出面承担因价格扭曲而引起的消费者或生产者的损失。如对某些特殊的行业特别是农业的价格补贴正是如此。农业是国民经济中的一个特殊部门,尽管在 GDP 中的比例有缩小的趋势,但它在各国都处于整个国民经济的基础地位。农业危机(一般是过剩危机)一旦发生,就具有长期性,不易调整,这对于工业品市场、金融市场等都会产生不可避免的干扰,甚至会影响整个经济的运行。因此,财政对农业应当时刻监控,有效运用补贴手段,一方面要稳定农产品价格,另一方面要控制农产品的产量,同时还要提供新技术、新工具,有关补贴、产出、销售、投入并重,保证农业持续稳定的发展。在各国的财政补贴项目中,农业都占有比较重要的地位,就说明了这一点。

第三个层次是国际价格分配,这是由于汇率偏离合理水平带来的国民收入再分配。汇率实际上是各国货币之间的相对价格,由汇率不同引起的价格分配发生在国与国之间、进口部门与消费者之间以及进、出口部门之间。财政补贴针对国际价格分配采取的手段有两种:进口补贴和出口补贴。进口补贴是政府为了维持进口单位的积极性,对进口单位以高于国内价格进口商品的购货行为进行补贴。出口补贴则是政府为鼓励出口,对低价出口商品的单位的补贴。进口补贴使外币升值,出口补贴使本币贬值。

2. 财政补贴对总需求的影响。

在经典的西方经济学理论中,总需求的扩张对于社会经济的发展有着巨大的推动力,它在四部门经济中由四部分组成,即消费(C)、投资(I)、政府支出(G)和净出口($X-M$)。若财政补贴给予消费者,由于财政补贴的项目与基本生活需要关系密切,因此,转化为消费的部分不容忽视。如果财政补贴给予生产者,一般都会引起当期投资的增加,若针对出口企业,则有利于净出口增加。但财政补贴对政府购买支出的效应与以上三者相反,它将引起对政府购买支出的挤出,特别是在政府可以运用的资金总量一定的情况下。总的说来,财政补贴对于总需求的影响是刺激总需求的扩张。

3. 财政补贴对社会公平与稳定的影响。

财政补贴一般针对扭曲的社会价格体系。这种价格体系往往会造成社会财富在市场交易者之间的不公平分配,使得一方取得了额外收益,另一方则受到了损害,财政补贴介入之后,将平抑这种收入不公平分配,这是政府维持社会公平的有效手段。财政补贴的有效实施还有利于稳定社会,安定人民生活。由于市场或政策的缘故,与人们生活息息相关的商品、劳务的价格可能发生波动,波动超过一定限度后必然引起人们惴惴不安,甚至造成抢购等社会混乱的局面,财政补贴介入后,物价趋于平稳,有利于人们安居乐业,有利于社会稳定。

从以上分析可见,合理的财政补贴将有利于完善的价格体系的形成,协调社会收入分配,刺激社会总需求,维持社会稳定。但值得注意的是,财政补贴是一柄"双刃剑",一旦用得过度,则会产生不良的后果。财政补贴与价格体系密切相关,从某种程度上说,它更容易扭曲价格,甚至可能完全排斥市场价格,控制市场上的资源。过度的财政补贴将使企业缺乏竞争力的激励机制,不利于企业的成长与发展。因此,运用财政补贴必须控制好"度",才能对经济产生有利的影响。

本章小结

财政消耗性支出是政府各部门的消费和投资性支出。比较重要的财政消费支出有国防支出、公共教育支出、公共保健支出等。国防是一种典型的纯公共产品,必须而且只能由政府提供。

出于对收入分配、外溢性、资本市场不完全等问题的考虑,各国的政府教育支出十分普遍。政府通过直接开设公立学校、对私立学校提供补贴、税收优惠等方式对教育领域进行不同程度的介入。政府教育资助更多投向能力强的人还是能力弱的人士要取决于在效率和公平目标之间权衡的结果。

财政投资与私人部门投资必须按一定的客观比例进行组合,以达到最有效率的社会资源配置水平。政府财政投资的形式主要有直接投资、国有企业投资和股份投资。典型的财政投资领域主要有自然垄断行业、基础产业、高科技产业、农业等。发展财政投融资和政策性银行是发挥政府投资作用的较好途径。

社会保障是政府在全社会范围内组织的,对因遭遇疾病、失业、残疾、年老或其他事故而造成收入减少的社会成员提供的基本生活保障。社会保障支出的资金来源主要有社会保险税和转移支付。资金筹集方式主要有基金制、现收现付制和部分基金制。社会保障支出有利于宏观经济的平稳发展,但过高的社会保障支出可能削减社会投资。

财政补贴是指国家为了实现特定的政治,经济和社会目标,在一定时期内向生产者或消费者提供一定的补助或津贴。财政补贴作为一种财政无偿支出,通过补贴影响相对价格结构,从而影响资源配置,调节总供给与总需求及内部结构,因而财政补贴是国家财政调节经济的一个重要手段。

复习与思考

一、名词解释

购买性支出　　转移性支出　　财政投资性支出　　行政管理支出　　国防支出　　文教科卫支出　　社会保障　　基金制　　现收现付制　　部分基金制　　财政补贴

二、思考题

1. 试析社会消费性支出的性质。

2. 行政管理支出和国防费的性质是什么? 国防预算的合理规模应如何决定?

3. 简要分析文教科卫支出的经济性质,并简析文教科卫支出的必要性。

4. 政府财政投资应介入哪些主要领域? 分别应采取怎样适当的方式?

5. 试述政府投融资及其基本特征。

6. 社会保障基金有哪些筹集方式? 各有什么特点?

7. 如何进一步完善我国社会保障制度?

8. 试述财政补贴的性质和分类。为什么说财政补贴是一种经济调节手段?

第五章　财政收入概述

对财政收入的分析是财政理论和实践研究的重要组成部分。财政收入分析可从多个角度进行,如财政收入的形式、来源、规模和结构等。财政收入主要包括税收收入、政府债务收入等内容。本章着重分析财政收入的具体形式和规模。

第一节　财政收入的分类

一、财政收入的含义

根据公共财政理论,财政收入又称为"预算收入"。财政收入作为财政分配的第一阶段,包含两方面的含义:首先是指在一个财政年度内,政府为履行其职能,满足公共支出的需要,通过财政筹措的所有货币资金的总和。其次,财政收入也反映一个过程,即国家将分散在各方面的劳动者为社会创造的那部分价值通过多种形式集中起来的过程。它体现了以国家为一方与其他各缴纳者为另一方之间的分配关系。

二、财政收入的分类

对财政收入分类的研究是公共财政理论的重要组成部分。各国财政学者都十分重视公共收入的分类问题,并提出了多种分类方法。从我国的实际情况来看,对财政收入的分类应主要满足三方面的要求:一是要符合公共收入的性质;二是要符合我国国情;三是便于加强管理。据此,具有理论意义和实践价值的分类方法大致包括以下几种:

（一）按收入形式分类

根据目前我国政府收入构成情况,并结合国际通行的分类方法,《2007 年政府收支分类科目》将我国的财政收入划分为 6 大类、49 个款、354 项、750 个目四级,类级科目分别为税收收入、社会保险基金收入、非税性政府收入、债务收入、转移性收入等。

（二）按管理权属分类

管理权属也就是指该项财政收入是由谁来管理,由谁支配使用。具体包括收入的立法(或立项)权、征收权、处罚权和资金的使用权等。按照管理权属,财政收入可以分为中央收入和地方收入。

中央财政收入是指按现行财政体制的规定,由中央政府筹集、支配和使用的财政资金。中央财政收入主要来源于归中央所属的各项税收、中央所属企业的资产收益、共享收入中的中央分成收入、地方上缴中央的收入及国债收入等。按照公共产品理论,中央政府主要承担着全国性公共产品和协调区域性公共产品有效提供的任务,所以中央财政在国家财政体系中居于主导地位,中央财政收入占全国财政收入的比重一般都在60%以上。

地方财政收入是指管理权限归地方政府所有并由地方政府筹集、支配和使用的财政资金。地方财政收入主要来源于归地方政府所属的各项税收、地方政府所属企业的资产收益、共享收入中地方分成收入、上级政府的税收返还收入和补助收入及其他收入等。

（三）按管理方式分类

根据财政收入的管理方式不同,可以将财政收入分为预算内收入、预算外收入和制度外收入。

预算内财政收入是指根据国家财政制度规定纳入国家预算管理范围内的财政收入。这些收入要经过预算管理程序才能安排政府的各项支出,并纳入国库管理。预算外收入是指根据国家财政制度规定不得纳入国家预算管理范围内的财政收入,具体包括法律法规规定的各种行政事业性收费、基金和附加收入等。一般由各级政府自行安排用于国家指定的用途或项目。如市场管理费、交通附加费、港务费等未纳入预算的基金和资金以及社会保障基金等。这些收入虽然不纳入国家预算,但由于他们是以政府名义征收的,因此也是属于财政收入的范围。"制度外收入"又称为非预算收入,一般被定义为预算外收入之外的乱收费、乱罚款、乱摊派所形成的收入。

（四）按收入来源分类

我国财政收入来源的分类标准包括按所有制分类财政收入和按产业部门分类财政收入两种,体现了不同的经济主体和部门结构对财政收入的贡献程度。

如果以所有制分类为标准,我国财政收入分为国有经济收入、集体经济收入、中外合营经济收入、私营经济或外商独资经济收入、个体经济收入等;如果以部门结构为标准,财政收入又可分为第一产业收入、第二产业收入和第三产业收入。我国在联合国制定和颁布的标准产业分类的基础上,把整个国民经济分为

16 个门类。①

（五）按收入稳定程度的分类

按财政收入稳定程度分类,可将我国的财政收入分为经常性收入和临时性收入。其中经常性财政收入主要是税收和各项收费;临时性财政收入主要是指公债收入和捐赠收入等。

第二节　财政收入的规模

财政收入规模是衡量一国政府在一定时期内(通常指一个财政年度),通过税收、公债等多种收入形式获得的公共收入的总水平,它表明了一个国家在一定时期内政府的财力集中和支配程度。保持财政收入的持续稳定增长是各国政府重要的财政目标,研究财政收入规模是财政理论的重要课题之一,其意义在于:财政收入规模是衡量政府公共事务范围的重要指标。如果财政收入规模较大,说明政府集中的社会财力多,因而公共开支的范围比较大;反之,财政规模小,则说明该国政府管理的公共事务范围较小。财政收入规模也是衡量国家财政状况的基本指标。一般来说,在某一时期政府的职能总是相对稳定的,因而其公共支出的范围也相对稳定。在这一前提下,财政支出的数额将随着经济发展而相应增加。例如,社会用于教育方面的开支是不断增加的,要实现这些,就必须使财政收入的规模稳定在一定的水平上,并大体能够同财政支出规模相适应。如果财政支出规模过小,则意味着财政收入无法保证正常财政支出的需要。

一、财政收入规模的衡量

衡量财政收入的规模,有绝对量和相对量两大指标体系。

财政收入规模的绝对量是指在一定时期内财政收入的实际数量,包括中央和地方公共总收入、中央本级公共收入和地方本级公共收入、中央对地方的税收返还收入或补助收入、地方上解中央收入等。从静态考察,财政收入的绝对量在一定程度上反映了一国或某一地区在一定时期内的经济发展水平和财力集散程度,体现了政府运用各种公共收入政策工具调控经济运行、参与收入分配和资源配置的范围和力度;从动态考察,则反映了财政收入规模随经济发展、经济体制改革、分配政策调整以及政府职能变化而增减变化的趋势和规律,同时也体现了在资源配置和收入分配过程中政府与市场两种机制的作用范围、调控力度及配

---

①　16 个门类包括:农业、狩猎业、林业和渔业;采掘业;制造业;电力、燃气及水的生产和供应业;建筑业;地质勘查业、水利管理业;交通运输、仓储及邮电通信业;批发和零售贸易、餐饮业;金融、保险业;房地产业;社会服务业;卫生、体育和社会福利业;教育、文化艺术及广播电影电视业;科学研究和综合技术服务业;国家机关、政党机关和社会团体;其他行业。

比关系的发展变化。

　　财政收入规模的相对量是指在一定时期内财政公共收入与国民经济和社会发展有关指标的比率。衡量财政收入相对规模的指标通常有两个：一是财政收入占国民生产总值（GNP）或国内生产总值（GDP）的比例；二是税收收入占 GNP或 GDP 的比重。

　　财政收入占 GDP 的比例这个指标综合体现了政府与微观经济主体占有和支配社会资源的比例关系，体现着政府调控国内生产总值分配结构，进而影响经济运行和资源配置的力度、方式和地位等。在 GDP 为一个既定的量时，公共收入占 GDP 的比重越高，表明社会资源由政府通过财政预算机制集中配置的数额越多、程度越深、力度越大，而私人经济部门占有和支配的社会资源相应减少。从公共产品与私人产品的配置结构看，在整个社会资源配置中，政府配置的份额扩大，市场配置的份额相对缩小，进而引起社会资源在公共产品和私人产品之间配置结构的变化。反之，财政收入占 GDP 的比重越低，表明政府介入社会财富分配和资源配置的份额和力度越小，私人部门的投资能力和消费能力相对增强，市场配置的作用和地位也相对增强。其他指标还有财政收入占国民收入（NI）的比例以及在分级财政体制下中央政府财政收入或地方政府财政收入占 GDP 的比例等，都可由财政收入占 GNP 的比例这一基本指标推导出来。

　　由于税收已成为现代财政收入中最主要和最稳定的来源，税收收入通常占财政总收入的90%左右。因此，财政收入的相对规模在很大程度上可由税收收入占 GNP 或 GDP 的比重体现出来。税收收入占 GNP 的比例又称为宏观税负率，它是衡量一国（地区）宏观税负水平高低的基本指标。

二、财政收入规模的决定

　　传统财政理论认为，政府的规模决定财政收入的规模。这是因为，财政收入的规模取决于政府所承担的公共事务范围和职能以及人均国民收入或国内生产总值。一般说，如果国家的人均国内生产总值较高，则政府可适当提高财政收入规模。政府承担公共事务范围大的，则开支较多，就须适当提高财政收入的比重。例如，属于高福利国家的挪威、瑞典、丹麦、荷兰等国，政府不仅承担了全社会的社会保障开支，还承担了全社会的医疗以及大部分教育支出，因而财政收入规模大大高于其他国家。上述比重也取决于财政体制。由于英国、法国等国财政收入主要集中于中央政府，因而中央政府财政收入比重远高于其他国家。

　　那么，又是什么因素决定着政府的规模呢？在市场经济体制下，政府的职责就是有效提供公共产品，弥补市场失灵和市场缺陷，从总体上讲，公共产品的范围和规模决定着政府规模，进而决定着公共收入的规模。如果说从亚当·斯密时代起，公共安全、公共秩序、公共事业、公共工程是最基本的公共产品，那么，进入现代社会后,减少生产中的垄断、外部经济、信息不对称、交易成本以及收入分配不公、经济波动、保护环境、社会保障、协调区域经济发展、解决国际争端就成为更高层次的公共产品。因此,公共产品需求的不断增长是引致公共收入不断增长的主要原因。

此外,公共产品的提供方式也在一定程度上影响到公共收入的规模。究竟哪些公共产品需要政府提供需进行成本收益分析。一般地,纯公共产品是由政府全额提供所需投资,这通过政府税收来弥补成本。而对于混合产品,如果其社会收益大于社会成本,则应由政府提供,反之则应交给市场。

公共产品的效用的不可分割性、非竞争性和非排他性特征决定了公共产品不能通过市场机制有效提供,而只能借助于非市场的公共决策机制来提供。按照公共选择理论,公共产品的提供过程也是公共选择过程,选民通过一定的公共选择程序来表达自己对公共产品的偏好。公共决策的规则有一致同意规则和多数票规则。实践证明,一致同意规则只是一种理想状态,最常用的规则是多数票规则。在这种规则下,由于对公共产品的选择只是多数票通过,这种决策结果的强制推行就会增加持反对意见者的税收负担,使这部分人的利益受损,如果在考虑到多数票决策中利益集团的合谋行为导致的公共决策的低效率,这种制度性缺陷就使公共产品的扩张具有了内生性、机制性的冲动,由此必然引致公共收入规模的扩张。因此,公共选择中有效的制度安排以及民主法制建设的进程也在很大程度上决定着公共收入的规模。

从实践来看,随着政府职能的不断扩大,政府的规模在相应扩大,满足政府实现职能需要的公共收入的规模呈现出不断膨胀的趋势。从我国的具体国情来看,我国社会主义市场经济建设才刚刚起步,完整的市场体系尚处于建立和完善中,政府提供法治、培育市场、维护市场秩序、促进公平竞争、提供公共产品的任务繁重。为了有效地履行这些职责,政府必须占有和支配相当规模的社会资源,因而公共收入的规模必定是巨额的。

三、影响公共收入规模的因素

公共收入的规模要和国民经济发展规模、速度以及人民生活的改善与提高相适应。公共收入所占的比例增大了,必然要压缩社会消费水平。相反,公共收入在国民收入中所占的比重过低,就要减少国家财政资金的必要集中,从而影响国家的建设投资以及国防、科学、文教、卫生、支援农业和必要的物资储备等方面的开支,延缓经济发展速度。因此,公共收入规模必须适当,它要受各种政治经济条件的制约和影响,这些条件包括经济发展水平、生产技术水平、价格及收入分配体制等,其中最重要的是经济发展水平和生产技术水平。

（一）经济发展水平对公共收入规模的制约

一国的公共收入规模最终受到经济发展水平的制约,而经济发展水平主要表现在人均占有 GDP(国内生产总值)上,它反映一个国家的社会产品的丰富程度和经济效益的高低。经济发展水平对公共收入的影响表现为基础性的制约,是形成公共收入的基础。一般说来,经济发展水平越高,国民生产总值就越多,社会产品就越丰富,可供财政分配的物质基础就越雄厚,公共收入的规模通常也会随着国民生产总值的增长而增长。20 世纪以来,西方发达国家公共收入占国民生产总值的比重基本上都是随经济的发展、人均国民生产总值的提高而不断提高的。以美国为例,其公共收入占国民生产总值的比重在 20 世纪前 20 年基本上都在 10% 以下;20—40 年代逐步上升到 20% 左右;50—70 年代逐步上升到 30% 左右;80—90 年代则都在 33% 以上。从世界各国的现实状况考察,发达国家的公共收入规模不论是其绝对量还是相对量都高于发展中国家,而在发展中国家中,中等收入国家又大都高于低收入国家。如 1986 年中央政府经常收入占国民生产总值的比重,低收入国家平均为 15.4% ,中等收入国家平均为 24% ,而英国为 37.9% ,法国为 40.9% ,意大利为 36.7% ,荷兰则高达 51.6% 。因此,一个国家政府财力的对比实际上就是一个国家经济实力的对比,从根本上看,不同国家的公共收入分配程度是由与之相关的经济发展水平所决定的。

经济发展水平对公共收入规模的制约关系可以运用回归分析方法作定量分析。回归分析是考察经济活动中两组或多组经济数据之间存在的相关关系的数学方法,其核心是找出数据之间相关关系的具体形式,得出历史数据,借以总结经验,预测未来。假设 Y 代表财政收入,X 代表国民生产总值,则有公式:

$$Y = \alpha + \beta X,$$

其中 α 和 β 为待定系数。

（二）生产技术水平对公共收入规模的制约

生产技术水平特别是技术创新和变迁的能力也是影响公共收入规模的重要因素。根据经济增长理论,判断一国经济增长的核心因素有三个:一是资本增长的潜力;二是生产结构的调整;三是科技创新和技术变迁、改进的程度。其中,受资本边际报酬递减规律所决定,资本投入对经济增长的影响虽然是巨大的,但其效应却是递减的。生产结构的调整和升级对经济增长的影响力也依赖于先进技术的支撑。所以,经济增长与经济发展从根本上取决于技术创新和变迁的速度。

生产技术水平对公共收入规模的制约可从两个方面来分析:科技创新和技术进步的结果,一方面使生产速度加快、生产质量提高、企业的竞争力增强,并且技术进步速度较快,社会产品和国民收入的增加也较快,公共收入的增长就有了充分的财源。另一方面技术进步必然带来物耗比例降低,经济效益提高,产品附加值扩大,这必然会促使 GDP 的较快增长,并为公共收入的增长提供丰富的财源。据国际上一些经济学家测算,在发达国家经济增长诸因素中,技术进步所占比重已从本世纪初的 5.2%,上升到 20 世纪中叶的 40%,70 年代进一步上升到 60% 以上,其中美国和日本等国高达 80% 左右。尽管技术进步对我国经济增长的贡献还较低,但它对公共收入的影响要大于对整个经济的影响。据粗略测算,技术进步对公共收入增长的贡献是其他因素的 2.8 倍,它所创造的国民收入每百元可提供 50 元公共收入,而其他因素仅为 13 元。

因此,对处于不同发展水平和发展阶段的国家来讲,正确评价自己的比较优势,选择适当的路径,积极鼓励和推动技术创新,加快技术创新和技术变迁的速度,是实现经济增长和经济发展、增加公共收入的根本途径。

(三) 收入分配政策和分配制度

制约公共收入规模的另一个重要因素是政府的收入分配政策和分配制度。分配政策对公共收入规模的制约主要表现在三个方面:一是收入分配政策决定剩余产品价值占整个社会产品价值的比例,进而决定财政分配对象的大小,即在 GDP 既定的条件下,M 占 GDP 的比重;二是分配政策决定财政集中资金的比例,即 M 中公共收入所占比重;三是财政分配政策的实施受经济运行态势的影响和制约,一般情况下,扩张性的财政政策可能会降低公共收入占 GDP 的比重,而紧缩性财政政策可能会提高公共收入占 GDP 的比重。

在其他因素不变的条件下,GDP 的分配格局是分配制度变革的反映和结果。在不同的经济体制和分配体制下,公共收入的规模及其增长速率取决于经济类型和分配制度本身的健全完善程度及制度执行的效率。改革开放以来,我国财政收入占 GDP 的比重出现逐年下滑的趋势,直接原因是经济转轨过程中 GDP 分配格局的急剧变化。GDP 分配格局变化的显著特征是向居民个人倾斜。过去在计划经济体制下,分配模式是“先扣除、后分配”,长期实行低工资、低收入制度,当时,财政收入占 GDP 比重最高曾达到 47%(如 1960年),这也是国家通过计划集中配置资源的必然结果。从 1979 年开始,同时采取三大措施,即大幅度提高农副产品价格,提高职工工资水平,对企业减税让利,三大措施的实施对财政收入产生了巨大影响,1979 年、1980 年两年度财政收入平均只增长 1.2%,财政收入占 GDP 的比重急剧下降,此后继续实行减税让利政策,再加之改革伊始以至于以后多年来缺乏对分配政策和分配体制有序性的调整,财政收入占 GDP 的比重继续下滑,这削弱了财政的宏观调控能力,造成资金分散与保证国家重点建设之间的矛盾。我国正在进行的不断深化的市场化改革,使得市场在资源配置中发挥越来越强的基础性作用,收入分配中的按劳分配和按生产要素分配的结合,更加突出了市场在分配领域中的作用。这种分配制度的变迁必然影响到公共收入的规模及增长速度。因此,公共收入相对比重的下降是正常的。问题在于,在经济体制改革中应从整体设计、调整分配政策和分配体制,并要考虑国家财政的承受能力,进一步健全分配制度,提高制度执行中的效率,整顿和规范分配秩序,调整分配格局,适当提高财政收入占 GDP 的比重。

（四）价格因素

价格因素对公共收入规模的影响通常不是实质性的,而主要表现为对公共收入的货币表现形式的影响。由于现代国家的公共收入都是在一定价格水平条件下,以货币形式来实现的,因此价格的变动当然会影响公共收入的货币表现额,所以,由于价格变动引起的 GDP 分配的变化也是影响财政收入增减的一个不容忽视的因素。

价格变动对财政收入的影响,首先表现在价格总水平升降的影响。由于公共收入都是通过一定的价格表现的,价格的变动必然会引起名义公共收入的增减变化。在现实经济生活中,价格波动对公共收入的影响可能出现各种不同的情况:（1）如果财政收入增长率高于物价上涨率,则公共收入既有名义增长也有实际增长;（2）如果物价上涨率高于公共收入增长率,则公共收入虽然名义上正增长,而实际上负增长;（3）如果公共收入增长率与物价上涨率大体一致,则公共收入只有名义增长,实际不增不减。在市场经济条件下,价格水平一般呈上升趋势,一定范围内的上涨是正常现象,但持续地、大幅度地上涨就是通货膨胀。随着价格水平的上升而财政收入同比例地增长,则表现为财政收入的"虚增",即财政收入名义增长而实际并无增长。

价格影响公共收入增长的另一个因素是现行的税收制度。一般而言,在经济发展水平和财政分配程度都保持不变的情况下,价格水平的升高总会使以货币形式表现的公共收入规模不断增大,而并不会使公共收入的规模产生实质性的变化。但当一个国家的公共收入制度主要采用累进制所得税的征收方式时,情况就会有所不同。因为价格上涨会相应扩大税基,在累进税制下,纳税人适用的税率也会随名义收入增长而自动提高,这就必然起到一个提高公共收入分配比例的作用,即出现所谓"档次爬升"效应,其结果使公共收入的增长幅度就会快于价格水平的上升幅度。如果实行的是以比例税率的流转税为主体的税制,就意味着税收收入的增长率等同于物价上涨率,公共收入只有名义增长而无实际增长。如果实行的是定额税,税收收入的增长总要低于物价上涨率,所以,公共收入即使有名义增长,而实际必然是下降的。我国现行税制是以比例税率的流转税为主,因而某些年份在物价大幅度上涨的情况下,出现公共收入名义上正增长而实际上负增长,这和现行的税制有极大的关系。

此外,如果一个国家价格水平的提高是由财政赤字引致的,亦即流通中过多的货币量是因弥补财政赤字造成的结果,国家财政就会通过财政赤字从 GDP 中分得更大的份额;在 GDP 只有因物价上涨形成名义增长而无实际增长的情况下,财政收入的增长就是通过价格再分配机制实现的。因此财政收入的增量通常可分为两部分:一部分是 GDP 正常增量的分配所得;二是价格再分配所得。公共收入通过价格再分配而获得额外的增加,即为通常所说的"通货膨胀税"。在这两种情况下,价格的变动会对公共收入产生实质性的影响。由此可知,在分析一个国家公共收入规模时一定要考虑价格因素。

此外,价格总水平的变动往往还和产品比价的变动同时发生,而产品比价关系变动将以另一种形式影响公共收入。一是产品比价变动会引起货币收入在企业、部门和个人等各经济主体之间的转移,形成国民收入的再分配;二是公共收入在企业、部门和个人之间的分布呈非均衡状态,或者说,各经济主体上缴财政的税利比例是不同的。这样,产品比价变化导致财源分布结构改变时,相关企业、部门和个人上缴的税收就会有增减,而增减的综合结果最终影响公共收入规模。

本章小结

财政收入也称公共收入或政府收入,是指在一个财政年度内,政府为满足社会公共需要,凭借政治权力和财产权力,通过各种途径和形式,依法取得的一切货币收入和实物收入的总和。

对公共收入分类的研究是公共财政理论的重要组成部分。按国际上常用的财政收入分类方法,财政收入的具体形式主要有税收、国有资产收益、债务收入以及各种行政收入等。

财政收入规模是衡量一国政府在一定时期内(通常指一个财政年度),通过税收、公债等多种收入形式获得的公共收入的总水平,它表明了一个国家在一定时期内政府的财力集中和支配程度。保持财政收入的持续稳定增长是各国政府重要的财政目标。衡量公共收入的规模,有绝对量和相对量两大指标体系。公共收入规模的绝对量是指在一定时期内公共收入的实际数量,衡量公共收入规模的绝对指标是财政总收入;衡量公共收入相对规模的指标通常有两个:一是公共收入占国民生产总值(GNP)或国内生产总值(GDP)的比例;二是税收收入占GNP 或 GDP 的比重。

公共收入的规模要和国民经济发展规模、速度以及人民生活的改善与提高相适应。公共收入规模必须适当,它要受各种政治经济条件的制约和影响,这些条件包括经济发展水平、生产技术水平、价格及收入分配体制等,其中最重要的是经济发展水平和生产技术水平。

复习与思考

一、名词解释

财政收入　按财政收入形式分类　按财政收入的管理权限分类　国有资产收益　财政收入规模　财政收入规模的绝对量　财政收入规模的相对量

二、思考题

1. 按国际上常用的财政收入分类方法,财政收入的具体形式有哪些?

2. 衡量一国的财政收入的规模的指标有哪些? 各有何特点?

3. 为什么说经济发展水平和技术进步对财政收入规模起决定作用?

第六章　税收基本理论

第一节　税收的基本概念及其性质

一、税收的含义及税收的"三性"

(一) 税收的含义

税收在历史上也称为税、租税、赋税或捐税。它是国家为向社会提供公共品,凭借行政(政治)权力,按照法定标准,向居民和经济组织强制、无偿地征收取得的一种财政收入。税收这一概念是高度抽象的,包含着丰富的内涵,具体可从以下几个方面进行理解:

1. 税收是国家财政收入的主要形式

从字义上解释,"税收"一词包括税和税的征收两重含义。其中,税是指特定的社会产品,即归政府的这一部分社会产品;而税的征收是指把这部分社会产品转为国家所有或支配的运动过程和方式。税和税的征收习惯上称为税收,并作为专有名词使用,特指国家财政收入形式。税收不但是财政收入形式,而且是财政收入的主要形式。在现代经济社会,国家财政收入除了税收以外,还有债、费、利等多种形式。其中,债是指国家作为债务人,以债券的形式向国内外居民或经济组织发行,有偿使用到期必须还本付息的公共债务;费是指国家在向社会提供各种劳务和服务过程中,按受益原则所收取的服务费;利是指国家从国有企业或国有资产经营收益中获得的利润。在上述各种财政收入形式中,税收是财政收入的主要形式、也是各国财政的最主要收入来源。

2. 行使征税权的主体是国家

税收又称为国家税收,是国家为了履行其向社会提供公共品职能的需要而存在的。它随着国家的产生而产生,并随着国家的消亡而消亡。因此,行使征税权的主体必然是国家,也就是征税办法由国家制定,征税活动由国家组织进行,税收收入由国家支配管理。由于政府是国家的具体形式和现实体现,因此,征税权具体由政府行使。行使征税权的政府包括中央政府和地方各级政府。

3. 国家征税所凭借的是行政权

行使征税权的主体是国家,而国家一般具有双重身份,既是社会公共品的提供者,又是公共财产的所有者。因而,国家就能同时行使行政管理权和财产所有权,国家可以同时凭借它们取得财政收入。财产权即财产所有权,在财产归属国家所有的前提下,国家对其拥有的财产可以凭借财产所有权取得财产收益。例如,国家作为国有土地或国家资源的所有权代表,有权要求使用国有土地或矿产资源的个人或经济组织支付土地或矿产资源的使用费。国家作为国有企业所有权代表,可以要求国有企业上缴利润。行政权亦称为国家行政管理权,国家对其行政权力管辖范围以内的个人或经济组织,可以凭借行政权取得税收收入。国家征税是基于公共权利,在国家为整个社会提供公共品,满足社会公共需要的前提下,由国家作为公共权利的代表来行使征税。

4. 国家征税的目的是为了满足社会公共需要

国家是以履行社会公共职能为基础的行政权力机关。国家在履行其公共职能的过程中必须要有相应的人力和物力消耗,形成一定的支出。国家履行其公共职能的支出,一般具有受益的非排斥性和享用的非竞争性特点,也就是国家提供的公共品能使社会成员普遍受益,不存在一部分社会成员享用而排斥另一部分社会成员享用的情况。因此,国家履行公共职能的公共支出一般不可能采取自愿出价的方式,而只能采取强制征税方式,由居民和经济组织来负担。反过来也就是说,国家征税的目的是国家为了满足履行其提供公共品的财政需要,这具有两方面的涵义:一方面说明国家征税的目的是满足国家提供公共品的财政需要;另一方面也反映了国家征税要受到提供公共品目的的制约。国家税收必须用于满足提供公共品需要,非公共品需要的财政支出不宜用税收来提供,而应当采用其他方式来解决。

5. 税收体现了一种分配关系。税收属于收入分配范畴,体现着特定的分配关系。分配是把社会产品或国民收入分为不同份额,并决定各个份额归谁占有的一个环节。国家征税就是把一部分生产者创造的社会产品或国民收入强制地转变为国家所有的过程。这一过程会引起一部分社会产品或国民收入在不同社会成员之间的转移,导致社会分配关系的变化。所以,税制要素的设计和调整必须兼顾国家、集体和劳动者个人三者的经济利益关系,既要保证国家必要的财政收入,又要保证使企业的发展具有一定的财力基础,同时还要使劳动者的收入得到法律的保护和合理调节。

6. 税收必须借助于法律形式进行

法律是体现国家意志,强制调整人们行为的规范。法律作为体现国家意志的行为规范,用于调整社会生活和经济生活的各个方面,其中调整经济关系是法律规范的重要方面。法律调整与其他规范调整相比较,具有体现国家意志,以及强制性、公正性和普遍适用性等特点,这就决定了税收必须借助于法律的形式来进行。税收是国家为实现其提供公共品职能,而向居民和经济组织征收的财政收入,税收只有通过法律的形式,才能使社会成员在纳税上得到统一。由于征税引起企业、经济组织和个人一部分利益的减少,这就必然会使国家与纳税人之间发生利益冲突。国家只有运用法律的权威性,才能把税收秩序有效地建立起来,也只有通过法律形式,才能保证及时、足额地取得税收,并使国家在税收上的意图得到贯彻执行。

(二) 税收的"三性"

税收作为一种凭借国家行政权力所进行的特殊分配,必然具有它自己鲜明的特征。作为国家财政收入的主要形式,税收同国家取得财政收入的其他方式相比,具有三个特征,即无偿性、强制性和固定性。这也是人们通常说的税收"三性"。这三个形式特征是税收本身所固有的,是一切社会形态下税收的特征。

1. 税收的无偿性

税收的无偿性是指国家征税以后,其收入就为国家所有,不再直接归还纳税人,也不支付任何报酬。税收的无偿性特征是从直观角度对具体的纳税人来说的。税收的无偿性是国家财政支出的无偿性决定的。从税收的产生来看,国家为了行使其职能,需要大量的物质资料,而国家机器本身又不进行物质资料的生产,不能创造物质财富,只能通过征税来取得财政收入,以保证国家机器的正常运转。这种支出只能是无偿的,国家拿不出任何东西来偿还公民缴纳的税收。税收的无偿性,使得国家可以把分散的资财集中起来统一安排使用。这种无偿的分配,可以贯彻国家的政策,改变国民收入使用额的构成和比例,正确处理积累和消费的比例关系;同时也改变财产分配状况。可见,税收的无偿性体现了财政分配的本质,是税收"三性"的核心。

然而,从整个社会来看,公民纳税,政府用税款为民办事,免费提供产品和服务,这似乎是一种交换,交了钱而得到某种产品或服务。税收的无偿性主要强调的是纳税者个人与他从政府所得到的产品或服务没有直接的对应关系。这就是说,纳税多的人未必从政府所提供的产品和服务中得到较多的好处,反过来,少纳税或不纳税的人也未必得到的好处较少或不能得到好处。由于对个人来说缴纳与受益之间没有直接联系,因此缴纳就具有了无偿的性质。例如,政府提供社会治安的服务,使得大家有了一个安全的、有秩序的社会环境。对任何一个人来说,所得到的好处并不因为纳税的多少而有所改变。

2. 税收的强制性

税收的强制性是指国家依据法律征税,而并非一种自愿缴纳,纳税人必须依法纳税,否则就要受到法律的制裁。国家征税的方式之所以是强制的,就是由于税收的无偿性这种特殊分配形式决定的。国家征税必然要发生社会产品所有权或支配权的单方面转移,国家得到这部分社会产品的所有权,纳税人便失去了对这部分社会产品的所有权。特别是这种所有权或支配权的单方面转移又是无偿的。国家征税以后,既不向纳税人支付任何报酬,也不直接归还纳税人,所有这一切决定了国家征税只能凭借政治权力,把分散在不同所有者手里的一部分社会产品无偿集中起来,满足国家行使职能的需要。具体来看,国家是通过法律规定,依靠法律的强制作用来征税的。税收的强制性表现为国家征税的直接依据是政治权力而不是生产资料的直接所有权,国家征税是按照国家意志依据法律来征收,而不是按照纳税人的意愿自愿缴纳。

3. 税收的固定性

税收的固定性是指国家以法律形式预先规定征税范围和征收比例,便于征纳双方共同遵守。这种固定性主要表现在国家通过法律,把对什么征、对谁征和征多少,在征税之前就固定下来。税收的固定性既包括时间上的连续性,又包括征收比例的限度性。国家通过法律形式,规定了征收范围和比例,使其在一段时期内相对稳定,利于纳税人依法纳税,同时这也使税收具有限度性,对纳税人来说比较容易接受,对税务机关来说也有征税的尺度,便于征纳双方共同遵守。

税收的固定性是国家财政收入的需要。国家的存在,国家机器的正常运转以及国家行使其职能,对于财政收入的需要是固定的,国家必须有稳定可靠的收入来源。国家财政需要的这种固定性,必然要求国家取得财政收入的重要工具——税收也必须具有固定性的特征。国家依据法律征税,连续地、经常地取得财政收入,满足了国家行使其职能的需要。

4. 税收"三性"的关系

税收的"三性"作为税收本身所固有的特性,是客观存在、不以人们的意志为转移的。无偿性是税收这种特殊分配手段的本质体现。征税的无偿性必然要求征税方式的强制性。既然征税是强制的,就必须有限度和依据,使征纳双方都便于遵守,强制性需要固定性来规范和约束。当然,国家财政收入的固定需要,决定了税收必须具有固定性。强制性是无偿性和固定性的实现保证。总之,税收在征收上的强制性,在缴纳上的无偿性,在征收范围和比例上的固定性,是税收的三个形式特征,是古今中外税收的共性,三者相互依存,缺一不可。

二、税收要素

税收是政府强制地无偿地取得收入的一种方式,这种方式用法律形式确定下来即形成了税收制度(简称税制)。虽然各个税种的税制内容不尽相同,但在每一部税制中必然要规定如下要素:向谁征? 对什么东西征? 征多少? 如何征(在哪个环节按照什么程序征收)? 这些因素构成了税收制度的基本要素。构成税收制度的基本因素称为税收要素,又称税制要素。具体包括纳税人、征税对象、税率、纳税环节、纳税期限、减免税、违章处理等。其中,纳税人、征税对象、税率是三个基本要素。

（一）纳税人

纳税人是税法规定的直接负有纳税义务的单位和个人,它是缴纳税款的主体。纳税人主要解决向谁征税和由谁纳税的问题。每一种税都有关于纳税义务人的规定,如果不履行纳税义务,即应由该行为的直接责任人承担法律责任。所以,纳税人是税法构成的一项基本要素。

纳税人可以是自然人,也可以是法人。所谓自然人,是指在法律上具有民事权力和义务主体资格的普通人。所谓法人,简单地说,就是依法成立并能独立地行使法定权利和承担法律义务的社会组织,如企业、社团等。某个自然人或法人可能同时需要缴纳几种税,从而成为几种税的纳税人。

纳税义务人与扣缴义务人不同。扣缴义务人是税法上规定的负有扣缴税收义务的单位或者个人。例如我国《个人所得税法》规定,个人所得税以所得人为纳税义务人,以支付所得的单位或者个人为扣缴义务人。可见,纳税人是承担纳税义务的纳税主体,而扣缴义务人的规定则是为便于税款征收而实行的税收源泉控制措施。

纳税人与负税人也不是同一概念。负税人是负担税收的单位或个人。纳税人与负税人可以是一致的,也可以是背离的。如果纳税人能够通过一定的途径将税款转嫁给别的单位和个人,纳税人就不再是负税人,否则,纳税人同时也是负税人。

（二）征税对象

征税对象是征税的标的物,说明对什么东西征税。征税对象规定着征税的范围,是确定税种的主要标志。一种税区别于另一种税,主要也是因为征税对象的不同。如消费税是对消费品征税,其征税对象就是特定消费品(具体如烟、酒);房产税就是对房屋征税,其征税对象就是房屋。征税对象首先体现着征税的最基本界限,凡是列入某一税的征税对象,就是这种税的征税范围,就要征税;反之则不征。其次,征税对象决定了各个不同税种在性质上的差别,并且决定着各个不同税种的名称。如消费税、增值税和所得税,它们的征税对象不同,税种的性质不同,税名也不同。就世界各国的不同税种来看,有以商品流转额为征税对象的,有以所得额为征税对象的,有以财产为征税对象的,有以各种行为为征税对象的。

与征税对象相关的是税源。课税对象解决对什么征税的问题,税源则是税收收入的最终出处。税源与征税对象关系密切,但仍有差异。征税对象表明对什么征税,而税源主要表明税收收入的来源。有的税种的征税对象与税源是一致的。例如,所得税的征税对象和税源皆为纳税人的所得。有的税种的征税对象与税源是不一致的。例如,财产税的征税对象是纳税人所拥有或支配的财产,税源则可能是纳税人的收入。

征税对象的具体化是税目。税目主要有两方面的作用：一是明确征税的具体范围，凡列入税目者征，不列入税目者不征；二是解决征税对象的归类，每一个税目就是征税对象的具体类别。

（三）税率

税率一般情况下是应征税额与课税对象的计税依据之间的比例，是计算应征税额的标准，是税收制度的中心环节。税率的高低，体现着征税的深度，反映着国家在一定时期内的税收政策和经济政策，直接关系到国家的财政收入和纳税人的税收负担。

税率有名义税率和实际税率之分。名义税率是税法规定的税率，也即"税目税率表"中规定的税率；实际税率则是纳税人的实际税收负担率，即纳税人的实纳税额与实际收入的比率。名义税率与实际税率往往会有一定的差异，由于计税标准、税率设计以及执行中的减免税等因素的影响，后者通常会低于前者。因此，必须注意两者的差别，真实反映纳税人的实际负担。

税率是一个总的概念，具体又可分为比例税率、定额税率和累进税率三种。

（1）比例税率。比例税率是对同一征税对象，不论数量大小，都按同一比例征税的一种税率制度。其主要特点是税率不随征税对象数量的变动而变动。在其具体运用上，包括单一比例税率和差别比例税率两种。其中差别比例税率又可分为产品差别比例税率、行业差别比例税率、地区差别比例税率和幅度比例税率四种。

（2）定额税率（固定税额）。定额税率是税率的一种特殊形式，它是按征税对象的一定计量单位规定固定税额，而不是规定征收比例，即以绝对金额表示的税率，一般适用于从量计征的某些税种。在具体运用上，也可分为单一定额税率、差别定额税率、幅度定额税率和分类分级定额税率几种。

（3）累进税率。累进税率是随着课税对象的增大而提高的税率。它按征税对象数额的大小，划分若干等级，每个等级由低到高规定相应的税率，征税对象数额越大税率越高，征税对象数额越小税率越低。可见，累进税率是多层次的税率结构，每一个税种的税率都是由若干个高低不同的税率所组成。累进税率因计算方法和依据不同，又可分为以下几种：

全额累进税率。即对征税对象的全额都按照与之相应等级的税率计算税额。在征税对象提高到一级距时，对征税对象全部都按提高一级的税率征税。

超额累进税率。即把征税对象按数额大小划分为若干等级，每个等级由低到高规定相应的税率，每个等级分别按该等级的税率计征。

超额累进税率是各国普遍采用的一种税率，为解决超额累进税率计算税款比较复杂的问题，在实际工作中引进了"速算扣除数"这个概念，通过预先计算出速算扣除数，即可直接计算应纳税额，不必再分级分段计算。采用速算扣除数计算应纳税额的公式是：

$$应纳税额 = 应纳所得额 \times 适用税率 - 速算扣除数$$

速算扣除数是为了简化计税程序而按全额累进税率计算超额累进税额时所使用的扣除数额，其具体内容是按全额累进税率和差额累进税率计算的应纳税额的差额。通过速算扣除数方法计算的应纳税额同分级分段计算的应纳税额，其结果完全一样，但方法简便得多。

全率累进税率。它与全额累进税率的原理相同，只是税率累进的依据不是征税对象的数额，而是征税对象的某种比率，如销售利润率、资金利润率等。

超率累进税率。它与超额累进税率的原理相同，只是税率累进的依据不同。

（四）纳税环节

所谓纳税环节，一般指的是在商品流转过程中按照税法规定应当缴纳税款的环节。大家知道，社会商品从生产到消费，中间往往要经过许多环节，如工业品要经过工厂生产、商品采购、商业批发和商业零售等环节。对上述各个环节具体确定在哪个环节缴纳税款，这是对商品流转额征税中的一个比较特殊又是十分重要的问题，关系到税制结构和整体税收体系的布局；关系到对商品生产、流通是否有利和物价的变化；关系到税款能否及时足额地入库，国家财政收入能否得到保证；关系到地区间对税款收入的分配；也关系到是否便利纳税人缴纳税款和能否促进企业加强经济核算等多方面。

在整个商品流转过程中，可以选定在工业品的产制环节或第一次批发调拨环节征税，对其他环节不征税，即所谓的"一次课征制"。也可以选定在产品出厂销售时征一次工业环节的税，经过商业零售时再征一次商业零售环节的税，对商业批发等中间环节不征税，即所谓的"两次课征制"。还可以在商业批发和商业零售等环节都征税，即所谓实行"多次课征制"。由此可见，纳税环节的确定，主要是要解决征一道税、两道税，还是需要道道征税以及确定在哪个环节征税的问题。

（五）纳税期限

纳税期限是指纳税人发生纳税义务后向国家缴纳税款的期限。各种税收都需要明确规定缴纳税款的期限，这是税收的及时性所决定的。规定纳税期限，是为了促使纳税人及时依法纳税，以便及时地保证国家财政支出的需要。同时，也是税收强制性和固定性的体现。那么，如何确定纳税期限呢？首先，纳税期限是根据国民经济各部门生产经营的不同特点和不同征税对象决定的。如企业所得税按全年所得额计算征收，实行按季或月预征，年终汇算清缴，多退少补。其次，根据纳税人缴纳税款数额的多寡决定纳税期限。如消费税要根据企业经营情况和税额大小，分别规定具体的纳税时间，可以以一天、三天、五天、十天、十五天、一个月为一期，但不得再延长。再次，根据应纳税行为发生的特殊情况，实行按次征收。如契税、印花税等,应于每次应纳税行为发生后立即进行征收,以免发生偷漏税行为。

（六）减免税

减免税是对某些纳税人或征税对象给予鼓励和照顾的一种特殊规定。它是把税收的严肃性和必要的灵活性结合起来制定的措施,能够使税收制度按照因地制宜和因事制宜的原则,更好地贯彻国家的税收政策。减免税主要包括以下内容:

（1）减税和免税。减税是对应纳税额少征一部分税款;免税是对应纳税额全部免征。除税法列举的免税项目外,一般减税、免税都属于定期减免性质,规定有具体酌减免期限,到期就应当恢复征税。

（2）起征点。起征点是征税对象达到征税数额开始征税的界限。征税对象的数额未达到起征点的不征税;达到或超过起征点的,就其全部数额征税,而不是仅就超过起征点的部分征税。在税法中规定起征点,是侧重于对低入者的照顾。

（3）免征额。免征额是在征税对象总额中免予征税的数额。它是按照一定标准从征税对象总额中预先减除的数额。免征额部分不征税,只对超过免征额部分征税。在税法中规定免征额,是对所有纳税人的一种照顾。

（七）违章处理

违章处理是税务机关对纳税人违反税法的行为采取的处罚性措施,这种处罚是税制当中不可缺少的要素,是税收强制性特征在税收制度上的体现。它主要解决不缴、少缴、迟缴、减漏税款怎么办的问题,是维护国家税法的严肃性、完成税收任务、严肃财经纪律的保证。

第二节　税　收　原　则

税收原则既是制定税收政策、设计税收制度的指导思想,也是评价税收政策好坏、鉴别税制优劣的准则。

税收原则与特定历史条件下的财政职能范围紧密相关,从而不同历史时期的税收原则各具特点。从西方资本主义经济发展过程看,具有代表性的税收原则主要有亚当·斯密的税收原则理论、瓦格纳的税收原则理论以及现代西方税收原则理论。

人们一般认为古典经济学的创始人亚当·斯密第一次系统、明确地阐述了税收制度建立的原则,并由此奠定了税收原则的理论基础。1776年,亚当·斯密在其著名的《国民财富的性质和原因的研究》一书中提出了税收四大原则,这四大原则是:第一,平等原则。即人民应在可能的范围内,按各自获得收入的能力的多少来缴纳税收,承担政府的经费开支。第二,确定原则。即人民据以纳税的税收条例必须是确定的,纳税的时间、地点、数额等,都要明确规定,使纳税人明了。第三,便利原则。即征税过程及手续应尽量从简,给纳税人以最大方便。第四,最少征收费用原则。即在征税过程中,应尽量减少不必要的费用开支,使人民付出的尽可能等于政府所得的收入。

显然,斯密的税收四原则除了将平等原则作为首要原则加以强调外,基本上属于单纯的税务行政原则,体现了自由资本主义时期反对国家干预经济,倡导廉价政府的思潮。

在自由资本主义向垄断资本主义过渡时期,德国经济学家阿道夫·瓦格纳作为社会政策学派的代表提出了四类税收原则:(1)财政收入原则,即税收应能取得充分收入,且有弹性;(2)国民经济原则,即选择适当的税源和保护税本;(3)社会正义原则,即税收应普遍、平等;(4)税务行政原则,即税收要确实,征收费用最少,且便利纳税人。

显然,与亚当·斯密的税收原则相比,瓦格纳的税收原则体系更加完整,明确提出了财政收入原则,并突出了国民经济原则,强调要减少征税引起的对经济的不利影响,这被认为是现代税制原则中"效率原则"的最早表述。此外,他还强调了社会正义以及税收与经济的关系,体现了自由资本主义向垄断资本主义过渡时期产生的主张运用政府全力解决社会问题的改良主义思潮。

20世纪30年代后,在凯恩斯主义和福利经济学思想的影响下,运用税收手段干预经济的思想和政策主张得到强调,现代税收原则就是在这样的情况下产生的。现代税收原则可概括为:效率原则、公平原则和稳定原则。本节将主要讨论这三条原则。

一、税收的效率原则

税收效率可以分为资源配置效率(又称经济效率)和税务行政效率。前者是从资源配置角度分析税收的资源配置效率影响,主要分析征税引起的超额负担,以及如何运用税收弥补市场缺陷从而提高资源配置效率;后者是从税务行政管理角度分析税收的成本效益影响,主要分析税收的征收管理成本。因而,税收的效率原则是指国家征税要有利于资源的有效配置和经济机制的有效运行,提高税收征管的效率。它包括两方面的内容:税收经济效率原则和税务行政效率原则。

(一) 税收经济效率原则

西方福利经济学认为,如果没有任何市场失灵,市场自身就足以有效地配置资源,这就是"市场配置效率原则"。在这种情况下,经济主体的经济行为会因税收的存在而受到影响,由税收导向的经济行为及由此所引起的资源配置,必然带来效率损失。所以,在市场有效的情况下,在维持一定的政府税收收入条件下,税收应避免或减少对经济的干预,以避免或减少效率损失。在市场失灵(如不完全竞争、市场不完备性、信息失灵、市场不稳定)的情况下,市场配置本身就不再是最有效率的。在此情况下,有可能通过税收对经济资源的重新配置,提高资源配置效率。为此,税收有必要积极干预经济,从而提高经济效率。以上就是税收的经济效率原则。

1. 实行税收中性,减少效率损失

根据现代经济学的观点,如果市场经济处于完全竞争,又不存在外部经济影响,包括外部成本和外部效益,那么市场机制所决定的资源配置就处于最优配置状态。此时,任何政府对资源的重新配置都将导致效率损失。在这种情况下,税收应尽可能保持中性,减少和避免税收对经济的干预,减少效率损失,税收导致效率损失一般以超额负担来说明,税收的超额负担是指政府税收导致纳税人的福利损失大于政府税收收入,从而形成税外负担,引起效率损失。税收引起超额负担导致效率损失的主要原因,是因为征税干扰了由市场决定的纳税人消费、生产等方面的选择,从而使资源配置偏离了最优配置状态,即偏离帕累托最优条件。

2. 运用税收杠杆,提高资源配置效率

在市场经济处于不完全竞争,或虽然处于完全竞争,但存在外部经济影响的情况下,市场机制所决定的资源配置都会受到歪曲,从而偏离最优配置状态。这时候,政府对资源重新配置有可能纠正市场机制所产生的资源配置局限,提高资源配置效率。在这种情况下,应运用税收来调节、干预经济,改变市场资源配置状况。但是,政府提高资源配置效率目标能否实现,还取决于政策、制度等各种因素。

(二) 税务行政效率原则

税务行政效率原则要求在征收既定税收收入的情况下税务的税收成本最小化。税收成本包括征税成本和纳税成本。征税成本主要是税务行政机关因征税而发生的支出,纳税成本是纳税人因纳税而发生的支出。影响征税成本的因素主要涉及机构设置、人员素质和技术手段等方面。机构设置布局合理、税务人员素质高、税收征管技术手段先进会降低征税成本。纳税成本是指纳税单位和个人在依法纳税时所支付的费用。它包括雇用会计师、律师等填报税表、法律咨询等方面的费用支出。由于纳税成本没有精确的指标加以衡量,所以税收行政效率原则主要是以考核征税成本为依据,相应地采用征税成本占全部税收收入的百分比来衡量税务行政效率的高低。

二、税收的公平原则

税收的公平原则是就收入分配而言的,即税收对收入再分配应依据公平准则或公平目标。对于税收公平原则的理解可以从两个角度出发:一是从税收作为收入再分配的手段考虑,二是从税收作为政府公共提供的筹资手段考虑。

税收作为收入再分配的手段主要是纠正市场在收入分配方面存在的缺陷。由于市场决定的个人收入分配往往不符合公平准则(无论是规则公平,还是起点公平、结果公平),而市场本身又无法解决市场分配中的缺陷,需要政府通过税收予以解决。因此,税收的公平原则应是创造平等竞争环境,按贡献原则进行的收入分配符合规则公平和起点公平;缩小收入差距,对高收入者多征税,对低收入者少征税或不征税,或实行负税收,实现结果公平。

从税收作为公共提供的筹资手段出发,主要是考虑公共提供的成本应如何在社会成员中分摊才是公平的,应根据什么原则来确定各社会成员的纳税义务?是根据受益原则呢,还是根据能力原则?

尽管人们对怎样课税才是公平的持有各种不同的看法,但有一点却为大家普遍接受,这就是税收应具有横向公平和纵向公平。所谓横向公平是指税收应使相同境遇的人承担相同的税负。所谓纵向公平是指税收应使境遇不同的人承担不同的税负。然而,横向公平和纵向公平本身亦没有明确怎样判断"相同境遇"或"不同境遇",用什么标准去衡量境遇的好坏,境遇不同的人们所承担的税负应怎样不同。因此,根据这样一种宽泛的公平概念,人们可以对税收的公平原则作出多种解释。根据以上对税收公平原则的理解,可以将税收的公平原则具体化为竞争原则、受益原则和能力原则。

（一）竞争原则

竞争原则所遵循的公平原则是规则公平和起点公平。该原则着眼于收入分配的前提条件,通过税收,为市场经济的行为主体——企业和个人创造竞争环境,鼓励平等竞争。由于按公平的机会标准是创造平等竞争的机会,因此,在市场已经为行为主体提供了平等竞争的环境中,税收应不干预经济活动。对于在由于市场的缺陷而无法为行为主体提供平等竞争环境的前提下,税收应为行为主体的平等竞争创造条件。如由于企业资源条件差异、行业垄断、个人的遗产继承等原因而导致不平等竞争,形成收入和财富的差异。税收就应对形成不平等竞争和收入财富差异的条件进行调节,促进平等竞争。

（二）受益原则

税收的受益原则是根据市场经济所确立的等价交换原则,把个人向政府支付税收看作是分享政府提供公共品利益的价格。因此,个人税收负担应根据个人分享的公共品受益大小来确定。按受益标准,征税和受益应是对等的。对于因政府提供公共品而受益多的人,应承担较多的纳税义务;反之,则应承担较少的纳税义务。受益原则的运用是假定市场所决定的收入分配是合理的,税收分配是一种资源的转移,因此需依据对等原则进行。

受益原则作为政府征税的依据,作为解释税收存在原因时自有它的理论意义。但是,由于公共品受益的非排斥性特点,使公共品受益边界无法确定,即无法确定谁受益、受益多少,从而无法采取竞争价格由市场提供。因此,受益原则无法在实践中推行。但在特定情况下,以税代费,按受益标准征税也是可行的。这主要是对于部分由政府提供的准公共品而言,这些公共品受益边界较为清楚,消费的竞争性又较强,由于受收费效率原因而征税,谁受益、谁纳税、并按受益大小确定纳税,因此可以提高分配效率。

(三) 能力原则

能力原则所遵循的公平准则是结果公平。该原则以个人纳税能力为依据实行征税。公平的均等标准是均等个人收入和财富的分配,或缩小个人收入和财富的差异,而由市场决定的个人收入和财富分配的结果必然不符合均等标准。因此,应以个人收入或财富作为衡量能力标准,按个人纳税能力行使征税,使负担能力比较强的人承担较多的纳税义务,负担能力比较弱的人承担较少的纳税义务,通过税收调整个人收入和财富分配结果,实现均等收入的公平目标。能力原则包括普遍征税和能力负担两个方面。

1. 普遍征税。依据普遍征税原则,市场经济中的行为主体凡是具有纳税能力的都必须普遍征税,消除税收上的一切特权。同时,排除对不同行为主体的区别对待,以及对某些行为主体不应有的减税和免税,并制止和消除逃避纳税行为的发生,使税收普及于税收管辖权下的一切行为主体,包括自然人和法人。这体现了在税收法律面前人人平等的这样一种平等思想。

2. 能力负担。依据能力负担原则,凡是具有同等负担能力的纳税人应同等纳税,以体现税收的横向公平;凡是具有不同负担能力的纳税人应区别纳税,以体现税收的纵向公平。税收的横向公平和纵向公平都涉及负担能力的指标选择。反映个人纳税能力的指标主要有收入、支出、财富等三种。

(1) 以个人收入为衡量纳税能力指标,个人收入是个人货币收入的统称,包括工资、薪金、利息、股息、租金等收入。个人收入反映了个人的纳税能力。同样收入的纳税人可以被看作具有同等纳税能力,而不同收入的纳税人可以被看作具有不同纳税能力。以个人收入作为衡量个人纳税能力的指标,具有资料全面、基础广泛、易于掌握的特点。但由于具有同等能力的个人因不同偏好,如劳动和闲暇选择偏好不同,从而具有不同的收入。同样,同等收入的纳税人因不同的个人情况,如婚姻状况、子女多少、健康状况等差异,从而具有不同的纳税能力,这些给纳税能力的确定也带来了技术上的困难。

（2）以个人支出为衡量纳税能力指标。个人支出是个人收入扣除个人储蓄后的余额。在净储蓄为正值的情况下,个人支出小于个人收入;在净储蓄为负值的情况下,个人支出大于个人收入。个人支出也反映了个人的纳税能力。同样支出的纳税人可以被看作具有同等纳税能力,而不同支出的纳税人可以被看作具有不同的纳税能力。以个人支出作为衡量个人纳税能力的指标同以个人收入作为衡量指标比较,具有相同支出的纳税人因个人情况不同而给个人纳税能力的确定带来技术上的困难的问题。所不同的是,以个人支出为衡量个人纳税能力指标、在基础上不如收入广泛,一般由于储蓄因素使支出小于收入;在管理上不如收入易于掌握,这是因为收入相对集中,而支出极其分散。

（3）以个人财富为衡量纳税能力指标。个人财富是个人收入的积累,有动产和不动产、有形财产和无形财产、自有财产和转移财产之分(如财产赠与、继承等)。同以收入和支出为衡量个人纳税能力指标比较,在税基上,财富也不如收入广泛;在管理上,财富也比收入、支出更不易掌握,特别是动产或无形资产。

通过收入、支出、财富三种指标比较分析,相对而言,收入基础广泛、管理上可行,是反映个人纳税能力的最主要的指标。而支出、财富也是反映个人纳税能力的重要指标。因此,公平税收应主要以个人收入为课税基础,同时,还可以选样支出和财富为课税基础。

三、税收的稳定原则

随着西方资本主义经济从自由放任向垄断的转化,政府也从不干预转向了积极主动地干预经济,其中最重要的就是政府通过宏观经济政策干预经济周期,税收作为政府干预宏观经济的重要手段被运用,这使得税收也必须遵循稳定的原则。稳定原则是指税收要成为政府干预、调节经济的杠杆,发挥引导和保持充分就业和稳定物价水平的作用。其作用表现在两个方面:一是"自动稳定器"的作用;二是"相机抉择"的作用,即政府根据不同时期经济变化,通过调整税收政策来"熨平"经济波动,促进经济稳定。

（一）税收自动稳定机制

税收的自动稳定机制,也称税收的自动稳定器功能,是税收制度本身所具有的稳定经济的方式,是税收制度对经济的一种自动反应能力。它具体指在经济运行中,税收制度本身能够对经济波动有较强的适应性,税收随着经济的波动而自动地增加或减少,自动地影响社会总需求的变动,从而在一定程度上缓和经济的波动。税收的自动稳定机制简单来说,根据税收的自动稳定机制,在经济增长,GDP上升时,个人收入和企业利润水平上升,税收相应增加;反之,在经济衰退,GDP下降时,个人收入和企业利润水平下降,税收相应减少。

税收自动稳定器是通过缓和私有部门对商品和劳务的需求变动,达到稳定经济的目标。具体来说,当经济趋向衰退时,税收随着国民收入GDP的下降而减少,这就相对地增加居民的可支配收入,在消费倾向不变的情况下,进而会相对增加消费支出,使总需求的下降少于无税收自动减少时应有的程度;当经济膨胀时,税收随着GDP的上升而增加,这就约束了私有部门的支出即总需求,因而缓和了通货膨胀的程度。一般而言,税制的累进程度越高,这种税收的自动稳定机制的功能就越大,所以,在设计税收制度时,采取累进所得税的方式有助于增强税收的自动稳定机制。

税收对经济的这种自动反应和调节能力的大小取决于税收弹性系数大小。税收弹性系数是税收收入变化百分比同GDP变化百分比之比。即税收收入弹性系数为:

$$E_T = \frac{\Delta T/T}{\Delta Y/Y},$$

其中:T为税收收入额,Y为GDP。

在税收弹性系数大于1时,说明在经济增长时,税收增长幅度大于GDP增长幅度,税收对经济稳定具有较强的自动反应和调节能力。在税收弹性系数小于1时,说明在经济增长时,税收增长幅度小于经济增长幅度,税收缺乏对经济稳定的自动调节能力。

税收的自动稳定机制作为一种稳定经济的内生机制,其优点是能够缓和经济波动的幅度,能够比较及时地对经济形势的变化做出反应,完全避免认识时滞,也能在不同类型的税收中避免一部分执行性时滞,使作用目标准确,作用效果比较快。但是,这种机制本身也存在一定的局限性:(1)它只能缓和而不能消除经济周期的波动。因为税收收入的变动从根本上说要依赖于国民收入的变动,而国民收入水平的变动又是多种因素共同作用的结果。因此,在经济偏离理想状态(如充分就业、物价稳定等)时,尤其是较大的偏离时,自动稳定机制虽然可以对经济起到一定的矫正作用,但如果认为运用自动稳定的税收政策就能解决经济稳定的所有问题,则是不现实的。(2)税收的自动稳定机制会产生拖累影响,抑制了经济复苏,削弱了财政杠杆力度从而增大了人为变动财政参数的需要量。即当经济由萧条转向复苏时,一部分增加的国民收入被税收吸纳,这种自动反应就削弱了经济复苏的速度和力度,实际上成为在经济增长过程中的一种紧缩的因素,从而对经济增长形成拖累。另一方面也逼迫增大相机抉择政策实施的力度。

(二)税收的相机抉择机制

与税收的自动稳定机制相对应,税收的相机抉择机制是政府为弥补市场自发调节的不足,根据不同时期的经济形势,运用税收政策有意识地调整经济活动的水平,消除经济中的不稳定因素。相机抉择的税收政策包括税收的增加、减少,或是同时辅之以政府支出规模的增减。具体包括两方面:扩张性的税收政策与紧缩性的税收政策。

1. 扩张性的税收政策

在经济萧条时,政府一般要实行扩张性的税收政策。这就是减少政府税收,增加个人可支配收入,从而刺激私人消费,扩大社会总需求,结果使 GDP 上升到充分就业水平。但实行扩张性的税收政策对总需求的影响效果是间接的。税收的减少使得国内投资支出和消费支出增加,因而扩大总需求,使国民收入以税收乘数效应增加。但由于减税,个人所增加收入的边际消费小于政府支出,因此,减税带动的 GDP 增加小于政府支出增加的效应。

2. 紧缩性的税收政策

在经济过热时期,政府一般要执行紧缩性的税收政策。这就是增加政府税收,包括提高税率、设置新税,减少个人可支配收入,从而造成私人消费支出下降,社会总需求缩小,降低国民生产总值水平。

政府在不同的经济情况下,根据宏观经济政策的调节要求,及时选择并作出开征或停征税种,提供或降低税率,扩大或缩小税基,增加或减少税收优惠,以实现经济的稳定。为了提高税收调节效果,税收政策的相机抉择需要选择弹性比较大、税基比较宽、调整速度比较快的税种。

相机抉择税收政策的主要优点是它的政策选择的灵活性,但是也存在着以下的弊端:

首先面临的是时滞问题。时滞依次可分为认识时滞、决策时滞、执行时滞和反应时滞。经济不稳定的出现直到被政府发现需要一段时间,此即认识时滞。当政府对经济情况有所了解后,作出决策,即立法机构决定增税、减税,又需要一定的时间,即决策时滞。当决策后要付诸实施,又要经历一段时间,即执行时滞。当税收政策变动后,纳税人并不是马上调整其支出行为,其调整行为需要一定的时间,即反应时滞。因此,运用相机抉择的税收政策稳定经济时,必须考虑税收政策的时滞问题。但是,由于影响客观经济的因素太多,难以逐一准确预计,往往会使政策产生效应时的经济状况与当初制定政策时所预期的状况不一致,从而使政策难以达到预期的效果。更有甚者,可能使以熨平经济周期为目标的相机抉择政策成为加剧经济波动的原因。

其次税收本身的多重目标,使得税收政策的变动缺乏弹性。某些情况下,税收甚至是政治妥协的产物,并不容易变动。一般而言,紧缩性的税收政策(增税)较之刺激需求的扩张性的税收政策(减税)更不容易得到公众的配合。此外,增税对经济还存在反激励效应。在边际税率本已很高的情况下,增税的反激励效应更明显。有些经济学家认为,为尽量减少税收对经济行为的扭曲效应,政府应尽可能地采用平稳税率(Smoothing Tax Rate),即税率只有在政府长期财政收入需要变动时才应变,而不应随政府的短期需要而频繁变动。

再次,理性预期问题的引入使得对相机抉择税收政策的政策效应产生了很大的怀疑。相机抉择的税收政策是建立在无理性预期基础上的。可是,随着扩张性税收政策的实施引起通货膨胀的发生,并且公众逐步具备了对通货膨胀的预期能力,公众会采取基于自利原则的调整行为,那么政策原先的预期效果就会下降,甚至完全失效。

第三节　税收负担与税负转嫁

一、税收负担的含义及拉弗曲线

(一)税收负担

税收是政府通过强制的手段取得的收入,它必然使得各经济实体(企业、家庭、个人)的收入相应减少,由于税收不具有直接返还性,各经济实体所缴纳的税款与其无偿地从政府得到的产品或服务没有对等的联系。因此,从各经济实体的角度来看,纳税就是一种纯粹的损失,这种损失被称为税收负担。因此,税收负担是指纳税人或负税人,因税收而承受的福利损失或经济利益的牺牲。[①]根据负担人的不同,税收负担可以分为直接负担和间接负担。直接负担就是纳税人所纳的税款不能转嫁于他人,而由自己承受的税收负担。间接负担是纳税人转嫁给他人而形成的税收负担。这里要注意的是同一税款有一部分可以转嫁,一部分不可以转嫁时,可以转嫁的就是负税人的间接负担,不可以转嫁的就是纳税人的直接负担。

一个国家税收负担水平的高低,主要取决于国家需要的财政资金数量和经济发展水平所决定的承受能力。具体来说包括四个方面的因素:一是经济因素,包括社会经济水平,如生产规模、增长速度、经济效益与人均国民收入等;二是体制和政策因素,如国家对社会经济生活的调控政策和程度,国家与企业之间的分配体制,国家的财政政策等;三是税制因素,包括税率高低、计税依据的确定、减免税、加成征收等规定;四是其他因素,如征收管理水平、纳税人的守法程度等。

通常,税收负担水平通过纳税人或负税人承担税收的相对比率来表示。如果从全体纳税人角度来考察,税收负担就称为宏观税收负担;如果从个别纳税人角度来分析,税收负担则称为微观税收负担。

---

① 这里的税收负担仅从税收本身出发,不考虑政府税收用途是否会给纳税人或负税人带来货币收入或经济福利。

1. 宏观税收负担指标

宏观税收负担是指一国中所有的纳税人税收负担的总和,也称总体税收负担。它反映一个国家或地区税收负担的整体状况。目前国际上通用的宏观税收负担是指一国在一定时期内(一般为一年)政府的税收总收入占 GDP 的比重。这种比重在西方国家一般在 30% 以上,在发展中国家通常也在 25% 左右,而在我国,税收的宏观负担率低得多。(见下表)。

表 6-1　不同收入水平国家的宏观税负比较

收入水平分类	国家数	税收负担率(100%)		
		平均	最低	最高
低收入国家	5	18.24	13.3	23.3
中下等收入国家	9	14.40	12.9	44.6
中上等收入国家	10	23.20	14.0	18.6
高收入国家	22	26.60	16.6	49.0

资料来源:转引自《财政学》,袁崇坚主编,上海财经大学出版社 2009 年版。

收入划分按照世界银行 1998 年标准:低收入国家人均 GDP 为 760 美元,中下等收入国家人均 GDP 为 761—3030 美元,中上等收入国家人均 GDP 为 3031—9360 美元,最高收入国家人均 GDP 为 9361 美元以上。

表 6-2　中国政府宏观税收负担一览表　　　　单位:亿元,%

年份	税收	财政收入	GDP	税收/GDP	财政收入/GDP
1986	2090.73	2122.01	10275.20	20.35	20.65
1987	2140.36	2199.35	12058.60	17.75	18.24
1988	2390.47	2357.24	15042.80	15.89	15.67
1989	2727.40	2664.90	16992.30	16.05	15.68
1990	2821.86	2937.10	18667.80	15.12	15.73
1991	2990.17	3149.48	21781.50	13.73	14.46
1992	3296.91	3483.37	26923.50	12.25	12.94
1993	4255.30	4348.95	35333.90	12.04	12.31
1994	5126.88	5218.10	48197.90	10.64	10.83
1995	6038.04	6242.20	60793.70	9.93	10.27
1996	6909.82	7407.99	71176.60	9.71	10.41
1997	8234.04	8651.14	78973.00	10.43	10.95
1998	9262.80	9875.95	84402.30	10.97	11.70
1999	10682.58	11444.08	89677.10	11.91	12.76
2000	12581.51	13395.24	99214.60	12.68	13.50
2001	15301.38	16386.04	109665.20	13.95	14.94
2002	17636.45	18903.64	120332.70	14.66	15.71
2003	20017.31	21715.25	135822.80	14.74	15.99

（续表）

年份	税收	财政收入	GDP	税收/GDP	财政收入/GDP
2004	24165.68	26396.47	159878.30	15.12	16.51
2005	28778.54	31649.29	183217.40	15.71	17.27
2006	34804.35	38760.20	211923.50	16.42	18.29
2007	45621.97	51321.78	249529.90	18.28	20.57

资料来源：根据《中国统计年鉴（2008）》相关数据整理而成。

由上表可知，我国税收占 GDP 的比重较低，尽管1997年以后上升的速度较快，但到2007年底时，该比重仅为18.28%，低于发达国家平均值8%左右。其原因可以从两个方面来说明：第一，我国同西方国家宏观税收负担的统计口径存在着较大的差别。西方国家税收的涉及面很广，99%以上的财政收入是以税收的方式取得的。而在我国，税收只是财政筹资的一个手段，财政资金除了预算内资金外，还包括预算外资金，并且在一段时间内，预算外资金与预算内资金的数量规模几乎是1∶1。1993年以后，政府对预算外资金开始进行整顿与清理，使得预算外资金占预算的比重开始逐渐下降，但依然接近40%。第二，我国与其他国家的税收范围不完全一致。作为西方国家主要税种之一的社会保障税，在我国并未开征，目前建立的社会保障基金基本上由国家财政、企业和个人共同负担。这样，如果将带有税收性质的预算外资金改为税收，并同时开征社会保障税，那么，我国税收占 GDP 的比重将会大幅提高。

美国财经杂志《福布斯》发布的2005年度"税收痛苦指数"认为，我国的宏观税收负担排名全球第二；世界银行与普华永道联合发布的2007版《经营》报告也认为，"中国总税率高达77%"，这些问题引发了近年来研究我国宏观税负问题的热潮。

2. 微观税收负担指标

微观税收负担是指具体纳税人所承受的税收负担。它反映税收负担的结构分布和各种纳税人的税收负担状况。由于纳税人可能是自然人，也可能是企业法人，衡量微观税收负担的指标一般有企业所得税税负率、企业综合税收税负率和个人所得税税负率。

（1）企业所得税税负率

指在一定时间内，企业所缴纳的所得税总额与同期企业实现的利润总额的比率。这个指标反映在一定时期内企业收益在国家和企业之间的分配状况，是衡量企业税收负担最直接的指标。其公式为：

企业所得税税负率 ＝ 实缴所得税总额 ÷ 实现利润总额 × 100%

（2）企业综合税收税负率

一个企业在生产经营过程中除了缴纳所得税外，往往要缴纳流转税等多种

税。企业综合税收税负率就是指一定时期内,企业实际缴纳的各种税收总额与同期企业的盈利或各项收入总额的比率。其公式为:

企业综合税收税负率 = 实缴各种税的总额 ÷ 企业盈利或各项收入总额 × 100%

（3）个人所得税税负率

指一定时期内,个人所缴纳的所得税与个人所得总额的比率。它反映了个人所得承受税收负担的状况,体现了国家运用税收手段参与个人所得分配的程度。其公式为:

个人所得税税负率 = 个人实缴的所得税税额 ÷ 个人所得总额 × 100%

（二）拉弗曲线

由于税收收入等于税率乘以税基,在税基保持不变的前提下,提高税率就会使得税收收入上升。然而,实践证明提高税率的办法并不能一直保持税收收入的上升。其主要原因在于在税率上升到一定程度时,税基将发生变化,通常是税基将减小。对此,美国供给学派经济学家亚瑟·拉弗运用现代经济计量方法,形象描述了税收负担、税基、税率和经济之间的关系,即拉弗曲线。

20 世纪六七十年代,美国经济的"滞胀"严重动摇了凯恩斯主义者的统治地位,此时,阿瑟·拉弗在向政界的朋友推销减税主张时提出了作为供给学派理论核心的拉弗曲线,旨在说明税率的高低和税收量的大小不一定按同一方向变化,甚至还会反向变化,其目的是为通过降低税率以刺激供给进而推动经济发展的观点提供证明。在拉弗看来,税率高低和税收收入并不总是成正比。拉弗建立了一个关于二者之间函数关系的模型（如图 6.1）。在拉弗曲线图中,横轴表示税率 t,纵轴表示税收收入 T。随着税率由 O 到 B 点移动,税收收入由 O 点上升到

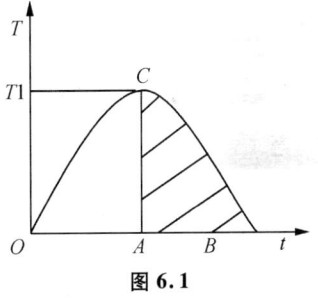

图 6.1

C 点再下降到点 B。当税率为 OA 时,税收收入达到最高点,但是当税率继续提高时,税收收入不升反降。所以 ABC 区域也就被称为税收"禁区"。在以拉弗为代表的供给学派看来,要维持税收行为的有效,政府只能在 OAC 区域征税。即税率不能高于 OA。至于造成这种现象的原因,拉弗认为,高税率会减少人们正常的经济活动,从而降低国民收入。在高税率上,人们逃避纳税现象增多,人们这时宁可用闲暇替换收入,用消费替换储蓄和投资,或寻求税收的漏洞将生产转到地下,这将影响经济的发展,使得所申报的税基减小,并足以使税收量减小。与之相反,在低税率上,人们逃避纳税的情况少,这时用闲暇替换劳动或者用消费替换投资和储蓄是不合算的,寻找税收的漏洞或者将生产活动转移到地下也是不值得的,这使所申报的税基即征税的基础扩大,足以使税收量增加。

拉弗全面否定了凯恩斯的需求管理政策,指出正是由于人为经常的刺激需求,才使物价不断上涨,从而在给社会带来严重通货膨胀的同时,又削弱了社会的购买力,致使经济增长缓慢甚至停止。因此,根据"萨伊定律",应该刺激的恰恰不是需求,而是供给。对社会经济体来说,决定其经济选择的主要诱因还是税后利润。所以,政府应该确定一个合理的税率,既能促进企业主的投资,而又不会减少政府的财政收入。

拉弗曲线告诉我们,提高宏观税负不应成为政府追求的目标,而寻求最优税率使得税收的总量增长才是最佳选择。然而,拉弗曲线没有给我们制定这个最佳的税率,而只是告诉我们税率与税收额的变化趋势及其对经济的影响。到目前为止,在理论界还没有一个公认的最佳税率指数。包括发达国家在内的许多国家都在根据经济形势不断修正税率,完善税制。

二、税负转嫁与税负归宿

(一)税负转嫁与税负归宿的含义

税负转嫁和税负归宿是以税收负担为研究对象,分别从税负运动的过程和税负运动的结果研究税收负担。

概括地说,税负转嫁是指商品交换过程中,纳税人通过提高销售价格或压低购进价格的方法,将税负转移给购买者或供应者的一种经济现象。税负转嫁机制的特征是:(1)税负转嫁是和价格的升降直接联系的,而且价格的升降是由税负转移引起的;(2)税负转嫁是各经济主体之间税负的再分配,也就是经济利益的再分配,税负转嫁的结果必然导致纳税人与负税人的不一致;(3)税负转嫁是纳税人的一般行为倾向,是纳税人的主动行为,因为课税是对纳税人的经济利益的侵犯,在利益机制的驱动下,纳税人必然千方百计地将税负转移给他人,以维护和增加自身的利益。

与税负转嫁密切相关的一个概念是税收归宿。税收归宿一般指处于转嫁中的税负的最终落脚点。税负转嫁往往不是一次的,如同一笔税款,厂家转嫁给批发商,批发商转嫁给零售商,零售商再转嫁给消费者,从而形成一个经济过程;但税负转嫁也并不是无穷尽的,总存在一个不可能再转嫁而要自己负担税款的阶层,如消费者,这一阶层即为税收归宿。税收归宿是一种理论抽象,如果分析具体的企业、个人之间的税负转嫁过程,它等同于负税人。

(二)税负转嫁的方式

根据税收负担运动方向特点,我们可以把税负转嫁分为前转、后转两种基本方式。

(1)前转。前转又称为顺转,是主要的税负转嫁途径。前转嫁是指卖方通过提高所出售的产品、服务或要素的价格,将一部分或全部税收负担转移给买方的活动。例如,当政府向化妆品的生产企业征税时,生产化妆品的企业可提高其价格,用增加的收入来抵补因课税而造成的损失,而化妆品的消费者则需花费较多的钱来购买化妆品。这时,虽然该税的纳税人是生产企业,但真正承担税收负担的则是消费者。同样,向劳动收入征税可以通过提高工资(劳动力的销售价格)把税负转嫁给雇主。向利息征税可以通过提高利息率(资本的价格)来把税负转嫁给债务人。前转又可分为三种情况。如果价格上升的幅度等于卖方负担的税收,税负完全转嫁;价格上升的幅度小于卖方负担的税收,税负只能部分转嫁;价格上升幅度大于卖方负担的税收,卖方不但全部转嫁税负,而且还有额外利润。

(2)后转。后转又称为逆转,即买方通过降低购买价格的方式将税收负担转移给卖方的活动。例如,一个批发商纳税后,税款难以加在商品售价之上转移给零售商。批发商的利润就会减少,迫使他减少向生产者的进货,生产者由于产品需求量的减少不得不降价出售以增加销售,这样批发商所缴纳的税款就转嫁给了生产厂家,发生了税负的后转。后转同样也有三种情况。价格下降幅度等于买者所承担的税负,买者完全转嫁税负;小于买者所承担税负,税负部分转嫁;大于买者承担的税负,则税负不但完全转嫁,买者还因此有额外利润。

后转嫁的一种特例是税收资本化。税收资本化,又称为资本还原,主要特征是:向资产的收益征税,在这项资产出售时,买主会将此后应纳的税款折成现值,从所购商品的资本价值中预先扣除;此后,名义上虽由买者按期纳税,而实际上税款已由卖主负担。此种情况,以土地或其他能产生长久收入的资产较为显著。例如增加土地税,地价必将下降。税收资本化是将累次应纳税款作一次性转嫁。计算具有长久收益的资本现值的计算公式是:

$$PV_0 = \frac{R_1}{1+r_1} + \frac{R_2}{(1+r_2)^2} + \cdots + \frac{R_n}{(1+r_n)^n} = \sum_{i=1}^{n} \frac{R_i}{(1+r_i)^i}$$

其中:R_i 是第 i 期收益;r_i 是第 i 期折现率。

对这一资本以后各期的收益征税,买主各期的收益实质上都减少了 T_i(第 i 期税收),资本现值就会因此而降低:

$$PV_1 = \frac{R_1 - T_1}{1+r_1} + \frac{R_2 - T_2}{(1+r_2)^2} + \cdots + \frac{R_n - T_n}{(1+r_n)^n} = \sum_{i=1}^{n} \frac{R_i - T_i}{(1+r_i)^i}$$

其中:R_i 是第 i 期收益;r_i 是第 i 期折现率;T_i 是第 i 期的税收。

也就是说买主会把资本的价值从 PV_0 压至 PV_1,这样买主以后所纳的税收一次性都转嫁给了卖主。

税负转嫁可以分为上述两种方式,但在税负转嫁的现实运动中,税负转嫁和不可转嫁,税负前转和后转,税负转化成资本和不能转化成资本又是同时并存的,无法截然分开。例如对服装零售商征税,一部分可以通过抬高售价将税收前转嫁于消费者,另一部分可以通过压低进价税收后转给批发商或生产者。这种情况有时被称为混合转,或散转。

三、影响税负转嫁的因素

税收负担是否能转嫁以及多大程度上能够转嫁决定了税负的归宿,而税负的转嫁则取决于市场条件以及税收的具体形式。影响税负转嫁和归宿的主要因素有三个方面:(1) 产品、服务和生产要素的需求和供给弹性;(2) 价格决定模式,是计划定价还是市场定价,市场是完全竞争(或近于完全竞争)、垄断还是处于二者之间的寡头竞争;(3) 税收的具体形式。

(一) 税负转嫁与供求弹性

在市场经济中,价格取决于供给与需求的均衡。课税会破坏原来的均衡关系,并在新的基础上形成新的均衡关系,这就会使价格发生变动。税收所引起的价格变动幅度取决于供给弹性和需求弹性。

供给弹性是供给曲线上某点处产品数量变动的百分比与产品价格变动的百分比之间的比率,即:

$$E_s = \frac{\Delta Q_s}{Q_s} \bigg/ \frac{\Delta P}{P} = \frac{P}{Q_s} \frac{\Delta Q_s}{\Delta P}$$

当供给曲线是通过原点的一条直线时,不论曲线的斜率如何,供给曲线上任意一点的弹性都是1。然而,曲线的斜率对税负的转嫁与归宿有直接影响。因此,在分析税负转嫁与归宿时,我们更注重供给曲线的斜率。在说到供给弹性时指的就是供给曲线的斜率。

在需求曲线给定、税收方式给定的条件下,税后的价格变动幅度取决于供给曲线的斜率。在图6.2中 D 是无税条件下的需求曲线,如果向购买者按每一单位产品征收一给定数额的税收,在生产者看来,税后的每一单位的产品边际效用就会减少①,使得需求曲线平行地移动到 D_1 的位置。S_1 和 S_2 是两条斜率不同的供给曲线。当供给曲线为 S_1 时,税前的均衡价格为 P_1,税后的均衡价格为 P_1'。当供给曲线为 S_2 时,税前的均衡价格为 P_2,税后的均衡价格为 P_2'。比较两种不同的供求曲线,我们发现课征同样的税额所引起的价格变动幅度不相同,S_1 较为平坦,供给弹性较大,价格变动幅度(表现为 P_1 与 P_1' 之间的距离)较小,而 S_2 较为陡直,供给弹性较小,价格变动幅度(表现为 P_2 与 P_2' 之间的距离)较大。这说

---

① 没有理由认为税收影响了人们对产品的潜在估价。只不过,税收使得生产者较税前而言,不再能够得到购买者支付价格的全部,而只得到购买者支付的价格减去缴纳的单位税额后的余额。因此,在生产者看来,消费者的需求曲线变为 D_1。所以,图6.2中,税收的均衡价格是指生产者能够得到的价格。

明供给弹性越大,购买者压价以实现后转嫁的能力就越小,反之则反是。

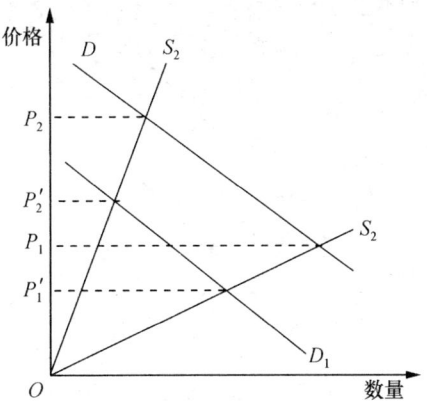

图 6.2　供给弹性与价格变动

　　一般来说,商品的长期供给弹性大于短期供给弹性。在短期,厂商要改变供应量只能依靠调整可变投入,例如,劳动力、原材料等,而固定投入,例如所占的土地、厂房建筑物、机器设备等则难以进行调整。因此产量对价格作出的反应比较有限。从长期来看,厂商不仅可以改变可变投入,也可以改变固定投入,从而使产出水平比短期有较大的变化。因此长期供给弹性大于短期供给弹性。因此,从长期来看,卖方较容易将税负转嫁给买方(假定其他条件不变)。

　　税收所引起的价格变化还取决于需求弹性。需求弹性是需求曲线上某一点处产品数量变动的百分比与产品价格变动的百分比之间的比率,即:

$$E_d = \frac{\Delta Q_d}{Q_d} \Big/ \frac{\Delta P}{P} = \frac{P}{Q_d} \times \frac{\Delta Q_d}{\Delta P}$$

　　由于在需求曲线上 P/Q 的数值随曲线的下降而下降,因此,即使曲线呈一条直线,曲线的斜率是一个常数,曲线上各点处的需求弹性也会有所不同。在分析税负转嫁时,需求曲线的斜率是关键性因素。因此在讨论需求弹性时,我们专指需求曲线的斜率。斜率的绝对值越大,曲线越是陡直,需求弹性就越小。

　　在供给曲线既定的条件下,需求弹性的大小决定税后的价格变动幅度。在图 6.3 中, S_1 为税前的供给曲线,若向生产者按每一单位产品征收给定数额的税收,税后的供给曲线就会平行地移到 S_2 的位置。D_1 和 D_2 为两条弹性不同的需求曲线。从图中我们可以看到,当需求弹性较大时(需求曲线为 D_1),税后的价格变动幅度较小(表现为 P_1 与 P_1' 之间的距离);当需求弹性较小时(需求曲线为 D_2),税收所引起的价格变动就较大(表现为 P_2 与 P_2' 之间的距离)。这就是说,需求弹性越大,卖方就越是难以通过提高商品价格实现税负的前转嫁,反之则反是。

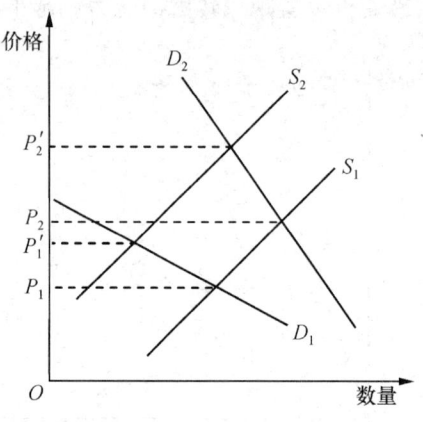

图 6.3 需求弹性与价格变动

商品需求弹性的大小主要取决于两方面因素:一是该商品的替代品数量和相近程度,替代品多,则其需求弹性大;二是商品在消费者预算中的重要程度,若该商品对消费者而言是生活必需品,则其需求弹性比较小。

(二)税负转嫁与价格决定模式

由于税负转嫁主要是由税收如何影响产品、服务和要素的既定价格而产生的,因此不同的价格决定模式对税负的转嫁有重要影响。现代国家的价格决定模式主要有两大类:市场定价和计划定价(或者说公共定价)。在市场定价模式中,根据市场竞争状况,又可以分为完全竞争、垄断和寡头垄断。

在完全竞争的条件下,需求曲线与供给曲线决定了市场价格,征税所引起的价格变动幅度完全由二者的斜率决定。在垄断条件下,垄断者为了利润达到最大化,在边际成本等于垄断者边际收益(它不同于消费者的边际效用)条件下决定产出数量,并根据消费者的边际效用再决定这一数量上的价格。因此在垄断条件下,边际成本曲线、边际效用曲线和垄断者边际收益曲线三个因素共同决定价格。因此,即使在需求曲线与供给曲线相同,但市场结构不同的情况下,会形成不同的均衡价格,征税对它们的影响也就不一样,税负的转嫁和归宿也会有所不同。

计划定价是指商品的价格由政府有关部门制定。虽然计划价格也要反映商品的价值和供求关系,但计划价格更多的是体现国家的价格政策,并且价格确定后,一般不能随意变动。所以,在计划价格下,税收难以通过变动商品价格而发生税负转嫁。

(三)税负转嫁与税收方式

前面两个方面,即供给和需求的弹性以及价格决定模式是决定税负转嫁与归宿的客观因素。政府在决定税收政策时,这些因素都是客观上给定的。在既定的客观条件下,不同税收方式对税负转嫁与归宿就有着决定性影响。税收方式中的下述因素会对税负的转嫁与归宿产生影响。

1. 税种。不同税种对税负转嫁与归宿有着不同的影响。一般而言,直接税(所得税、财产税)不易转嫁,间接税(主要是流转税)较易转嫁。例如,采用总额税(人头税),即按照人头征收的税收,只要这个人存在就必须纳税,不管个人怎样改变其经济行为,都无法转嫁。个人的税收负担简单地表现为税法所规定的纳税人的纳税义务,负税人就是纳税人。征收等量的税收收入还可以采用其他税种,如所得税、商品税或财产税。但不论哪种税都会引起纳税人的避税行为,通过改变产品或者服务的价格将税负转嫁给他人,最终的税收归宿显然与不能转嫁的总额税不同。在所得税、商品税和财产税中,人们通常认为商品税的转嫁要比所得税和财产税容易。这说明,在客观条件给定的情况下,采用不同的税种会产生不同的税负归宿状况。

2. 课税对象。由于各种产品或服务的供求弹性有所不同,因此,选择不同的产品或服务作为课税对象就会对税负的转嫁与归宿产生不同的影响。若选择供给弹性大,需求弹性小的产品或服务作为课税对象,那么承担税负的主要是消费者。反之,若选择供给弹性小,需求弹性大的产品或服务为课税对象,税负就主要由这些产品或服务的生产者承担。除了课税对象的供求弹性与税负转嫁有关以外,课税对象的性质也与税负转嫁有关。

3. 课税范围。课税范围的大小也会影响到税负的转嫁与归宿。在同类产品或服务中只对某一部分产品或服务课税,那么对生产者而言,转嫁比较困难。因为如果提高课税产品或服务的价格,消费者就会较大幅度地减少对这些产品或服务的需求,而增加对其他替代产品的需求,这样就会对课税产品或服务的价格的上升产生抑制,税负难以转嫁,在较大程度上由生产者承担。若课税范围较大,涉及到所有同类的替代品,消费者就难以通过增加对替代品的需求来避让税收负担,对于生产者来说税负转嫁就容易些。

4. 计税单位。从量税和从价税对供给和需求曲线有不同的影响。从量税使得供给或需求曲线产生平行的位移,而从价税则改变原来需求与供给曲线的斜率。在竞争市场中,取得同等税收收入纳从量税和从价税在税负转嫁和归宿上并没有什么区别,但在垄断市场上,所形成的结果就会有所不同。

第四节　税　收　效　应

税收效应,是指纳税人因国家课税而在其经济选择或经济行为方面作出的反应,或者从另一个角度说是指国家课税对消费者的选择以致生产者决策的影响。也就是通常所说的税收的调节作用。税收效应可分为收入效应和替代效应两个方面,可以从这两个方面分析课税对纳税人在商品购买、劳动投入以及储蓄和投资等多方面的影响。这里仅以课税对商品购买的影响为例。

一、税收的收入效应

收入效应对纳税人在商品购买方面的影响,表现为使纳税人的收入水平下降,从而降低商品购买量和消费水平。

下面以图形来说明。图 6.4 水平轴和垂直轴分别计量食品和衣物两种商品的数量。假定纳税人的收入是固定的,而且全部收入用于购买食品和衣物。两种商品的价格也是不变的,则将纳税人购买两种商品的数量组合连成一条直线,即图中 AB 线,此时纳税人对衣物和食品的需要都可以得到满足。纳税人的消费偏好可以由一组无差异曲线来表示,每条曲线表示个人得到同等满足程度下在两种商品之间选择不同组合的轨迹。由于边际效应随数量递减,无差异曲线呈下凹状。AB 线与无数的无差异曲线相遇,但只与其中一条相切,即图中的 I_1 切点为 E。在这一切点 E 上,纳税人以其限定的收入购买两种商品所得到的效用或满足程度最大,即购买衣物的数量为 OG,购买食品的数量为 OH。

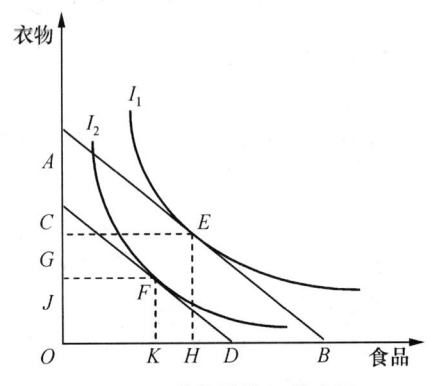

图 6.4　税收的收入效应图

若政府决定对纳税人课征一次性税收(如个人所得税),税款相当于 AC 乘以衣物价格或 BD 乘以食品价格,那么,该纳税人购买两种商品的组合线由 AB 线移至 CD 线。CD 与另一条无差异曲线 I_2 相切,切点为 F。在这一切点上,纳税人以其税后收入购买两种商品所得到的效用或满足程度最大,即购买衣物 OJ,购买食品 OK。

由以上分析可以看出,由于政府课征一次性税收而使纳税人在购买商品的最佳选择点由 E 移至 F,这说明在政府课税后对纳税人的影响,表现为因收入水平下降从而减少商品购买量或降低消费水平。

二、税收的替代效应

替代效应对纳税人在商品购买方面的影响,表现为当政府对不同的商品实行征税或不征税、重税或轻税的区别对待时,会影响商品的相对价格,使纳税人减少对征税或重税商品的购买量,而增加免税或轻税商品的购买量,即以无税或轻税商品替代征税或重税商品。

以图6.5来说明。仍假定政府不征税或征税前纳税人购买两种商品的组合线为AB,最佳选择点仍为E。现假定只对食品征税,单位税款BC为乘以食品价格,对衣物不征税。在这种情况下,该纳税人则会减少食品的购买量,对购买两种商品的组合线便由AB线移至AC线,与其相切的无差异曲线则为I_2,切点为F。在这一切点上,纳税人以税后收入购买商品所得效用或满足程度最大,即购买衣物OJ,购买食品OK。由此可见,由于政府对食品征税而对衣物不征税,改变了纳税人购买商品的选择,其最佳点由E移至F,这意味着纳税人减少了KH的食品购买量,相对增加GJ的衣物购买量,从而改变了购买两种商品的数量组合,从而也使消费者的满足程度下降。

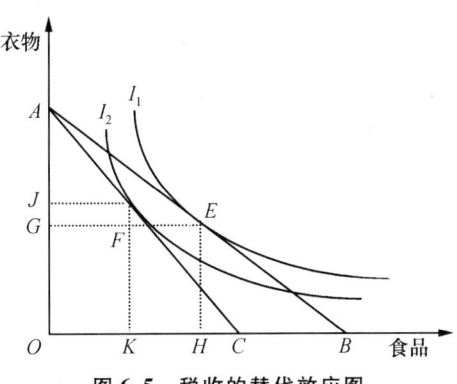

图6.5 税收的替代效应图

本章小结

本章主要讨论了税收的含义及其性质、税收要素、税收原则、税收负担与税负转嫁、税收的效应。

税收是国家为向社会提供公共品,凭借行政(政治)权力,按照法定标准,向居民和经济组织强制、无偿地征收取得的一种财政收入。因此,税收具有"三性"特征:无偿性、强制性、固定性。税收用法律形式确定下来即形成了税收制度(简称税制)。构成税收制度的基本因素称为税收要素,又称税制要素。具体包括:纳税人、征税对象、税率、纳税环节、纳税期限、减免税、违章处理等。其中,纳税人、征税对象、税率是三个基本要素。

一个国家在设计税收制度时应遵循一定的基本原则,这就是税收原则。税收原则随着历史的发展而不断演变。现代税收原则可概括为:效率原则、公平原则和稳定原则。其中,税收的效率原则是指国家征税要有利于资源的有效配置和经济机制的有效运行,提高税收征管的效率。它包括税收经济效率原则和税务行政效率原则。税收的公平原则是就收入分配而言的,即税收对收入再分配应依据公平准则或公平目标。税收的公平原则具体化为竞争原则、受益原则和能力原则。稳定原则是指税收要成为政府干预、调节经济的杠杆,发挥引导和保持充分就业和稳定物价水平的作用。其作用表现在两个方面:一是"自动稳定器"的作用;二是"相机抉择"的作用。

税收负担是指纳税人或负税人,因税收而承受的福利损失或经济利益的牺牲。根据负担人的不同,税收负担可以分为直接负担和间接负担。一个国家税收负担水平的高低,主要取决于国家需要的财政资金数量和经济发展水平所决定的承受能力。通常,税收负担水平通过纳税人或负税人承担税收的相对比率来表示。如果从全体纳税人角度来考察,即为宏观税收负担;如果从个别纳税人角度来分析,即为微观税收负担。前者可以由国民生产总值税负率、国内生产总值税负率和国民收入税负率来反映,而后者一般由企业所得税税负率、企业综合税收税负率和个人所得税税负率来衡量。一般而言,提高税率就会使得税收收入上升。然而,拉弗曲线告诉我们,提高税率的办法并不能一直保持税收收入的上升,因此,提高宏观税负不应成为政府追求的目标,而寻求最优税率使得税收的总量增长才是最佳选择。

税负转嫁是指商品交换过程中,纳税人通过提高销售价格或压低购进价格的方法,将税负转移给购买者或供应者的一种经济现象。税负转嫁分为前转、后转两种基本方式。后转嫁的一种特例是税收资本化。与税负转嫁密切相关的一个概念是税收归宿。税收归宿一般指处于转嫁中的税负的最终落脚点。影响税负转嫁和归宿的因素主要有:(1) 产品、服务和生产要素的需求和供给弹性;(2) 价格决定模式;(3) 税收的具体形式。

税收效应,是指纳税人因国家课税而在其经济选择或经济行为方面作出的反应。它可分为收入效应和替代效应两个方面。收入效应表现为税收使纳税人的收入水平下降,从而降低商品购买量和消费水平。替代效应表现为当政府的税收改变了商品间的相对价格,从而影响纳税人的消费行为。

复习思考题

一、名词解释

税收要素　纳税人　课税对象　税目　税率　累进税率　全额累进税率
超额累进税率　定额税率　收益原则　能力原则　税收负担　拉弗曲线　税负

转嫁　前转嫁　后转嫁　税负归宿

二、思考题

1. 简述税收的"三性"。

2. 简述税收制度的基本构成要素。

3. 简述税收的效率原则。

4. 简述税收的公平原则,现实经济中应如何贯彻?

5. 税负转嫁有哪些类型? 影响税负转嫁的因素有哪些?

6. 试分析税负转嫁的一般规律。在当前研究税负的转嫁有何现实意义?

7. 试述税收的收入效应和替代效应。

8. 试述"拉弗曲线"及其说明的原理。

第七章　中国的税制结构

第一节　税　收　体　系

一、税收分类

现代经济社会普遍实行了复合税制,也就是一个国家的税收制度由多种税组成。复合税制使税种形式多样,有利于适应现代经济的复杂情况和多重政策目标要求,但同时也使得税收制度变得十分复杂。因此,无论从理论分析还是实际操作看,都要求把复杂的税种按一定的标志进行归类,以便对税收进行统计、比较和分析。

（一）按税负转嫁的难易程度分类

按税负转嫁的难易程度为标准,税收可以分为直接税与间接税两类。直接税是指那些不能转嫁或难以转嫁的税种,主要是对各种所得和财产课征的税收。间接税是指那些比较容易转嫁的税种,主要是对商品和劳务的流转额课征的税收。税负转嫁是纳税人通过不同方式转移纳税负担的过程,转嫁的实现需要一定的条件和途径。在不同税收的征收过程中,这些条件不是同一的。例如流转额的课税,其税额一般是商品价格的组成部分,纳税人借助于商品交换的形式和供求弹性的变化,可以把税收负担转移给他人,而对所得额的课税,则不具备这些条件,因此就不能转嫁或较难实现转嫁。划分直接税和间接税的意义主要在于帮助分析税收负担及税负运动。

（二）按课税对象性质不同分类

按课税对象的性质可以把税收分为流转税、所得税、财产税、资源税和行为税等五类。这是我国经济学者从理论上进行税收分类的主要方法。

1. 流转税类。是指以商品或劳务的流转全额或增值额为课征对象的各种税收。所谓商品流转额,一般是指在商品交换中,因销售或购进商品而发生的货币金额。劳务流转额,一般指各服务业的纳税人,因提供各种劳务服务而收取的货币金额。流转税类以商品经济为基础,与商品和劳务价格具有十分密切的关系。纳税人取得销售收入或劳务收入后就要纳税,不受商品成本或劳务费用的影响,有利于保证国家财政收入的及时均衡和稳定。同时,流转税可以广泛地对商品生产和消费行为进行调节。因此,流转税往往既是主要的收入形式,又是国家宏观经济调控体系中的主要经济杠杆。在我国现行的税收体系中,流转税类是我国的主体税类。

2. 所得税类。是指以纳税人的各种所得作为课税对象的各种税收。所得额包括纳税人的生产经营或劳务所得或其他所得。生产经营所得指纳税人在一定时期内,因从事经营或劳务服务取得的收入额减去成本、费用后的余额,即利润额。其他所得额包括利息、股息、红利、工资、薪金、各种劳务报酬、财产租赁转让、专利、商标、特许权使用费等各种所得。所得额课税取决于纳税人所得的有无和多少,一般实行所得多的多征,所得少的少征,无所得的不征。税率多采用累进税率和比例税率,所得额课税对于调节纳税人的收入水平具有特殊的作用。在我国现行税制中,它也是主体税类。

3. 财产税类。是指以纳税人拥有的财产的数量或价值额为课税对象的各种税收。财产课税的存在历史久远,曾经是税制体系中的主体税种。但随着商品经济的发展,它的主体地位被流转税和所得税所代替。当今各国税制体系中财产课税均以辅助性税种出现。按计税方法不同财产课税可分为按财产数量计征的从量财产税,技财产价值计征的从价财产税,按财产收益计征的财产收益税等。但财产税所具有的收入稳定均衡的特点,使它仍具有较重要的财政意义。

4. 资源税类。是指以纳税人占有和使用国有资源而形成的级差收入为课税对象的各种税收。对资源课税有助于促进国有资源的合理利用和有效配置,有利于消除企业生产经营的苦乐不均现象,创造公平竞争条件。同时,也有利于增加国家财政收入。

5. 行为税类。是指以税法规定的纳税人的某些特殊行为为课税对象的各种税收。对特定行为课税,可以对社会生活的某些方面加以调节,同时也取得部分财政收入。

（三）按税收与价格的关系分类

按税收与价格的关系为标准分类,税收可分为价内税和价外税。价内税是指以含税价格为计税价格计征的税收。价内税,其税额包含在价格之内,其价格的组成由成本、利润和应纳税金三部分构成。价外税是指以不合税价格为计税价格计征的税收。价外税,其税额在价格之外,其价格组成由成本和利润两部分构成,这样价外税的税额就形成了价格的附加。西方国家的消费税大都采用价外税的方式。我国的流转税以价内税为主,但现行的增值税采用价外税的方式。

（四）按征税依据分类

按征税依据为标准分类,税收可分为从量税和从价税。从量税指以课税对象的重量、容积、面积、数量等为计税标准征收的税收。从量税不受价格变动的影响,与课税对象的数量有直接的关系,采用定额税率形式,计征方便。从价税指以课税对象的价格为计税标准征收的税收。从价税的征收,要受课税对象的价格和课税对象的数量两个因素的影响,从价税的税收随着价格的升高而增加。

随价格的下降而减少。在税收调节经济的过程中，从价税可以配合价格的调整，广泛地作用于对生产和消费的调节。在现代国家的税制体系中，从价税占居主要地位。

（五）按税收的管理权分类

税收的管理权限包括立法权、征管权、所有权。由于各国的政策和财政管理体制的不同，各国在实行分税制、划分中央税与地方税时的具体做法也有所不同。在实行彻底分税制的国家，将税收划分为中央税与地方税。中央税是指由中央立法机构立法，征管权限和税收收入归中央所有的税。在不彻底实行分税制的国家，把税收划分为中央税、地方税、中央和地方共享税3类，立法权全部归属于中央政府，地方政府无权立法。中央税和地方税收入分别归属于中央和地方，中央和地方共享税采取分征、分成等分享方式。

二、税制结构设计

税制结构是指实行复合税制的国家，在按一定标志进行税收分类的基础上所形成的税收分布格局及其相互关系。在现代经济社会，由于税收履行着筹集资金、资源配置、收入分配和宏观调控等多种职能，因此，自然就会形成多种税同时并存，各税种既相对独立，又协调配合、互为补充的复合税利体系。但是，由于各国经济条件、历史传统和政策目标不同，在税种设置、税收分布格局上也不完全相同，甚至存在着比较大的差异，因此也形成了各具特点的税制结构类型或税制结构模式。虽然对于税制结构的分析可以从各种不同的角度进行，但主要还是从流转税、所得税、财产税三大税收体系的角度分析。

（一）税制结构模式

税制结构模式是指主体税特征所决定的税制结构类型。在一个国家的税制体系中，各类税收在税制体系中的地位有主次之分；而在一个国家的大类税收中，各个税种在大类税收中的地位也有主次之别。因此，在组织财政收入和调节经济方面处于主要地位，发挥主要作用的主体税种成为区别不同税制结构类型的主要标志。由主体税特征所决定的税制结构大体可归纳为以下三种类型：

1. 以流转税为主体的税制结构模式

以流转税为主体的税制结构模式，是指在整个税制体系中，以流转税作为主体税，占最大比重，并起到主导作用。目前绝大多数发展中国家实行这种模式。以流转税为主体的税制结构模式就其内部主体税特征而言，还可以进一步分为以下两种类型：（1）以一般商品税为主体。一般商品税是对全部商品和劳务，在产制、批发、零售及劳务服务等各个环节实行普通征税。一般商品税具有普遍征收、收入稳定、调节中性的特点；（2）以选择性商品税为主体。选择性商品税是对部分商品和劳务，在产制、批发、零售及劳务的某些环节选择性征税。选择性商品税具有个别征收、收入较少、特定调节的特点。

2. 以所得税为主体的税制结构模式

以所得税为主体的税制结构模式,是指在整个税制体系中,以所得税作为主体税、占最大比重、并起主导作用。根据资料统计,绝大多数经济发达国家实行这种税制结构模式。以所得税为主体的税制结构模式就其内部主体税特征而言,还可以进一步分为以下三种类型:(1) 以个人所得税为主体,也就是把对个人收益所得课征的所得税作为主体税;(2) 以企业所得税为主体,也就是把对企业课征的企业所得税或法人所得税作为主体税;(3) 以社会保险税为主体,也就是把对个人和企业共同征收的社会保险税作为主体税。

3. 流转税和所得税双主体的税制结构模式

双主体税制结构模式,是指在整个税制体系中,流转税和所得税占有相近的比重,在财政收入和调节经济方面共同起着主导作用。一般来说,在由流转税为主体向所得税为主体的转换过程中,或者在由所得税为主体向发展增值税、扩大流转税的转化过程中,都会形成双主体的税制结构模式。双主体的税制结构模式虽然是一种现实的税制结构模式,但从发展角度分析,只是一种转换时期的过渡模式,将被流转税为主体的税制结构模式,或所得税为主体的税制结构模式所替代。

(二) 税制结构目标模式的选择

在同一个时期不同国家,税制结构具有很大差异。即使在同一个国家,不同时期税制结构也具有很大差异。尽管每一个国家的税制结构都有它具体的形成和发展原因,但从总体上看,一国的税制结构受以下因素的影响:国家的经济发展水平、社会政治经济制度、国家对税收职能的侧重面,以及一国的经济管理水平。因此,税制结构目标模式作为税制结构的发展方向和理想选择,既是一个国家经济和社会发展的内在要求,又是一个国家经济和社会政策目标的反映。

税制结构目标模式要求根据经济社会发展变化趋势,对主体税种、税种组合和配置方式作出选择。一般讲,发达国家大都选择所得税为主体税种,其原因主要在于:(1) 发达国家经济发展水平高,企业与个人的收益额均较高,故拥有丰富的税源;(2) 由于发达国家基本上是生产资料私有制为主的市场经济国家,因此,国民收入中相当大的比重归个人所有;同时在市场经济中价格由市场机制形成,一般不需要流转税对价格进行再调节,而是更多地需要通过所得税对收入分配进行调节;(3) 累进的所得税具有较大弹性,作为财政自动稳定器的组成部分,可促进宏观经济稳定;(4) 由于所得税不改变商品的相对价格,对消费者的选择和资源配置的干扰相对要小;(5) 发达国家的企业会计水平、政府的税收征管水平均较高,故能适应征管相对复杂的所得税。

然而,发展中国家大都以流转税为主体税种,这主要是因为:(1) 发展中国家经济发展水平低下,企业与个人的收益额均较少,若以所得税为主体税种则难以保证国家财政收入,而流转税则不论企业、个人收入水平如何,只要发生一笔流转额就要征税,故对保证国家财政收入具有重要意义;(2)流转税征收简便,较适合企业会计水平和政府征管水平均较低的发展中国家;(3)流转税由于不涉及对储蓄收益征税,与等量所得税相比更有助于提高国民储蓄,因此,对于急需资金加快经济增长速度的发展中国家较适合。

但是,由于流转税在收入分配方面具有累退性,并且对消费者的选择和资源配置的干扰较大,因此,在逐步具备条件的情况下,发展中国家也注重提高所得税在复合税制中的比重。

我国是一个发展中的生产资料公有制占较大比重的社会主义国家。在过去长期实行计划经济体制时期和经济转轨初期,我国都选择了以流转税为主体税的税制结构模式。随着市场经济体制的不断完善、经济发展水平的提高,以及个人收入差距的扩大,我国目前正逐步提高所得税在复合税制中的地位,从而使我国税制结构模型从以流转税为主体转向流转税和所得税双主体。

三、最优税收理论

理想的最优税收理论是假定政府在建立税收制度和制定税收政策时,对纳税人的信息(包括纳税能力、偏好结构等等)是无所不知的,而且政府具有无限的征管能力。可是,在现实中,政府对纳税人和课税对象等的了解并不完全,同时征管能力也有限。所以,在这种信息不对称的情况下,最优税收理论研究的是政府如何征税才能既满足效率要求,又符合公平原则。

最优税收理论主要对以下三个问题进行了研究:一是直接税与间接税的合理搭配问题;二是寻找一组特定效率和公平基础上的最优商品税;三是假定收入体系是以所得课税而非商品课税为基础的,问题是确定最优累进或累退程度,以便既实现公平又兼顾效率。最优税收理论研究的核心是如何实现税制的公平与效率兼顾:商品税容易实现效率目标,而要解决的是如何使其具有公平收入分配功能;所得税容易实现公平收入分配目标,而要解决的问题是如何使其促进经济效率。

最优税收理论的贡献主要表现在三个方面:第一,在信息不对称的情况下,论证了政府运用"扭曲性"税收工具是不可避免的。如果政府拥有社会中每个人的各种特征的完全信息,不课征扭曲性税收就有充分的理由。一般认为,有能力支付较多税收的人应该多纳税,支付能力较低的人则应少纳税。可是,政府很难确认谁的能力强,只能根据诸如收入、支出等可观测的变量征税,这势必会造成扭曲。比如,这时若以收入作为税基课征所得税就会造成扭曲,因为所得税等同地对待具有相同收入的能力弱者和能力强者。可是,能力强者很容易取得收入,而能力弱者要通过勤奋工作才能取得相同的收入。第二,在税制结构优化状态下,提出了税制经济效率的衡量标准,并讨论了如何据此标准而对经济行为主体提供刺激信号问题。第三,探讨了在最优税制下,公平与效率两大原则统一起来的可行性。

（一）直接税与间接税搭配理论

1. 直接税与间接税应当是相互补充的而非相互替代

许多经济学家包括希克斯（Hicks,1939）、约瑟夫（Joseph,1939）、弗里德曼（Friedman,1952）以及莫格（Morag,1959）,从不同角度分析了直接税（所得税）和间接税（商品税）的优劣,虽然莫衷一是,但一般认为所得税是一种良税,而差别商品税在资源配置效率方面是所得税所不能取代的:（1）由于所得税不能对闲暇商品课税,而且它与其他商品之间不具有弱可分离性,故政府应利用商品税对闲暇商品课征高税,以抑制人们对闲暇的消费;（2）由于经济活动存在着外部不经济性,故政府应通过征收差别商品税使各项经济活动的私人成本等于社会成本,以使社会资源得到更合理的配置。况且,所得税也会产生额外负担,因为税率过高,所得税会影响劳动力供给、抑制私人储蓄和投资活动。所以,最优税收理论首先承认无论是商品税还是所得税都有其存在的必然性。

2. 税制模式的选择取决于政府的政策目标

在所得税和商品税并存的复合税制情况下,是以所得税还是以商品税作为主体税种? 一般而言,所得税适用实现分配公平目标,商品税适用实现经济效率目标。如果政府的政策目标以分配公平为主,就应选择以所得税为主体税种的税制模式;如果政府的政策目标以经济效率为主,就应选择以商品税为主体税种的税制模式。所以,一国的税收制度最终实行何种税制模式,要取决于公平与效率目标间的权衡。

（二）最优商品税理论

1. 拉姆齐法则（Ramsey Rule）

拉姆齐法则,又称逆弹性命题,是指在最优商品税体系中,当各种商品的需求是相互独立时,对各种商品课征的各自的税率必须与该商品自身的价格弹性呈反比例。

拉姆齐法则的含义表明,一种商品的需求弹性增大,征税的潜在扭曲效应也就越大。因此,最优商品税要求,对弹性相对小的商品课以相对高纳税率;对弹性相对大的商品课以相对低的税率。如果对无弹性或低弹性商品（如食品）采用高税率征税,会使总体超额负担最小化,是一种最适税制。

拉姆齐法则表明商品课税的税率应当与需求弹性呈反比例关系。然而,在拉姆齐最优商品税理论中,把社会中的消费者都看成是同一的或同质的。也就是说,假定所有人都是一样的。实际上,社会中的消费者并不是单一的,存在着无数个"异质"消费者。在这种情况下,依据拉姆齐法则建立的商品税制就不一定是最适的。

其次,拉姆齐法则主张对低弹性商品课以高税率,然而在有许多消费者或不完全一样的消费者(即异质消费者)的情况下,低弹性商品按高税率课税,往往使贫穷者的税收负担高于富有者的负担。可是,征收商品税的本来目的是把税收负担更多地落在富有者身上,即富有者所承受的税收负担比在一次总付税情况下承受的更多。可见,拉姆齐法则严重违背公平原则。

此外,政府征税意味着把社会购买力从私人部门转移到公共部门。征收多少税额,并把它们用在什么用途上,这个问题意味着,通过公共部门和私人部门中的哪一个部门来行使购买力对于整个社会的经济福利是最好的。事先确定的税额与保证理性购买行为的最优性常常并非一致。这个问题在于说明,最优课税要与最适支出结构联系起来。

可见,拉姆齐法则虽然符合效率原则的要求,但严重违背公平原则。因此,后人对上述拉姆齐法则进行了发展,得到第二个结论,即最优商品税要求开征扭曲性税收。

2. 最适商品课税要求开征扭曲性税收

因为政府在大多数情况下不能获得完全的信息,而且征税能力受到限制,因此,拉姆齐式商品税不能保证生产高效率,必须还要课征其他扭曲性税收。同所得税相比,商品税在传统上被认为是"笨拙和不确定的"再分配方式。这是因为:(1) 商品税是一种对物税,在税负分配上不能做到因人而异;(2) 商品税的税基只是所得中的消费(支出)部分,只能通过对消费的再分配间接地作用于收入或财富再分配。如果要求商品税具有一定的累进性,具备一定的再分配功能,至少要满足这样一个条件,即高收入者的消费支出中所含商品税高于低收入者。假定高收入者和低收入者的消费支出总额分别为 EH 和 EL,各自负担的商品税为 TH 和 TL,该条件可表示为:

$$\frac{TH}{EH} > \frac{TL}{EL}$$

如果按收入标准来衡量,这一条件最初可表示为:

$$\frac{TH}{YH} > \frac{TL}{YL}$$

式中,YH 和 YL 分别代表高收入者和低收入者的全部收入。如果假定高、低收入者的消费支出占全部收入的比例分别为 dH、dL,则:

$$YH = \frac{EH}{dH}$$

从而得到：

$$dH \times \frac{EH}{dH} > dL \times \frac{TL}{EL}$$

从现实经济情况来看,一般来说,$dH < dL$,因此,要使商品税具有再分配功能,政府课征的商品税必须使高收入者的消费支出中所包含的税收大大高于低收入者的消费支出中所包含的税收。由此可见,就现实情况而言,商品税的再分配功能要求：(1) 要有一套差别税率;(2) 对必需品适用低税率或免税,对奢侈品适用高税率。或者说,基于公平的考虑,对于高收入阶层尤其偏好的商品,无论弹性是否很高都应确定一个较高的税率;而对低收入阶层尤其偏好的商品,即便弹性很低都应确定一个较低的税率。

(三) 最优所得税理论

谈及所得税问题,我们立即面临有名的"做蛋糕"与"切蛋糕"之间的权衡问题。一方面,所得税是为满足公平目标而有效实施再分配的手段;另一方面,所得税的课征是对劳动供给和企业精神的一种主要抑制因素,特别是当边际税率随着所得的增加而增加的时候。最优所得税理论旨在分析和解决所得课税在公平与效率之间的权衡取舍问题。

1. 最优所得税的累进程度不一定高

在政府目标是使社会福利函数最大化的前提下,社会完全可以采用较低累进程度的所得税来实现收入再分配,过高的边际税率不仅会导致效率损失,而且对公平分配目标的实现也无益。

为什么累进程度越高,超额负担或沉重损失越大? 斯蒂格里兹曾利用图示比较分析了比例税和简单累进锐的超额负担。所谓简单累进税是指按个人的收入与某一临界收入水平之间的差额按单一税率征税。因为累进所得税的边际税率较高,替代效应较大,因而超额负担也就较大。从而累进所得税比比例所得税造成的超额负担大得多。

2. 所得税的最优税率呈"倒 U 型"

米尔利斯进一步提出了所谓"倒 U 型"最优所得税率,即从社会公平与效率的总体角度来看,中等收入者的边际税率可以适当高些,而低收入者和高收入者应适用相对较低的税率,拥有最高所得的个人适用的边际税率甚至应当是零。这一结论是基于这样的判断:在同样的效率损失情况下,政府通过提高中等收入者的边际税率,从较为富裕者那里取得更多的收入,而通过降低最高和最低收入者的边际税率,增加这一群体的福利(效用),从而既能实现帕累托改进,又能促进收入分配公平。

第二节 流 转 税 类

一、流转税的特征和分类

流转税是对商品和劳务的流转额进行课征的各个税种的总称。由于其与商品和劳务的交易有关,所以在西方通常称为商品劳务税或商品税。

（一）流转税的特征

1. 流转税的课税对象是流转额,包括商品流转额和非商品流转额。所谓商品流转额,是指商品从生产到消费的整个流转过程的各个环节所发生的交易额。非商品流转额,是指不直接从事商品生产和商品交换的企业或个人向社会提供服务所取得的劳务收入。

2. 流转税普遍课征、收入稳定可靠、计征方便。流转税的课税对象是商品和劳务的流转额,它随着商品和劳务交易行为的发生而课征,因而税基宽广,普遍课征。由于流转税普遍课征,而且流转税不受纳税人盈利状况的直接影响,收入随经济的自然增长而增长。因此,流转税能够保证收入的及时、稳定、可靠。此外,与所得税相比较,流转税计税依据单一,税额的计算简便,容易征收,便于管理,征收费用较小。

3. 流转税具有转嫁性和隐蔽性。大部分流转税都是价内税,当纳税人是卖方时,卖方容易通过提高价格的方式将税负转嫁给消费者。而作为价外税的流转税更可以名正言顺地将税负转嫁给消费者,所以流转税又称为间接税。由于税负转嫁,消费者成为负税人,但由于消费者自己通常不直接缴纳税收从而没有强烈的负税感觉,这种转嫁引起的征收上的隐蔽性使流转税的征收阻力减少。

4. 流转税是对物税,具有累退性。对物税是指税收制度的设计不考虑纳税人的经济条件和负担能力等因素,而是一律采取同一标准、同一税率征收的。由于流转税是对物税,对同一商品按同一税率征收,从而流转税具有累退性。因为通常随着收入的增加,消费支出占收入的比重不断下降,从而与消费支出成正比例的流转税占收入的比例也将随收入上升而下降。

（二）流转税的分类

根据流转税的课税对象、征税范围、计税依据、纳税环节、税率形式等基本要素的不同政策选择,大致可以把流转税分为周转税、销售税、增值税与消费税共四种类型。

1. 周转税。周转税是对从事商品生产、经营和劳务服务的企业和个人,在产制、批发、零售和劳务的每一个周转环节,以商品销售收入和营业服务收入全额,按差别比例税率课征的流转税。

　　周转税在税制设计的政策选择上具有以下特点:课税对象选择收入全额;征税范围选择全部商品和劳务;计税依据主要是从价课征;纳税环节选择产制、批发和零售多环节;税率形式按行业和产品设计差比税率。

　　周转税作为传统的流转税,曾经是最重要的流转税形式,但是由于其存在着如下无法克服的局限性,从而逐渐被销售税和增值税替代。(1)多环节、按全额征税,导致重复征税,使同样产品由于生产企业的组织形式不同而税负不同,制约了企业专业化协作发展。(2)多环节、按全额征税,导致价格随着交易环节的增加而上升,从而使价格发生扭曲,影响市场经济的有效运行。(3)纳税人可通过减少周转环节,减少纳税,从而影响税收收入的稳定性。

　　2. 销售税。销售税是对从事商品生产、经营的企业和个人,选择产制、批发、零售的某一环节,以产品销售收入全额,按比例税率课征的流转税。销售税实行单环节征税,因而按照课税环节可把销售税分为产制销售税、批发销售税和零售销售税。销售税与周转税相比较,它把多环节征税改为单环节征税,从而避免重复征税,克服同一产品因企业组织形式不同而税负不同的矛盾,有利于专业化协作发展,有利于减少价格扭曲。但是,纳税环节的减少,要求相应提高税率以保证财政收入,并且容易引起税收流失以及在哪个环节征收的新问题。

　　3. 增值税。增值税是对从事商品生产、经营的企业和个人,选择产制、批发、零售的每一环节,以产品销售和营业服务所取得的增值额,按统一或差别税率课征的流转税。增值税是按增值额征税,所谓增值额是指新增价值额,在计算时以销售收入减去法定扣除项目。增值税与周转税相比较,它把按全额征税改为按增值额征税。在保留按多环节征收的情况下,增值税按增值额征税可以避免重复征税,克服同一产品因企业组织形式不同而税负不同的矛盾,有利于专业化协作发展,有利于减少价格扭曲。但是,增值税在经济比较落后,管理基础比较差的国家和地区推行实施具有一定难度。这主要因为增值额的核算比较复杂,不但要求有完整的会计制度和税收征管制度,也增加核算和管理难度,从而增加了计征成本。

　　4. 消费税。消费税对从事商品生产、经营的企业和个人,选择少数商品在产制或零售环节,从价或从量课征。消费税是一种选择性的流转税,通常对那些限制消费(如烟、酒)、公平分配(如奢侈品)、以税代费(燃油税)类的商品和服务进行课征。

　　在我国,流转税主要有增值税、消费税、营业税和关税。

二、增值税

(一) 增值税的概念、特点与类型

1. 增值税的概念

增值税是对商品生产、销售或提供劳务过程中实现的增值额征收的一种流转税。增值税始建于法国,以后在西欧和北欧各国迅速推广,现在已成为许多发达国家和发展中国家广泛采用的一个国际性税种。增值额,是指企业生产商品过程中新创造的价值,相当于商品价值中扣除生产中消耗的生产资料价值 C 之后的余额,即 $V+M$ 部分。具体到一个生产单位,增值额是指这个单位的商品销售收入或劳务收入扣除外购商品额后的余额。从商品生产流通的全过程来看,一个商品经历的生产和流通各经营环节所创造的增值额之和,相当于该商品的最终销售额。

2. 增值税的特点

增值税的最大特点是在就一种商品多次课征中避免重复征税。这一特点适应社会化大生产的需要,在促进生产的专业化和技术协作,保证税负分配相对公平等方面,有较大功效。增值税还有其他一些优点:(1) 增值税采取道道课税的课征方式,并以各企业新创造的价值为计税依据,可以使各关联企业在纳税上互相监督,减少乃至杜绝偷税漏税:因为上游企业漏税必然使下游企业多纳,在经济利益原则驱使下,下游企业必然主动监督上游企业的纳税情况;(2) 增值税的课征与商品流转环节相适应,但税收额的大小又不受流转环节多少的影响;(3) 企业的兼并和分解都不影响增值税额,可以保证收入的稳定;(4) 对于出口需要退税的商品可以实行"零税率",将商品在国内已交纳的税收一次全部退还给企业,比退税不彻底的一般流转税更能鼓励外向型经济的发展。

3. 增值税的类型

一般而言,增值税的计税依据是商品和劳务价款中的增值额,但各国的增值税制度对购进固定资产价款的处理有所不同,据此增值税可分为三种类型:

(1) 生产型增值税。又称毛所得型增值税,是指对购进固定资产价款不允许作任何扣除,其折旧作为增值额的一部分据以课税。其增值额可用公式表示为:

$$增值额 = 销售收入总额 - 外购中间产品及劳务支出$$
$$= 折旧 + 工资、薪金 + 租金 + 利息 + 利润$$

(2) 收入型增值税。又称净所得型增值税,是指对购进固定资产价款,只准许抵扣当期应计入产品成本的折旧部分,就国民经济整体而言,计税依据相当于国民收入,所以称为收入型增值税。其增值额可用公式表示为:

$$增值额 = 销售收入总额 - 外购中间产品及劳务支出 - 固定资产折旧$$
$$= 工资、薪金 + 租金 + 利息 + 利润$$

（3）消费型增值税。它是指准许一次全部抵扣当期购进的用于生产应税产品的固定资产价款。就国民经济整体而言，计税依据只包括全部消费品价值，称为消费型增值税。其增值额可用公式表示为：

$$增值额 = 销售收入总额 - 外购中间产品及劳务支出$$
$$- 同期购入的固定资产价款$$

由于计税依据有差别，因而不同类型增值税的收入效应和激励效应是不同的。从财政收入看，生产型增值税的效应最大，收入型增值税次之，消费型增值税最小；从激励投资着眼，则次序相反。西方国家采用生产型增值税者较少，普遍采用后两种类型。

我国从 2009 年 1 月 1 日起，在全国实行固定资产采购进额的全额抵扣、全行业转型的增值税改革——实行消费型增值税。这至少将产生三个方面的积极效应。

第一，从经济角度看，实行消费型增值税有利于鼓励投资，特别是民间投资，有利于产业结构的调整和技术升级，有利于提高我国产品的竞争力。

第二，从财政角度看，实行消费型增值税虽然在短时期内将导致税基的减少，对财政收入造成一定的影响，但是有利于消除重复征税，有利于公平内外资企业和国内外产品的税收负担，有利于税制的优化；从长远看，由于实行消费型增值税将刺激投资，促进产业结构的调整，对经济的增长将起到重要的拉动作用，财政收入总量也会随之逐渐增长。

第三，从税务管理角度看，实行消费型增值税将使非抵扣项目大为减少，征收和缴纳将变得相对简便易行，从而有助于减少逃税偷税行为的发生，有利于降低税收管理成本，提高征收管理的效率。

4. 增值税的计征方法

增值税的计征方法比较复杂。从理论上讲，有三种计征方法：（1）将纳税单位纳税期内新创造的价值（如工资、利润、利息和其他增值项目）逐项相加作为增值额，然后按适用税率求出增值税额，称为"加法"；（2）从企业单位纳税期内的销售收入额减去法定扣除额（如原材料、燃料、动力、零配件等）后的余额，作为增值额，称"减法"或"扣额法"；（3）不直接计算增值额，而是从按销售收入额计算的税额中，扣除法定外购商品的已纳税金，以其余额作为增值税应纳税额，通常称"扣税法"。在实践中，由于"加法"计算复杂，误差较大，很少有国家采用。

（二）中国增值税税制

我国自80年代开始试行增值税，当时的增值税是由原产品税转化过来的，仅限于对部分工业品征收，而且设置多档税率。在 1994 年全面改革工商税制时，增值税被列为改革的核心内容，其目标是按国际上通行的做法，在我国现行条件下,建立一种比较完整的增值税课征机制,使之符合市场经济对税制的要求。

1. 增值税的征收范围

在中华人民共和国境内销售货物(不动产除外)或者提供加工、修理修配劳务,以及进口的货物都属于增值税的征税范围。

2. 增值税的纳税义务人

在中华人民共和国境内销售货物(不动产除外)或者提供加工、修理修配劳务,以及进口的货物的单位和个人,都属于增值税的纳税人。根据纳税人经营规模的大小和财务核算制度的健全与否,纳税人又被分为一般纳税人和小规模纳税人。

(1)一般纳税人。一般纳税人是指年应税销售额超过财政部规定的小规模纳税人标准的企业和企业性单位。

(2)小规模纳税人。小规模纳税人是指年应税销售额在规定标准以下,并且会计核算不健全,不能按规定报送有关税务资料的增值税纳税人。税法对划分小规模纳税人制定了双重标准。一是规模标准,即从事货物生产或提供应税劳务的纳税人,以及从事货物生产或提供应税劳务为主,并兼营货物批发或零售的纳税人,年应税销售额在 100 万元以下的,为小规模纳税人;从事货物批发或零售的纳税人年应税销售额在 180 万元以下的,为小规模纳税人;年应税销售额超过小规模纳税人标准的个人、非企业性单位、不经常发生应税行为的企业视同小规模纳税人。二是核算标准,即财务会计核算不健全的企业和单位视为小规模纳税人。

3. 增值税税率

增值税采取一档基本税率和一档低税率的模式,基本税率为 17%,低税率为 13%。除规定适用低税率的五类商品外,其他应税产品和劳务均适用基本税率。对出口商品实行零税率,即出口商品,不但不必纳税,而且在报关出口后可以退还已缴纳的全部税款。

4. 增值税的计税依据

现行的增值税则实行价外税,即以不含税价格作为计税依据。增值税在生产和批发环节实行以不含税价计税方式,即税款不是商品价格组成部分,而是价格之外按照不含税价另行收取,并在发票上分别注明价格和税金。也就是说,在零售以前各环节销售商品时,增值税专用发票上要求分别填写税金和不含税金的价格。

5. 增值税应纳税额的计算

现行增值税按购进扣税法计算应纳税额,实行根据发货票注明税金进行税款抵扣制度。增值税应纳税额的一般计算公式为:

$$应纳税额 ＝ 当期销项税额 － 当期进项税额$$

（1）销项税额

销项税额是指按销售额和规定的税率计算并向购买方收取的增值税额。销项税额的计算公式为：

$$销项税额 ＝ 销售额 × 税率$$

销售额为纳税人销售货物或提供应税劳务从购买方所收取的全部价款，包括收取的一切价外费用。

（2）进项税额

进项税额是至当期购进货物或应税劳务缴纳的增值税额。根据《增值税暂行条例》规定，准予从销项税额中抵扣的进项税额为下列扣税凭证上注明的增值税额：（1）从销售方取得的增值税专用发票上注明的税额；（2）从海关取得的完税凭证上注明的税额。外购的资本性固定资产中所含的税款，计算应纳税额时不得扣除，因而我国现行的增值税属于生产型增值税。

6. 小规模纳税人的应纳税额计算

对年销售收入小于规定的额度且会计核算不健全的小规模纳税人，税法规定实行简易征收办法，按应税销售收入乘以 6% 或 4% 的征税率计算应纳税额。即：

$$小规模纳税人的应纳税额 ＝ 销售额 × 征收率$$

7. 进口货物的应纳税额计算

进口的应税货物在进口前没有在我国履行纳税义务，不存在已纳税款扣除问题。因此，对进口的应税货物均按照组成计税价格和规定增值税税率计算应纳税额，不得抵扣任何税款。其计算公式为：

$$进口货物的应纳税额 ＝ 组成计税价格 × 税率$$
$$组成计税价格 ＝ 关税完税价格 ＋ 关税 ＋ 消费税$$

三、消费税

消费税是对消费品和特定的消费行为按消费流转额征收的一种流转税种。消费税可分为一般消费税和特别消费税。前者是对所有消费品普遍课税，后者主要指对特定消费品或特定消费行为如奢侈品等课税。在此情况下，税收通过价格转嫁给消费者负担，消费者是间接的纳税人，实际的负税人。

我国现行的消费税是对在我国境内从事生产、委托加工和进口应税消费品的单位和个人就其应税消费品的销售收入或数量征收的一种税。它选择部分消费品征税,属于特别消费税。

1. 征税范围

我国税法规定下列五类消费品具体包括 14 个税目的消费品列入消费税征税范围:(1) 一些过度消费会对人生健康、社会秩序、生态环境等方面造成危害的消费品,如烟、酒及酒精、鞭炮、烟火等;(2) 奢侈品、非生活必需品,如化妆品、贵重首饰及珠宝玉石,高档手表,高尔夫球及球具,游艇等;(3) 高能耗及高档消费品,如小汽车、摩托车等;(4) 不可再生和不可替代的稀缺资源消费品,如成品油、木制一次性筷子、实木地板。

2. 纳税人

凡是在中华人民共和国境内生产、委托加工和进口规定的应税消费品的单位和个人,为消费税纳税义务人。

3. 税目和税率

我国消费税共有 14 个税目。消费税的税率有比例税率和定额税率两种。消费税税率形式的选择,主要是根据课税对象的具体情况来确定的,对一些供求基本平衡、价格差异不大、计量单位规范的消费品,选择计税简便的定额税率,从量定额征收,有利于简化征纳手续,稳定税收负担,如黄酒、啤酒、成品油等;其余的消费品实行价税联动的比例税率,从价定率计征,如烟、白酒、化妆品、鞭炮、烟火、汽车轮胎、贵重首饰及珠宝玉石、摩托车、小汽车等。

消费税在执行过程中,可根据客观情况的变化作部分调整。例如,自 2006 年 4 月 1 日起,石脑油、溶剂油、润滑油暂按应纳税额的 30% 征收消费税;航空煤油暂缓征收消费税。但为了促进以石脑油为原料的国产乙烯、芳烃类产品与进口同类产品的公平竞争,自 2008 年 1 月 1 日起,对石脑油、溶剂油、润滑油和燃料油恢复全额征收消费税。自 2008 年 1 月 1 日起至 2010 年 12 月 31 日止,进口石脑油和国产的用作乙烯、芳烃类产品原料的石脑油免征消费税。生产企业直接对外销售的石脑油应按规定征收消费税。

4. 应纳税额的计算

(1) 从价计征

从价计征是以应税消费品的销售价格为计税依据,按规定的适用税率计算应纳税额。其计算公式如下:

$$应纳税额 = 应税消费品的销售额 \times 适用税率$$

其中,销售额指向购买方收取的全部价款和价外费用。由于消费税是一种价内税,所以销售额包含消费税税金,但不包含增值税税金。

(2) 从量计征

从量计征是以应税消费品的销售数量为计税依据,按规定的适用税率计算应纳税额。其计算公式如下：

$$应纳税额 = 应税消费品销售数量 \times 定额税率$$

四、营业税

营业税是以纳税人从事经营活动的营业额（销售额）为课税对象的税种。其主要特点是计算征收比较方便。

1. 征税范围和纳税人

现行营业税的征收范围是在中华人民共和国境内提供应税劳务和转让无形资产或者销售不动产的行为。具体讲包括9个应税项目：交通运输业、建筑业、邮电通信业、文化体育业、金融保险业、服务业、转让无形资产、销售不动产、娱乐业。

凡在我国境内提供上述应税劳务、转让无形资产或者销售不动产的单位和个人，均为营业税的纳税人。

2. 税率

营业税实行比例税率，共设三档税率。其中交通运输业、建筑业、邮电通信业、文化体育业的税率为3%；金融保险业、服务业、转让无形资产、销售不动产的税率为5%；娱乐业多属于高消费的项目，从而规定了5%—20%的幅度税率，由各地政府根据本地情况在幅度内确定税率。

3. 应纳税额的计算

营业税应纳税额的一般计算公式为：

$$应纳税额 = 营业额 \times 税率$$

其中，营业额是纳税人提供应税劳务、转让无形资产和销售不动产的营业额，它包括向对方收取的全部价款和价外费用。

五、关税

（一）关税的概念、种类、功能

1. 关税的概念

关税是由国家海关对进出关境的货物、物品征收的一种税。所谓关境，是指执行一个国家统一海关法令的领域。一般地说，国境与关境是一致的，但若有几个国家组成了关税同盟，如欧盟，这时这些国家的统一关境就大于国境。有些国家的国境内设有自由港、自由贸易区或海关保税区，均不属于关境范围之内，这时关境小于国境。

2. 关税的种类

关税种类繁多，按照不同的标准，主要可分为以下几类：

（1）按货物通过的方向,可分为进口税、出口税、过境税。

进口税是进口国家的海关在外国商品输入时,根据海关税则对本国进口商品所征收的关税。这种进口税在外国货物直接进入关境时征收,或者外国货物由自由港、自由贸易区或海关保税区等提出运往进口国的国内市场销售,在办理海关手续时根据海关税则征收。进口税主要可分为最惠国税和普通税两种。最惠国税适用于与该国签订有最惠国待遇条款的贸易协定的国家或地区所进口的商品。普通税适用于与该国没有签订这种贸易协定的国家或地区所进口的商品。

出口税是出口国家的海关对本国产品输往国外时,对出口商品所征收的关税。目前大多数国家对绝大部分出口商品都不征收出口税。因为征收这种税势必提高商品在国外市场上的销售价格,降低商品的竞争能力,不利于扩大出口。

过境税是一国对于通过其关境而运往别的国家的外国货物所征收的关税。从理论上说,征收过境税可以增加财政收入。不过,征收过境税后,该货物的价格会因此而升高,导致货物到达国的消费量减少,或输出国的利润减少。这时,过境货物可能采取降低经过国的运输费用和保险费用作为对策;或者改由其他国家过境,从而影响本国交通事业;还可能引起有关国家的不满或报复。因此,现在各国均未征收过境税。

（2）按课征的目的,可分为财政关税、保护关税、自由贸易关税。

财政关税又称收入关税,它是以增加国家财政收入为主要目的而征收的关税。财政关税通常多选择本国不能生产或国内无代用品的消费品征收,税率一般比保护关税低,因为过高会阻碍进出口贸易的发展,反而达不到增加财政收入的目的。随着西方经济的发展,财政关税逐渐失去意义,而为保护关税代替。

保护关税是以保护本国经济发展为主要目的而征收的关税。保护关税主要是征收较高的进口税,使进口商品成本增加,价格提高,削弱其在本国市场上的竞争能力,甚至达到阻止进口的目的。保护关税又有普遍与特殊之分。普遍保护关税,是从保护国内幼稚产业出发,所定税率以抑制外国有竞争性的商品的输入为标准。特殊保护关税又有反倾销税、反补贴税、报复性税、差价税。反倾销税是对于实行商品倾销的进口商品征收的一种关税。反补贴税是对于直接或间接地接受奖金或补贴的外国商品进口所征收的一种关税。报复性关税是指他国对本国出口的商品课征不利于本国商品出口的税率时,为维护本国利益,抑制他国的课征,对该国输入本国的商品也课征相同的关税。差价税是指当本国生产的产品国内价格高于同类的进口商品价格时,为了削弱进口商品的竞争能力,保护国内生产和国内市场,按国内价格与进口价格之间的差额征收的关税。

自由贸易关税是以促进国家自由贸易为目的征收的关税。与财政关税和保护关税高效率的特点相比,它的着眼点是降低关税税率,采取低税率的做法弱化关税的作用,消除国际间的贸易障碍,鼓励全球贸易自由化。当今,实行自由贸易关税的国家,多半是经济实力雄厚的发达国家。自由贸易关税已成为世界各国发展的趋势。

（3）按课税标准,可分为从价税、从量税、混合税、选择税、滑动税。

从价税是以进口商品的价格为基础而课征的关税。从量税是以进口商品的重量、数量、长度、容积等为基础而课征的关税。混合税即从量税与从价税合并课征的关税。选择税是指对于同一商品,订有从量和从价两种税率,课征时选择课税额较多者,即当市价下降时采取从量税,反之则采用从价税。滑动税是指依商品价格的变化而升降税率的关税,即当物价上升时,适用较低的税率,物价下降时,则适用较高税率。

（4）按国家是否独立自主制定税法,可分为国定关税（自主关税）与协定关税。

国定关税是本着维护国家主权,完全独立自主地制定、修订的关税。协定关税是两个或若干个国家,通过缔结关税、贸易协定而制定的关税。协定关税又分为在平等互利基础上形成的自主协定关税和依据不平等条约产生的片面协定关税。

3. 关税的功能

（1）具有组织财政收入功能。关税是国家积累财政资金的一种重要手段,从关税的发展历史来看,最初关税的开征,主要目的就是聚财,为国家积累财政收入。

（2）具有资源配置功能。通过征收进口税可以限制进口,保护本国产业的发展;通过征收出口税则减少出口,使应税商品尽量留在国内。进出口关税的征收最终影响资源在国际间的配置。

（3）宏观上具有平衡国际收支、调节社会供求的功能。当国际收支出现逆差时,可提高进口关税,限制进口;当国际收支出现较大的顺差时,可以降低进口税率鼓励进口。另一方面,当国内需求过旺时,可以降低进口税率,鼓励进口,增加供给;反之,当国内需求不足时,可以提高进口税率减少供给,提高出口退税率增加国外需求。

（二）我国的关税制度

1. 课税对象和纳税人

关税的课税对象是进出关境的货物和物品。货物是指贸易性商品;物品包括入境旅客随身携带的行李和物品、个人邮递物品、各种运输工具上的服务人员携带进口的自用物品、馈赠物品以及其他方式入境的个人物品。

贸易性商品的纳税人是经营进出口货物的收、发货人。物品的纳税人是非贸易性物品的持有人、所有人或收件人。

2. 税目和税率

我国 1992 年公布的新的《海关进出口税则》规定,全部应税商品分为 21 大类,6250 个税目(我国加入 WTO 后,税目税率都发生了大的变动)。关税税率一般采取差别比例税率,税率分为进口税率和出口税率。进口货物按照必需品、需用品、非必需品、限制进口品等分成若干税级,分别规定不同的税率。进口税率又分为普通税率和优惠税率。我国现行关税只对少量商品征收出口税,税率较低。

3. 应纳税额的计算

(1)从价计征。

计算公式如下:

$$应纳税额 = 进(出)口应税货物数量 × 单位完税价格 × 适用税率$$

其中,进口货物以海关审定的成交价格为基础的到岸价格作为完税价格,出口货物以海关审定的货物售于境外的离岸价格,扣除出口关税后,作为完税价格。即:

$$完税价格 = 离岸价格 ÷ (1 + 出口关税税率)$$

(2)从量计征。

计算公式如下:

$$应纳税额 = 进(出)口应税货物数量 × 单位税额$$

第三节　所 得 税 类

所得税又称收益税,是以所得额或收益额为课税对象的税类。所得额是指企业和个人,因从事劳动、经营和投资,从全社会的国民收入中分到的那部分份额。准确确定作为所得税课税对象的所得额是所得税课征的关键。税收实务上讲的所得额是应税所得额,即在会计所得额的基础上,经过必要的调整计算而得到的所得额。

一、所得税的特征和分类

(一)所得税的特征

所得税与其他税类相比具有以下几个特征:

1. 税负不易转嫁。由于所得税的课税对象是纳税人的最终所得,纳税人通常就是负税人,一般税负就不易转嫁。这一特点有利于政府直接调节纳税人的收入,缩小收入差距,实现公平分配的目标。

2. 税负相对公平。所得课税是以纯收入或净所得为计征依据,并一般实行多所得多征、少所得少征的累进征税办法,合乎量能课税的原则。同时,所得课税往往规定起征点,免征额及扣除项目,可以在征税上照顾低收入者,不会影响纳税人的基本生活。

3. 一般不存在重复征税问题,不影响商品的相对价格。所得课税是以纳税人的总收入减去准予扣除项目后的应税所得额为课征对象,征税环节单一,只要不存在两个以上课税主体,则不会出现重复征税,因而不致影响市场的运转。所得税的应税所得额不构成商品价格的追加,且不易转嫁,因而一般不会干扰各类商品的相对价格。

4. 税源普遍,课税有弹性。在正常情况下,凡从事生产经营活动的一般都有所得,都要缴纳所得税。因此,所得税税源普遍。同时,随着社会资源利用效率的提高,剩余产品也会不断增长,因而所得课税不仅税源可靠,而且可根据国家的需要灵活调整,以适应政府支出的增减。

5. 计税较复杂,稽征管理难度较大。由于所得税的课税对象是纳税人的所得额,就企业而言,计算企业的应税所得涉及到企业的收入、成本、费用、利润等;就个人而言,要计算个人的各类收入、免税额、扣除额等,而且个人纳税户多、税额小、税源分散,从而使所得税不仅计税较复杂,稽征管理难度较大,而且征收成本高。因此,征收所得税客观上要求整个社会有较高的信息管理基础,以便有较高的征收效率。

(二) 所得税的类型

所得税依据纳税人的不同,可分为企业所得税和个人所得税。企业所得税是以企业所得为课税对象征收的所得税,个人所得税是以个人所得为课征对象征收的所得税。

1. 企业所得税

由于企业的组织形式是多样的,按照投资者责任形式的不同,可以把企业分为公司、合伙企业和独资企业三种类型。根据企业类型的不同,企业所得税可以分为企业所得税和公司所得税两种类型。

(1) 企业所得税型

它的基本特点是不分企业性质和组织形式,把各种类型的企业都纳入企业所得税的课税范围。由于不同企业都按统一的企业所得税法征收,有利于企业间公平税负、平等竞争。但是,企业所得税把独资企业和合伙企业都纳入课税范围,而独资和合伙企业企业主的个人财产与企业财产不可分离。因此,对企业利润征税和个人所得征税就很难划清,给征收管理带来困难。

(2) 公司所得税型

它的基本特点是区别企业的性质和组织形式,仅对公司所得征收公司所得税,而非公司的合伙企业和独资企业所得不征收公司所得税,只征个人所得税。公司所得税制对法人企业征收所得税,而自然人企业不征所得税,有利于税收管理,同时又照顾了小企业发展。但公司所得税也会造成公司和非公司企业税负的不平等。公司企业既征公司所得税,又征个人股息所得税,而非公司企业把企业利润归属个人,仅征个人所得税,不利于公司企业和非公司企业公平税负、平等竞争。

2. 个人所得税

个人所得税是以个人所得为课税对象征收的所得税。由于个人所得形式多样,个人所得税在计征方式上可能会有不同的选择,从而形成不同的个人所得税。

(1)个人综合所得税

它是把个人各种不同来源的所得和各种不同形式的所得合在一起,不分类型,采用一种方法征收所得税。个人综合所得税一般按累进税率征收。由于征收面广,且累进征收,因此有利于公平税负。但个人综合所得税必须由个人申报并汇总各种所得计算纳税,这不仅计算复杂,而且容易发生税收流失。

(2)个人分类所得税

它把个人收入按一定的标准进行分类,对不同类型的个人收入分别课征所得税。个人分类所得税一般按比例税率课证,从而不利于公平税负。由于是分类课征,有利于对个人的不同类型所得实行区别对待。并且分类课征便于源泉扣缴,简化征收管理,减少税收流失。

(3)个人混合所得税

它是对个人收入按不同的收入类型分别实行分类所得税和综合所得税。即对部分所得进行分类,按比例税率征收分类所得税;对部分所得综合汇总,按累进税率征收综合所得税。

我国现行的所得税税种主要有企业所得税、外商投资企业和外国企业所得税、个人所得税等。

二、我国现行的企业所得税

现行的中国企业所得税是对在中华人民共和国境内的企业(包括外商投资企业和外国企业)就其生产经营所得和其他所得征收的一种税。在 1994 年的税制改革中,由原来的国营企业所得税、集体企业所得税和私营企业所得税合并统一的基础上,形成了一套内资企业适用《中华人民共和国企业所得税暂行条例》、外资企业适用《中华人民共和国外商投资企业和外国企业所得税法》的企业所得税制度。

1994 年企业所得税制度的实施,在组织财政收入、促进经济增长、进行宏观调控等方面产生了积极的效果。随着我国国民经济的快速发展和企业经济效益的不断提高,作为我国税收收入主体税种之一的企业所得税收入也取得了长足的增长。2006 年,全国企业所得税收入达到了 7080.9 亿元,占当年全国税收总额的 19.9%①，已成为仅次于增值税的第二大税种。在为国家财政创收的同时，企业所得税成为国家宏观调控的一种重要手段。自 20 世纪 80 年代改革开放以来，为吸引外资、发展经济，对外资企业采取了有别于内资企业的税收政策，这项政策的实施对改革开放、吸引外资、产业结构的调整和促进经济发展发挥了重要的调节作用。截止 2006 年底，全国累计批准外资企业 59.4 万户，实际应用外资 6919 亿美元。2006 年，外资企业缴纳各类税款 7950 亿元，占全国税收总额的 21.12%。② 但是，实行内资、外资企业所得税分立的制度在执行中也暴露出一些问题，已经不能适应新的经济发展政策和形势的要求：一是内资、外资企业所得税税收政策差异较大，在税收优惠、税前扣除等方面，存在对外资企业偏松、内资企业偏紧的问题，企业要求统一税收待遇、公平竞争的呼声较高。二是此时的企业所得税优惠政策也存在较大的漏洞，导致一些企业有空子可钻，造成国家税款的流失。例如，一些内资企业为了能够享受外资企业的所得税优惠政策，采取将资金转移到境外再投资境内的"返程投资"方式。三是自内资企业税法和外资企业税法实施十多年来，我国经济社会情况和国际经济融合等都发生了很大变化，需要针对新的情况及时完善制度和修订法律条款。因此，2007 年 3 月 16日第十届全国人民代表大会第五次会议通过了《中华人民共和国企业所得税法》，由此实现了内、外资企业所得税统一征收，向法人所得税改革迈出了关键的一步。自 2008 年 1 月 1 日起，《中华人民共和国外商投资企业和外国企业所得税法》废止，内、外资企业统一适用《中华人民共和国企业所得税法》。

我国企业所得税分别由国家税务局和地方税务局负责征收管理，所得收入由中央政府与地方政府共享，是中央政府和地方政府税收收入的主要来源之一。现行企业所得税是国家参与企业利润分配并调节其收益水平的一个关键性税种，体现了国家与企业的分配关系，也是正确处理国家、企业、个人三者利益关系的重要手段。2007 年，我国的企业所得税收入为 9675 亿元，占当年税收总额的 20.5%。

1. 纳税人

在中华人民共和国境内按照中国有关法规登记注册的实行独立核算的企业或者组织，都是企业所得税的纳税人。包括国有企业、集体企业、私营企业、联营企业、股份制企业、外商投资企业、外国企业以及有生产、经营所得和其他所得的其他组织。但是，个人独资企业、合伙企业不缴纳企业所得税，而是缴纳个人所得税。

2. 征税对象

企业所得税的课征对象是纳税人取得的生产经营所得和其他所得。

生产经营所得是指从事物质生产、交通运输、商品流通、劳务服务以及其他

---

① 刘佐：《中国税制概览》，经济科学出版社 2008 年版。
② 於鼎丞、魏朗：《中国税制》，暨南大学出版社 2008 年版。

盈利事业取得的所得。其他所得是指包括转让财产收入、股息、红利等权益性投资收益、利息收入、租金收入、特许权使用费收入、接受捐赠收入和其他收入。此外,纳税人按照章程规定解散或破产,以及其他原因宣布终止时,其清算终了后的清算所得,也属于企业所得税的征税对象。

3. 税率

企业所得税实行比例税率,除依法减征或免征的以外,统一为25%的法定税率。同时对一些利润率较低或规模小的企业制定了优惠税率:对符合规定条件的小型微利企业,实行20%的优惠税率;对国家需要重点扶持的高新技术企业,减按15%的税率征收企业所得税。

4. 应纳税额的计算

应纳所得税额的基本计算方法是用应纳税所得额乘以适用税率。公式为:

应纳所得税税额 = 应纳税所得额 × 税率

其中,应纳税所得额是指纳税人每一纳税年度的收入总额减去准予扣除项目后的余额(包括不征税收入、免征收入、各项扣除、弥补以前年度的亏损等)。纳税人的收入总额包括生产经营收入、财产转让收入、利息收入、租赁收入、特许权使用费收入、股息收入和其他收入,准予扣除的项目是指与纳税人取得收入有关的成本、费用和损失。《企业所得税暂行条例》对准予扣除项目的范围和标准以及不得扣除的项目作了明确的规定。同时还规定了纳税人在计算应纳税所得额时,其财务、会计处理办法同国家有关税收的规定有抵触的,应当依照国家有关税收的规定计算纳税。

5. 企业所得税的税收优惠政策

(1)企业从事农、林、牧、渔业项目的所得,可以免征、减征企业所得税。

(2)企业从事国家重点扶持的公共基础设施项目的投资经营所得,自项目取得第一笔生产经营收入所属纳税年度起,第一年至第三年免征企业所得税,第四年至第六年减半征收企业所得税。

(3)企业从事符合条件的环境保护、节水节能项目的所得,自项目取得第一笔生产经营收入所属纳税年度起,第一年至第三年免征企业所得税,第四年至第六年减半征收企业所得税。

(4)符合条件的技术转让所得免征、减征企业所得税。即一个纳税年度内,居民企业技术转让所得不超过500万元的部分,免征企业所得税;超过500万元的部分,减半征收企业所得税。

(5)民族自治地方的自治机关对本民族自治地方的企业应缴纳的企业所得税中属于地方分享的部分,可以决定减征或免征。自治州、自治县决定减征或免征的,须报省(自治区、直辖市)人民政府批准。

（6）投资抵免税收优惠。

① 创业投资企业从事国家需要重点扶持和鼓励的创业投资,可以按投资额的70%抵扣应纳税所得额。

② 企业购置用于环境保护、节能节水、安全生产等专用设备的投资额,可以按投资额的10%实行税额抵扣。

三、个人所得税

（一）个人所得税的纳税人

个人所得税以取得应税所得的个人即自然人为纳税人。依照国际惯例,以纳税人在我国有无住所和居住时间长短为标准,将其划分为居民与非居民,并分别确定不同的征收范围。

税法规定,凡在我国境内有住所或者无住所而在境内居住满一年的个人,为我国居民,应对我国负有无限纳税义务,其在我国境内和境外取得的所得,都要在我国缴纳个人所得税;凡在我国境内无住所又不居住或者无住所而在境内居住不满一年的个人,为非居民,只对我国负有限纳税义务,仅就其在我国境内取得的所得在我国缴纳个人所得税。所谓在我国境内居住满一年,指在一个纳税年度中在我国境内居住365日。在纳税年度中如果发生一次不超过30日或多次累计不超过90日的临时离境,不扣减离境日数。

（二）个人所得税的征税对象和计税依据

1. 个人所得税的征税对象。个人所得税的征税对象是税法规定的各项应纳税所得。具体包括:

（1）工资、薪金所得;（2）个体工商户的生产、经营所得;（3）对企事业单位的承包、承租经营所得;（4）劳务报酬所得;（5）稿酬所得;（6）特许权使用费所得;（7）股息、利息、红利所得;（8）财产租赁所得;（9）财产转让所得;（10）偶然所得;（11）经国务院财政部门确定征税的其他所得。

2. 个人所得税的计税依据。个人所得税的计税依据是应纳税所得额。由于个人所得税属于对纯收益课税,因而,在计算应纳税所得额时,通常要在收入总额中扣除必要的费用。包括纳税人的生计费用或为取得该项收入而发生的成本费用。但对于股息、利息、红利所得及偶然所得等间接投资所得项目,由于不会发生相关的费用,往往是以收入总额为应纳税所得额,而不做任何扣除。我国的个人所得税采用分项计征的方法,对不同的所得项目分别扣除费用,分别计算应纳税所得额和应纳税额。并对不同的所得项目分别采用了定额扣除、定率扣除和据实扣除等多种费用扣除方法。具体规定如下:

（1）工资、薪金所得,按规定的定额标准扣除生计费用。对一般纳税人以每月收入额减除3500元后的余额为应纳税所得额。对在我国境内无住所而在境内取得工资、薪金所得的纳税人和在我国境内有住所而在境外取得工资薪金所得的纳税人,根据 2011 年 9 月 1 日起实施的最新个人所得税税法实施条例,每月减除 4800 元费用的基础上,为其应纳税所得额。

（2）个体工商户的生产、经营所得,以每一纳税年度的收入总额减除成本、费用以及损失后的余额为应纳税所得额。

（3）对企事业单位的承包、承租经营所得,以每一纳税年度的收入总额减除必要费用后的余额为应纳税所得额。所谓每一纳税年度的收入总额,是指纳税人按照承包承租经营合同规定分得的经营利润和工资、薪金性质的所得。所谓必要费用,是指按照承包或承租经营的实际月份,按月减除费用 800 元。

（4）劳务报酬所得、稿酬所得、特许权使用费所得、财产租赁所得,每次收入不超过 4000 元的,采用定额扣除法,减除 800 元的费用;每次收入在 4000 元以上的,采用定率扣除法,减除 20% 的费用。其余额为应纳税所得颇。

（5）财产转让所得,以转让财产的收入额减除财产原值和合理费用后的余额为应纳税所得额。

（6）股息、利息、红利所得、偶然所得和其他所得,以每次收入额为应纳税所得额,不扣除费用。

此外,税法还规定了对纳税人捐赠的扣除办法。凡纳税人将其个人所得通过我国境内的社会团体、国家机关向教育和其他社会公益事业以及灾区、贫困地区捐赠,捐赠额未超过其申报的应纳税所得额 30% 的部分,可以从其应纳税所得额中扣除。

（三）个人所得税的税率

由于我国的个人所得税实行分项计征,因而,对不同所得项目,分别采用了不同的税率。具体规定为:

（1）工资、薪金所得,适用七级超额累进税率。最低税率为 3%,最高税率为 45%（见表 7.1）。

表 7.1　2011 年最新个人所得税税率表（工资、薪金所得适用）

级数	扣除三险一金后月收入（元）	税率（%）	速算扣除数（元）
1	<4500 元	5	0
2	4500 元—7500 元	10	75
3	7500 元—12000 元	20	525
4	12000 元—38000 元	25	975
5	38000 元—58000 元	30	2725
6	58000 元—83000 元	35	5475
7	>83000 元	45	13475

（2）2011 最新个人所得税税率（个体工商户的生产、经营所得和对企事业单位的承包经营、承租经营所得）,适用五级超额累进税率。最低税率为 5%,最

高税率为 35%(见表 7.2)。

表 7.2 个人所得税税率表(个体工商户的生产
经营所得和对企事业单位的承包、承租经营所得适用)

级数	全年应纳税所得额	适用税率(%)	速算扣除数
1	不超过 15000 元的	5	0
2	超过 15000 元至 30000 元的部分	10	750
3	超过 30000 元至 60000 元的部分	20	3750
4	超过 60000 元至 100000 元的部分	30	9750
5	超过 100000 元的部分	35	14750

(3)劳务报酬所得、稿酬所得、特许权使用费所得、利息、股息、红利所得、财产租赁所得、财产转让所得、偶然所得和其他所得,均适用 20% 的比例税率。

此外,为加大税收对个人收入的调节力度,缓解社会分配不公平的矛盾,税法规定,对劳务报酬所得一次收入畸高的,实行加成征收。具体办法是:每次应纳税所得额超过 2 万元至 5 万元部分,加征一成,税率为 30%;超过 5 万元部分,加征两成为 40%。为体现国家对知识性劳动的鼓励和照顾政策,还规定对稿酬所得按应纳税额减征 30% 的所得税。

(四)应纳税额的计算

个人所得税实行分项计算,应先确定纳税人的收入属于哪个应税项目,再按税法的有关规定计算应纳税所得额和应纳税额。

1. 对工资、薪金所得,一般按月计征所得税,计算公式为:

应纳税额 = 应纳税所得额 × 适用税率 − 速算扣除数

对采掘业、远洋运输业、远洋捕捞业等特定行业的工资、薪金所得可实行按年计算,分月预缴的计征方法。

2. 对个体工商户的生产、经营所得的应纳税额,采用按年计算,分月预缴,年终汇算清缴,多退少补的办法。其计算公式为:

全年应纳税额 = 全年应纳税所得额 × 适用税率 − 速算扣除数

但由于其税率是按全年应纳税所得额设计的,在计算每月的预缴税额时,需要将当月累计所得额换算成全年所得额,据以确定适用税率,计算出全年应纳税额,再换算出当月应纳税额。

3. 对企事业单位的承包、承租经营所得应纳税额的计算分为两种情况:

(1)承包、承租人对企业经营成果不拥有所有权,仅按承包、承租合同规定取得一定所得的,其所得按工资、薪金所得项目计算应纳税额;

(2)承包、承租人按承包、承租合同规定向发包、出租方交纳一定费用后,企业经营成果归其所有的,按企事业单位承包、承租经营所得计算应纳税额,其计算公式为：

$$全年应纳税额 = 全年应纳税所得额 × 适用税率 - 速算扣除数$$

4. 对劳务报酬所得，按次计征所得税。计算公式为：

$$应纳税额 = 应纳税所得额 × 20\%$$

但对一次收入畸高的，应加成征收。

5. 对稿酬所得，按次计征所得税。计算公式为：

$$应纳税额 = 应纳税所得额 × 20\% × (1 - 30\%)$$

6. 对特许权使用费所得、利息、股息、红利所得、财产租赁所得、财产转让所得、偶然所得、其他所得，均按次计征所得税。计算公式为：

$$应纳税额 = 应纳税所得额 × 20\%$$

纳税人如果在我国境内两处或两处以上取得工资、薪金所得、个体工商户生产、经营所得和对企事业单位的承包、承租经营所得，应将同项所得合并计算纳税。

纳税人从我国境外取得的所得，准予其在应纳税额中扣除已在境外缴纳的个人所得税税额。但扣除额不得超过该纳税人境外所得依照我国税法规定计算的应纳税额。

第四节　其他税类

一、资源税类和财产税类

（一）资源税和财产税的一般特征

对自然资源的课税称为资源税。资源税有两种课征方式：一是以自然资源本身为计税依据，这种自然资源必须是私人拥有的；二是以自然资源的收益为计税依据，这种自然资源往往为国家所有。前一种资源税实质上就是财产税，即对纳税人拥有的自然财富的课征，它与对纳税人拥有的其他形式财产的课税并没有根本的差别。很多国家的自然资源为私人拥有，因而这些国家只有财产税而没有资源税。财产税也有两种课征方式：其一是以财产价值为计税依据；其二是以财产收益为计税依据。而第二种财产税又与资源课税有密切联系，如果是对自然财富收益的课税，往往可以纳入资源税。很明显，财产税和资源税具有较强的同一性。有一种观点认为，财产税和资源税的划分主要由政府思考问题的标准不统一所致，并不是没有道理的。

财产税和资源税的特征可以归纳为以下几点：

1. 课税比较公平。个人拥有财产的多寡往往可以反映他的纳税能力，对财产课税符合量能纳税原则。企业或个人占用的国家资源有多和少、有和无的差别,有质量高低的差别,而这种差别又会直接影响纳税人的收益水平,课税可以调节纳税人的级差收入,也合乎受益纳税原则。

2. 具有促进社会节约的效能。对财产的课税可以促进社会资源合理配置,限制挥霍和浪费。对资源的课税可以促进自然资源的合理开发和使用,防止资源的无效损耗。

3. 课税不普遍,且弹性较差。这是财产税和资源税固有的缺陷。无论是财产税还是资源税都只能选择征税,不可能遍及所有财产和资源,因而征税范围较窄。同时,由于财产和资源的生成和增长需要较长时间,速度较慢,弹性较差,因而财产税和资源税都不可能作为一个国家的主要税种,一般是作为地方税种。

(二) 资源税和财产税的主要税种

1. 资源税

资源税的课税对象是开采或生产应税产品的收益,开采或生产应税产品的单位和个人为资源税的纳税人,它的作用在于促进资源的合理开发和利用,调节资源级差收入。

我国于1984年10月开征资源税,按当时的条例规定,征收范围包括原油、煤炭、金属矿产品和非金属矿产品,但根据当时价格不能大动的情况,为了避免企业既得利益受到影响,资源税实际征税只限于少数煤炭、石油开采企业。资源税开征时,是按照资源产品销售利润率确定税率征收的。1986年鉴于资源产品销售利润率下降的情况,为了稳定资源税收入,决定将资源税计税办法在原设计税负的基础上,改为按产量和销量核定税额从量征收。

我国还有一个属于资源税性质的税种,即历史上延续下来的盐税。盐税与资源税相同之处在于,它也是按照不同盐产区资源条件不同,确定不同纳税额从量征收的;不同之处是盐税普遍征收,包括国家储备盐在动用时也要补缴盐税,并且盐税征税定额相对而言比资源税要高很多。

现行的资源税体现了三个原则:一是统一税政、简化税制,将盐税并入资源税,作为其一个税目,简化原盐税征税规定;二是贯彻了普遍征收,级差调节的原则,扩大了资源税的征税范围并规定生产应税资源产品的单位和个人都必须缴纳一定的资源税;三是资源税的负担确定与流转税负担结构的调整做了统筹考虑,一部分原材料产品降低的增值税负担转移到了资源税上。

1994年税制改革后资源税的征税范围包括所有矿产资源,征税品目有原油、天然气、煤炭、其他非金属矿原矿、黑色金属矿原矿、有色金属矿原矿和盐。资源税实行按产品类别从量定额计算征税的办法,设置有上下限的幅度税额,同类产品资源条件不同,税额也不相同。最新修订的《中华人民共和国资源税暂行条例》自2011年11月1日起施行,此举全面启动了国家资源税改革。根据修订后的《资源税暂行条例》,资源税改革率先在石油和天然气领域开展,采取从价计征,征收税率为 5%—10%。其中,油气税率从试点时的 5% 改为 5%—10%,这次改革暂按 5% 的税率征收;焦煤征税税额则从原来的 0.3 元/吨—5元/吨提高为 8 元/吨—20 元/吨。资源税税目税额幅度见表 7.3。

表 7.3　资源税税目税额幅度表

税目	税额幅度
一、原油	5%
二、天然气	5%—10%
三、焦煤、煤炭	8—20 元/吨
四、其他非金属矿原矿	0.5—20 元/吨或立方米
五、黑色金属矿原矿	2—30 元/吨
六、有色金属矿原矿	0.4—30 元/吨
七、盐	
固体盐	10—60 元/吨
液体盐	2—10 元/吨

2. 土地税

土地税是对土地及地上建筑物和其他附属物的所有者或使用者就其取得、持有、使用或转让土地及地上建筑物和其他附属物时课征的一种税。它是当前世界各国普遍征收的一种税。它对保证国家财政收入和促使土地资源的合理开发利用,以及调节土地级差收入有着重要作用。我国当前关于土地的税收法律法规主要有:《中华人民共和国城镇土地使用税暂行条例》、《中华人民共和国耕地占用税暂行条例》、《中华人民共和国土地增值税暂行条例》。

城镇土地使用税是对我国境内拥有城镇土地使用权的单位和个人,就其使用城镇土地的面积按规定征收的一种税。

耕地占用税是对占用耕地建房或从事其他非农业建设的单位和个人,按其所占耕地的面积和规定的税额征收的一种一次性税收。我国从 1986 年 4 月 1日起开征此税。开征耕地占用税可以在一定程度上控制占用耕地,保护耕地。同时,征收的税款可以用于土地的开发和整治,以利于稳定农业生产。

土地增值税是对转让国有土地使用权、地上建筑物及其附着物并取得收入的单位和个人,就其房地产转让所取得收入的增值部分课征的一种税。课征土地增值税可以规范房地产交易行为,合理调节土地增值收益,维护国家权益。

3. 财产税

我国现行税制中属于财产税的税种有:房产税、车船使用税、契税以及可能开征的遗产税。

房产税是以纳税人的房产为课税对象的财产税。

车船使用税是对中华人民共和国境内拥有车船的单位和个人,按照车船的种类、吨位和规定税额计征的一种税。征收车船使用税,可促使纳税人提高车船的使用效率,并可开辟财源,缓解发展交通运输事业资金短缺的矛盾,同时加强对车船的管理。

契税是对土地、房屋权属发生转移时,按照订立的契约向产权承受人征收的一种税。征收契税有利于通过法律形式确定房产的产权关系,并增加地方财政收入。我国现行有关契税的法规是国务院于 1997 年 7 月 7 日颁布,并于同年 10 月 1 日起施行的《契税条例》。

遗产税是对财产所有人死亡时遗留的财产净值课征的一种税。遗产税的功能是对遗产和赠与财产加以调节,防止贫富过分悬殊。我国近年来随着经济的发展和居民收入水平的提高,出现一些个人财产超百万、超千万的拥有者,而且这部分人的数量在逐年增加,因而适时地开征遗产税,可以避免个人财产分布的过分集中,鼓励人们依靠诚实劳动和勤奋工作致富,限制一些人通过继承财产不劳而获,养成游手好闲之风;还可以通过遗产税的减免税优惠政策,鼓励公民向社会、慈善事业捐赠的社会风尚。

二、行为目的税类

行为目的税是对纳税人的某种特定的行为征收的一种税。它是政府出于特定的社会经济政策目的而课征的税种。行为目的税具有分散、灵活的特点,需要时开征,不需要时可以停征。它不像流转税和所得税那样普遍、集中和稳定。

我国现行税制中属于行为目的税的税种主要有:固定资产投资方向调节税、城市维护建设税、印花税、屠宰税等。

固定资产投资方向调节税是对在我国境内进行固定资产投资的单位和个人,按照其投资项目实际完成的投资额课征的一种税。它主要是为了促进固定资产投资结构的合理化。目前,固定资产投资方向调节税已停征。

城市维护建设税是对缴纳增值税、消费税和营业税的单位和个人,以其实际缴纳的"三税"税额为计税依据征收的、税款用于城市维护建设方面的一种税。其实质是一种附加税。我国于 1985 年 1 月 1 日开征此税。

印花税是对经济活动和经济交往中书立、领受的凭证课征的一种税。印花税是世界各国普遍征收、历史悠久的一种税。

本章小结

本章讨论了税收分类与税制结构,最优税收理论,流转税理论与中国的流转税税制,所得税理论与所得税税制,以及其他税类。

税收分类可以从不同角度出发,如何分类取决于所需研究的问题。主要的分类标志有：按税负能否转嫁、按课税对象的性质、按税收管理权限、按税收计量标准等。我国经济学者通常按课税对象的性质把税收分为流转税、所得税、财产税、资源税和行为目的税等五类。

流转税是对商品和劳务的流转额进行课征的各个税种的总称。它可以分为四类。流转税具有易转嫁性、隐蔽性、累退性和收入稳定等特点。在我国流转税主要包括增值税、消费税、营业税和关税。增值税是对商品生产、销售或提供劳务过程中实现的增值额征收的一种流转税。它有三种类型：生产型、收入型、消费型。增值税虽然多环节征收，但具有避免重复征税等多种优点。消费税是对某些特定消费品或消费行为课征的税收。它具有较强的调节性。营业税是在商品和劳务流转过程中每个阶段都按全部销售收入征收的流转税。我国的营业税具有以第三产业为主，按行业设计税目、税率，税负低、税率档次少等特点。关税是由国家海关对进出关境的货物、物品征收的一种税。它具有组织财政收入、宏观调控和平衡国际收支等功能。依据不同的标准，关税可以进行不同的分类。

所得税是以所得额或收益额为课税对象的税类。它具有税负不易转嫁、弹性大、公平收入分配等特点。根据纳税人的不同，所得税可分为企业所得税和个人所得税。我国现行企业所得税是政府对企业的生产经营所得和其他所得征收的一种税。个人所得税是对税法规定的个人的各项应纳税所得征收的一种税。

其他税类主要包括资源税类与财产税类、行为目的税。资源税税基宽广、税源充裕。财产税能起到其他税种难以起到的独特的调节作用，被许多国家地方政府掌握，成为地方财政收入的重要来源。在我国，财产税主要包括房产税、车船使用税、契税以及可能开征的遗产税。行为目的税是政府出于特定的社会经济政策目的而课征的税种。

复习思考题

一、名词解释

流转税　所得税　财产税　直接税　间接税　从价税　从量税　价内税　价外税　增值税　消费税　营业税

二、思考题

1. 如何对税收进行分类？
2. 简述最优课税理论。
3. 试述增值税的三种类型和增值税的三种计税方法。
4. 简述我国现行的增值税制度的基本内容。
5. 试述所得税的一般特征和功能。
6. 试述我国现行的消费税和营业税的基本内容。
7. 试述我国现行资源税和财产税的基本内容。

第八章 国 债

第一节 国 债 概 述

一、国债的基本概念和性质

国债是财政部代表中央政府以债务人的身份、依据借贷原则取得财政收入的方式。国债与税收一样，都是公共收入的主要形式之一，在国民经济中起着日益重要的作用。

现代各国大都在法律中规定：当政府在确实有必要时，有权以债务人的身份向个人、企业、社会团体、金融机构以及他国政府借款。借款形成的收入是政府的债务收入，同时也是政府的一种负债，政府必须按借款时的约定方式向债权人支付利息和偿还本金。政府债券包括中央政府债券、地方政府债券和政府机构债券，国债只是政府债券中的中央政府债券。国债的债务人是国家，对债权人负有按期还本付息的义务，国债持有者是债权人，享有按协议收取本息的权利。因此，在国债活动中形成的是一种双方自愿的交易关系，这完全不同于税收所反映的政府向纳税人单方面进行的强制性与无偿性的征收所形成的征纳关系。

（一）国债的特征

国债首先具有与其他债务一样的共性特征：有债权人和债务人，并享有相应的权利和义务；是筹资者筹措资金的手段和金融投资者的投资工具，可以流通和转让；一般用债券表明债权和债务的凭证。

国债也有其自身的显著特点：一是安全性好。与其他债券相比，国债是最保险、最安全的。因为有国家财政作担保，并且国家有增发货币的权利，国债的还本付息是有保证的。二是收益稳定。国债风险小，安全可靠，政府又有着高度的信誉，其市场价格相对比较稳定，国债持有者不仅在国债到期时能稳定地收取本息，即使在国债到期前需要变现，拿到市场上转让，也因国债价格稳定而一般不会收益损失。因此，国债几乎是一种没有风险的、有可靠的较可观收益的信用投资。三是流通性强。由于国债的发行量大、信用度高，其流通性是其他有价证券无法比拟的，变现非常容易。在国债市场发达的国家，国债常被作为"准货币"流通。

安全性、收益性、流通性通常被称为国债的"三性"，国债的这些特点使之享有"金边债券"的美誉。有人将我国的国债称为"超金边债券"，原因在于我国的国债是无风险性和高收益性并存,国库券的利率比银行同期存款利率还高。

（二）国债与税收的区别

国债和税收都是政府的公共收入来源,但他们之间的差异较大,主要表现在税收是政府强制获取的,且不能完全对应偿还。而国债是按法律规定或合同约定发生的债权和债务关系,是必须还本付息的。

与举债相比,税收的收入来源较有保证,成本低,无需考虑偿还问题,但在政府缺乏资金时,增加税收或提高税率需要通过立法程序,难度较大,影响面宽,且审批程序十分复杂;而借债相对来说较为容易,因此各国政府基本上采用举债的形式,吸收闲置资金,以解决政府的部分资金需求,特别是外债可补充本国资本的不足,因而向国外借款可以视为发展的一种工具。

从本质上看国债和税收有如下几个区别。

1. 税收负担与国债负担的归宿时期不同

政府通过征税获得公共收入,税收负担落在当期公众身上,或说是那些税负的最终归宿上。但是通过发行公债来获得公共收入时,购买政府国债的人虽然在现期向政府提供资金,但是将在未来得到利息与债权资信,因此国债债权人并不承担国债负担。国债的最终负担将落在发行国债之后的纳税者身上。

2. 税收和国债的经济效应不同

税收和国债将引起不同的个人行为,税收会影响当期个人消费行为与资本积累行为,因为征税实际上减少消费者的当期的可用于个人消费的收入,即减少了个人的消费与储蓄总和,增加了政府的可用于公共支出的资本积累。而国债可以说是一种特殊的储蓄形式,不改变现期个人可支配收入与财富存量,从而不会改变消费支出与资本积累水平。

二、国债的种类

根据划分类型的标准不同,国债的种类涉及不同的期限,不同的付息方式,不同的发行目的,等等。这里介绍几类基本的国债种类。

（一）按发行性质的差异分类

根据国债的债权债务关系的建立是否自愿为标准,可将国债分为强制国债和自愿国债。

强制国债是国家凭借政权的力量,以强制购买的方式发行的国债,认购主体不论愿意与否,均必须购买。一般以分摊的方式发行。第二次世界大战时,英国政府发行的强制公债,就是要求人们在交税时按一定比例认购。我国在改革之初也曾采用过由上到下按地区、单位的人头分摊国债指标的发行方法。强制国债是一种不完全的国家信用活动,往往是在国家财政处于极度困难的环境时才被采用。

自愿国债是指国家按照信用原则,以经济利益吸引购买者自愿认购而发行的国债。从国债的特性可知,国债应该是完全建立在自愿基础上的,因而它是一种完全意义上的国家信用行为,易于公民接受,因此现代各国的国债一般都是自愿国债。

（二）按国债的发行地域分类

按国债的发行地域不同,可将国债分为内债和外债。

内债是政府在本国境内发行的国债,其认购主体通常是本国公民和经济实体,内债的债权人是本国公民和法人,国债的发行与还本付息一般以本国货币为计量单位。外债是政府在本国境外发行的国债,外债的债权人是外国政府、国际金融组织、外国银行、外国企业和个人,国债的发行与还本付息基本上以外币计量。

国内国债和国外国债的区别不仅在于两者所处的地域不同,更主要的差别在于:形成债务收入的资金来源不同,国内国债的资金来自于国内资金,这只是国内资金在政府部门与非政府部门之间的一种再分配,不会因借债而增加国内资金的总量。而国外国债的资金来源于国外,因此政府借债可以在一定时期内增加本国可支配的资金总量。在国内和国外发行国债,对本国经济运行会产生不同的影响,因此,按发行地域来划分国债有着重要的意义。

值得指出的是,内外债的区分标志是国债发行的地域特征,它与认购者的国别和认购货币的国别无关。外国公民在发行国境内以外币购买国债,也作内债视之;反之,如果本国公民在境外购买国债,则以外债视之。

（三）国债的偿还期限分类

偿还期限指政府从借入债务到偿还债务的时间,按偿还期限分类,国债一般可分为短期国债、中期国债和长期国债三种不同的期限类型。

短期国债通常指一年期以内的政府债务,其时间一般以周为单位,其内容包括政府向中央银行的直接短期借款、透支和国库券等。其中最典型最规范的短期公债形式是国库券,又叫做国库周转券,它的特点是用于解决国库由于税收入库与支出拨付在时间上的脱节而造成的财政资金短缺,因此国库券的还本资金通常是当年的税收。

中期国债一般指一年以上十年以内的政府借债。中期国债一般根据期限长短的不同将其用于不同的财政支出项目,因而是弥补年度预算赤字的主要手段。

长期国债的期限通常在十年以上,有的可长达二三十年。长期国债一般多用于特定的公共支出项目融资。

（四）按照利率的确定方式进行分类

按照利率的确定方式不同,国债可以分为固定利率国债和浮动利率国债。

固定利率国债的利息率在发行时就确立下来不再变动,无论今后物价怎样变化也不做调整,以后国债利息支付都按既定利率来计算。浮动利率国债的利息率则可以随时根据物价指数或市场利息率的变动而进行调整。在一般情况下,国债大多采用固定利率,仅在通货膨胀比较严重,或通货膨胀预期较高时,才采用浮动利率国债,以利于国债的发行。

（五）按照流通性进行分类

按照国债可上市流通与否,国债可分为可流通国债和不可流通国债。

可流通国债也称可上市国债或可转让国债。它能够在证券市场上自由买卖和转让,这种国债的发行往往以不记名的形式进行。可流通国债的市场价格由市场利率、国债的供求情况,以及国债的到期时间等因素决定。可流通国债所具有的可流动性使投资者可以在需要时随时兑现国债,从而可以降低投资者的机会成本,提高其投资收益率,进而对投资者有较大的吸引力。

不可流通国债也称非上市国债或不可转让国债。不可流通国债不能在证券市场上公开出售,只能由政府到期还本付息,这种证券的发行有时采用记名的形式。不可流通国债由于其流动性差,因此其投资的机会成本也比较高,国家往往需要在利率、偿还方式等方面给予更优惠的条件,必要时还要给予保值贴补。

（六）按照国债的付息方式分类

按国债的付息方式分类,国债可分为付息国债和贴现国债。付息国债是按照票面上载明的利率或票面上载明的方式支付利率的国债。常见的是国债票面上附有支付利息的息票,国债持有者在指定的地点和规定的时间内凭息票领取利息。贴现国债是券面上不附息票,发行时折价发行,在国债到期时按面额兑付,此时,面额与发行价之差就是国债的利息。我国 1996 年前发行的国债大多数是付息国债,国债到期时一次性还本付息。1996 年发行了每年付息一次的附息国债,同年也第一次发行了贴现国债。

另外,还有其他一些分类,如按照国债有无特殊用途进行分类可分为特种国债与一般性国债,按照国债的募集方式分类,国债可分为公募债券和私募债券。国库券基本上是对社会公开发行的公募债券,重点建设债券和财政债券是对特定对象发行的私募债券。

三、国债的功能

国债的功能是指国债本身所固有的内在功能,在市场经济条件下,国债具有以下功能:

（一）作为筹集资金手段

首先,它作为一种筹资工具,是国家筹集建设资金,促进经济发展的重要手段,几乎所有发达国家的经济腾飞都是依靠国债来筹措巨额资金的。

当国家正常的财政收入难以满足支出需要而出现收支差额,即财政赤字时,发行国债筹措资金来弥补财政赤字是国债的首要功能。这是因为发行国债只是社会购买力从国债认购者向政府转移,它改变的只是社会需求结构,而不增加需求总量,不易引起通货膨胀。另一方面,国债的认购者是独立的社会各经济组织和个人,购买者的负担相对较轻,对经济发展的负面影响较小,这比向银行透支或仅集中于向一家或几家银行借款的风险性要小得多。

（二）作为信用投资工具整合资源配置

发行国债,增加新的投资工具,这不仅大大丰富了人们的投资选择,使资本不需要仅仅集中于储蓄部门,这有利于降低银行体系的风险。由于国债有较高的收益率和较小的风险,国债对于投资者而言是一种优质的投资选择,极有投资价值。国债作为一种金融资产和重要的投资工具,倍受投资者青睐,它为投资者开辟了一条收益高、风险小、省时省心的投资渠道。

另一方面,财政部门通过发行国债,将属于暂时闲置的货币资金集中起来,供国家集中安排使用,实际上是政府对 GDP 的再分配,反映了社会资源的重新配置。国家通过国债集中货币资金,将这部分资金用于生产建设,将扩大社会的积累规模,改变既定的积累与消费的比例关系;将这些闲置资源投向公共消费领域,则扩大社会的消费规模;将这些资源投向国家的基础产业、支柱产业和重点产业,有助于实现国民经济产业结构的合理化和高级化。

（三）调节经济运行

国债的调节经济功能是国债本身所固有的一个功能。事实上,国债的发行、偿还、使用都会对经济发展、资源配置和收入分配产生调节作用。国家可以运用国债机制,灵活地调节社会的有效需求,改变社会总供求的失衡关系,并引导社会资金的流向和流量,从而实现社会供求的总量平衡和结构平衡,有助于国民经济的稳定发展。国债在国家实现宏观调控具有不可替代的作用,这不仅是因为发行国债可以极大地增强财政用于宏观调控的财力,还在于国债的发行及其收入的使用,对经济社会将发生诸多的效应。政府有计划地借助国债发行和收入的使用,就可以有效地达到宏观调控的预期目的。比如中央银行可以通过公开市场业务,依靠买卖国债来调节流通中的货币量,使货币流通量适应经济协调发展的需要。

第二节　国债的规模和负担分析

一、国债的规模

国债规模是指国家负债的总水平,是公共收入规模的影响因素之一。国债规模的内容包括当年发行的国债总额、历年国债累积债务的总规模、当年到期需还本付息的债务总额等。国债的发行,首先要考虑发行量的多少问题。但国债的发行并不是一个无限的量,国债规模也存在一个适度的问题。如果国债规模失控,不但难以发挥其应有的正效应,反而会给国家财政和社会经济的正常运转带来消极影响。

国债发行规模的大小,一方面取决于国家对债务收入资金的需求量,另一方面又必须考虑到未来的债务负担,此外,还取决于政府贯彻实施有关财政经济政策的客观需要。在现实生活中,国债的发行量要受很多因素制约,这些因素主要有:

(一)社会的应债能力,即社会上是否有足够的资金来承受债务规模

国债的应债来源从国民经济总体看就是 GDP,所以国债限度通常用当年国债发行额或国债余额占 GDP 的比重来表示,称为国债负担率。从国债的应债主体看,主要是社会上的个人和应债机构,社会上个人和应债机构的资金能力是制约国债规模的重要因素,国债的发行量首先受认购者承受能力的制约。

个人的承受能力是指一定时期内居民个人对国债的认购能力。这一能力又主要受制于两个因素,即居民的收入水平和社会平均消费水平。一般说来,居民收入水平越高,社会平均消费水平越低,则其收入中可能用于购买国债的部分可能就越多,其对国债的承受能力也就越强,反之而反是。国债发行规模占城乡居民储蓄存款的比例是衡量居民个人应债能力的一个重要指标。如我国,虽然随着金融市场的发展,居民可选择的金融资产逐渐增加了,但居民的收入也相应有了很大提高,城乡居民储蓄存款额仍是我们分析应债能力的重要依据。

各应债机构的承受能力是指一定时期各经济实体对国债的认购能力。制约这一能力的因素也有两个,即各经济法人实体自有资金的数量和维持正常积累及兴办各项事业对资金的正常需要量。各经济实体对国债的认购能力与前者成正比,与后者成反比。即各经济实体自有资金越多,企业积累规模及事业发展对资金的需要量越小,则其中可动员于购买国债的份额越大,反之则反然。

(二)政府的偿债能力,即政府作为债务主体对其所借债务还本付息的能力

国债是要偿本付息的,政府借债时获得了财政收入,但在偿还时则属于财政支出。还本付息便构成政府负担,即财政负担。国债的发行规模必须考虑政府的财政承受力,如果不充分考虑政府的偿债能力而过量发行国债,就有可能导致政府的债务危机和国民对政府的信任危机。

政府的偿债能力通常由财政收入增长速度和国内生产总值(GDP)增长速度两个因素决定。前者反映了一定时期财政收入规模扩大的趋势,后者反映了一定时期经济发展的状况及国民经济发展对国债的承受能力。其中国内生产总值(GDP)增长速度是根本,公共收入增长速度则取决于政府的公共收入政策。如果 GDP 增长速度越快,则一定时期的 GDP 在满足正常的投资和消费后,有较大的余地为政府所调度,此时,如果正常的公共收入不足以抵偿债务,政府可以

通过继续发行新债来归还旧债,从而缓解政府的还债负担。在 GDP 一定的情况下,公共收入的规模越大,则公共收入在满足了其他正常支出后,可能用于归还到期国债本息的资金越多,政府对国债的偿还能力越强。反之则越弱。

（三）国债的"挤出效应",即因国债间接或直接抽走的资金对社会扩大再生产的影响

国债的使用效益是国债规模的又一重要因素,适度的国债规模不仅要从有关指标的相对数和绝对数来看,还要从国债最终的使用效益来考察。如果国债用于投资收益较高的生产性建设项目,国债再投资的收益可以满足还本付息的需要,不会形成国家的债务负担,在这种情况下,国债的规模可以大一些,如果国债用于社会效益型项目,或国债再投资的收益不足以支付国债的还本付息,这会造成国家的新的负担,则国债规模就应小一些。

（四）对货币流通量的影响,即国债规模对社会上货币供给的影响,从而对价格水平的影响

除了社会应债能力、政府的偿债能力和国债的使用效益等制约国债发行量的主要因素之外,社会总供给的结构和外贸出口创汇能力也是控制公债规模时应该予以考虑的。

在确定国债发行量时,要对国债再分配所引起的物资需求结构的变化进行估计,这时候社会总供给的结构就成为其发行量的一个制约因素,物资供给不足将会引起资源配置低效。这是因为发行国债会引起国民财富分配结构的变化,进而引起社会需求内部结构的变化。在通常情况下,这种变化主要表现为消费需求向投资需求的转化,或者投资需求内部结构的重组,这必然受到一定时期既定的供给结构的制约。

外贸出口创汇能力主要是制约外债规模的一个重要因素。外债需用外汇偿还。因此,外债的规模不仅受国内经济发展的制约,而且还受外贸出口创汇能力的制约。外贸出口创汇能力强,则外汇收入在应付了正常外汇支出后仍有较大的余额偿付到期外债本息,外债的规模就可以大一些;反之,则只能小一些。

二、衡量国债适度规模的指标及其控制

适度的国债规模通常是采用一系列指标来衡量和控制的。目前国际上一般采用的基本指标主要包括:国债依存度,国债负担率,国债借债率,国债偿债率。

（一）反映国债规模与国民生产总值关系的指标

1. 当年国债发行额与国民生产总值的比率

这是指当年国债发行额占当年国民生产总值的比例。这一指标一方面反映当年国债发行总量与经济总规模的数量关系;另一方面则反映了当年国家通过国债再分配对国民生产总值的占有情况。计算公式为:

$$当年国债发行额与当年国民生产总值的比率$$
$$= 当年国债发行额 / 当年国民生产总值 \times 100\%$$

发行国债是对当年国民生产总值的一种再分配,其对社会需求总量的影响似乎不大,但在负债期和偿还期则形成国家的债务余额,影响国家还债能力,因此,对这一指标也应该作合理的控制。经验数据是控制在 5%—8% 之间。

2. 国债负担率

这是指国债余额和当年国民生产总值的比率,其中,国债余额是指历年发行的国债到当年为止尚未偿还的累计余额。这一指标反映国家国债总额与国民生产总值的数量关系,体现了国民负担国债的情况,它是衡量经济总规模对国债承受能力的重要指标,也是用于反映国债规模的主要指标之一。计算公式为:

$$国债负担率 = 国债余额 / 国民生产总值 \times 100\%$$

利用这一指标控制国债规模,在国际上有一个相对标准,即国债负担率以控制在 10% 左右,不超过 15% 为宜。

3. 偿债率

这是指当年国债还本付息额与当年国民生产总值的比率。这一指标反映当年国家债务偿还额与国民生产总值的数量比例关系。其计算公式为:

$$偿债率 = 当年国债还本付息额 / 当年国民生产总值 \times 100\%$$

控制偿债率的关键是控制国债发行额,通常情况下,这个指标以 5%—6% 为宜。

(二) 反映国债规模与公共支出关系的指标

1. 国债依存度

这是当年的国债发行额占当年公共收入的比率,它表示公共收入对于国债的依存程度,是控制国债规模的重要指标。其计算公式为:

$$国债依存度 = 当年国债发行余额 / 当年的公共收入总额 \times 100\%$$

根据国际通用的指标,国债依存度一般在 15%—20% 左右为宜。

2. 财政债务负担率

这是指当年国债余额与公共收入的比率,这一指标反映历年发行的国债到当年为止尚未偿还的余额与公共收入的数量比例。其计算公式为:

$$财政债务负担率 = 当年国债余额 / 当年公共收入额 \times 100\%$$

3. 财政偿债率

这是指当年国债还本付息额与当年公共收入的比率关系,它反映当年财政所承担的还债负担,也反映了公共收入中政府可直接支配的数额及通过国债偿

还转移给债权人的财力数额;在借新债还旧债的情况下,它还制约着当年国债的发行规模。其计算公式为:

$$财政偿债率 = 当年国债还本付息额 / 当年公共收入 \times 100\%$$

一般认为,这一比例应小于 20% 为宜。

三、国债的负担分析

(一) 分析国债负担的角度

国债的负担包括两方面内容,一是国债作为政府的债务,必然会形成政府还本付息的财政负担,二是政府还本付息的财政资金是由谁负担的,是否造成了公众的负担。因此分析国债的负担实际上是分析国债还本付息的资金来源,由谁负担以及这种负担是否合理。除了用国债还本付息的金额或它占政府收入和支出的比重等来衡量这一负担外,更重要的是要从国债的整个过程、国债对收入分配的影响等方面来考察。

1. 从国债过程看国债负担

从国债过程看国债负担,就是从国债的发行、使用以及偿还的整个过程来考察国债的负担。政府在发行国债时取得了一笔收入,它在一定时期内可以使用,待国债到期再还本付息。对政府或整个社会而言,国债的全过程是否形成国债负担取决于国债资金的来源、使用方向以及使用效果如何。如果政府将债务收入投入有直接收益的项目,用项目的收益建立偿债资金来还本付息,则在这种情况下,国债的使用增加了社会福利,因而不会造成政府财政的负担,也不会增加纳税人的负担,这应该是国债活动的最佳状况。但是,如果这笔资金所带来的经济效益小于还本付息金额时,我们就认为国债形成了负担。

2. 从国债分配效应看国债负担

从国债分配效应看国债负担,就是从收入分配的角度来分析国债对不同社会成员所产生的影响,即分析社会中哪些人受益,哪些人受损。

如果国债的确给整个社会带来负担,即国债对社会总福利产生了不利影响,那么这种负担最终的承担者将会是社会成员。因为政府可以通过各种手段取得收入以弥补损失,不是国债负担的最终承担者。从整个社会来看,是政府对社会成员收入进行的一次再分配,虽然这只是资金的内部转移,但对各社会成员来说,其收入再分配的意义是不同的。

与国债过程有关的社会成员有三种:一是国债的持有者或债权者,二是国债资金使用的受益者,三是还本付息资金的提供者。国债的持有者或债权者有到期支取本息的权利,如果是由用国债投资的利润来支付,则提供者是政府,如果是通过税收收入来支付,则提供者是纳税人。要研究国债负担与收入再分配的关系,就是要分析国债过程中各社会成员担任的角色,以及这些角色所处的地位。

（二）短期国债的负担分析

短期国债对收入分配的影响表现为同一时期内社会各成员之间的利益转移。对国债持有者而言,如果能在规定的期限内取回预期的本息,则国债对其并不构成经济负担,相反,他会因为国债的高利率获得额外的好处。国债资金或用于消费,或用于投资,两者将产生不同的国债负担。

1. 短期国债用于消费——公共提供

如果国债筹集的资金用于消费,国债资金使用的受益者就是公共提供的消费者。各社会成员之间受益大小不同,这主要取决于国债资金提供的产品或服务的属性,此外,还有消费者个人对公共产品或服务的主观效用评价。

（1）偿债资金依赖于税收的国债负担。只要短期国债提供的是消费性的产品,那么偿债资金将依赖于税收。一般说来,短期国债提供的是短期公共产品,那么公共产品的受益者与为偿还国债而承担税负的纳税人就基本上是同一代人,这等于是公共产品的消费者为自己的消费付费,只不过不是用支出当期的税收支付,而是用延期了的税收来支付。那么国债负担的问题也就是国债资金使用的受益归宿与为国债还本付息而征税的税负归宿问题。

在理想的情况下,受益归宿应该与税负归宿一致,即按照税收的受益原则征税,国债的受益者就是本息的支付者,各人按其受益大小来承担成本。此时,国债对收入分配的影响是中性的。但在实践中,税收不可能完全按照受益原则来征收,由于公共产品对社会成员而言,基本上是平等受益的,而在量能付税的情况下,税额的分担却不是均等的。因此可以说,用国债融资扩大的公共产品供应在以税收偿还的条件下,具有同税收一样的收入再分配效应,越是累进性的税制其再分配效应也越强。一般而言,国债所筹集的资金用于主要使低收入阶层受益的项目,这会使高收入阶层利益受损,而使低收入阶层受益。

（2）偿债资金来源于货币发行的国债负担。这实际上是一种"通货膨胀税"的方式,即向货币持有者按照货币持有量征收比例税。每一个货币持有者都会承担货币贬值带来的损失,而债权人更会因本金和利息的贬值而受到更大的损失。因此在以发行货币的方式来还本时,国债负担是由所有的货币持有者来分担的,而国债持有人的负担相对更大一些。

2. 短期国债用于投资

在这种情况下,国债是否会产生负担,取决于公共生产的效率。

（1）公共生产具有效率。将短期国债用于投资,如果公共生产是有效率的,则从公共生产中的得益不仅可以弥补产品的生产成本,还能使投资者获得利润,利润能够偿还贷款的利息。此时,国债持有者到期收回本金和利息,他的经济利益未受损;国债的使用者——公共部门因此而获得了利润。在这种情况下,国债不给任何一方造成负担。

（2）公共生产效率低下。如果公共部门将国债收入用于低效率的公共生产，那么将出现收不抵支，无法偿还国债利息的情况。其结果与提供消费产品类似，如果偿还债务依靠政府部门征税，就使纳税人产生了新的负担；如果是通过增发通货来偿还债务，则国债的负担者是货币持有者及债权人。

（三）国债的代际负担分析

从长期国债和不断借新债还旧债推延债务期限的情况来看，国债的还本负担将推延至后代人。如果国债使当代人受益，使下代人受损，我们就认为国债造成了代际负担。

我们同样从国债的资金用途——消费及投资两方面来分析国债的代际负担。

1. 政府部门的国债用于消费——经常性支出

若政府部门的国债用于本期的消费性支出，而本期又不准备偿还这笔债务，以发新债还旧债的方式将偿债责任推向未来，那么，未来社会的某一代人最终将要承担债务。这样做便产生了一般意义上的代际负担。

此外，当我们考虑到国债资金的来源以及使用的效果时，国债对后代还可以产生一种超额的负担。一般来说，国债主要来源于储蓄资金，而这部分资金是企业投资的资金来源。由于国债的发行，挤占了储蓄资金，私人投资减少，而且国债收入用于政府的经常性支出，所以社会的总投资必然下降，这就使未来社会失去了一笔本可不断创造收入的资产，从而使得产出能力以及可获得的福利水平下降。在这种情况下，国债给下一代造成了额外的负担。

2. 国债用于投资——投资性支出

如果国债用于公共部门的投资性支出，它是否会造成代际负担取决于公共部门与私人部门的投资收益率的大小。若由国债所支持的公共企业部门投资的收益率高于它所排挤的私人企业部门投资收益率，则国债不仅不会给后代造成负担，而且还会提高未来社会的福利。反之，若国债所支持的投资项目的收益率低于它所排挤的私人企业部门投资的收益率，若干年后，国债用于公共投资所形成的资产显然要少于私人企业投资所形成的资产，这就减少了未来社会可得的资产，从而降低了后代的福利。在极端的情况下，公共企业部门投资不仅没有收益，而且还发生亏损，则在未来社会可继承的资产大大小于将资金投资于私人部门的情形。在这种情况下，国债显然给后代造成了沉重的负担。

国债若用于消费，挤占私人部门的投资，则必然产生代际负担；用于投资，则可能不产生负担，国债是否会造成代际负担，要取决于投资的效率。一般说来，若国债将资金从效率较低的部门引向效率较高的部门，那么后代就会受益；反之，国债将使后代受损。因此，国债的效率界限同时也是鉴别它是否会造成代际负担的界限。

我们在前面的分析中都是以社会总需求水平既定为前提的。增加政府部门的国债就必定减少等量的企业部门的投资,增加公共企业部门国债就必定要使私人企业部门的投资等量地减少。但是,如果不要这个前提假设,情况会怎么样呢? 一般说来,如果国债能促进总需求就不会造成代际负担。如果国债来源于社会的闲置资金,这部分资金未被私人投资者用于创造财富,在这种经济状态下,社会总产出水平尚未达到潜在的总供给所能达到的水平。在这个时候利用国债筹集闲置资金,将使总需求增加,并由此使总产出增加。显然国债在这种假设前提下并不会造成代际负担,也不会造成短期负担。

第三节　国债的发行与偿还

一、国债的发行

国债的发行指国债售出或被个人和企业认购的过程。它是国债运行的起点和基础环节,其核心是确定国债的发行条件和国债的发行方式。

（一）国债发行条件

国债发行条件涉及的问题较多,如国债的票面额、期限、利息率、发行价格、偿还方式、能否转让等,都属于国债的基本条件,但相对重要的是发行期限、国债发行利率和发行价格的确定等。

1. 发行期限

国债的期限是指国债发行日到偿清本息的这段时间。国债的发行期限是根据国家财政对短期与长期资金的需求、已发行国债的偿还时间、未来市场利率水平的变化趋势及投资者的偏好等因素来确定的。国债期限设计得是否合理,对于国债能否成功发行以及能否在规定的期限内还本付息至关重要。因此,在设计国债期限时,应考虑以下因素:

（1）已发行国债的期限结构。政府在确定发行新的国债发行期限时,必须先对已发行但尚未偿还的国债期限结构状况进行分析,使还本付息支出在当前及今后一段时间内均匀分布,防止出现偿债高峰。如当前旧债的还本付息相对较大,近期内应多发中长期债券;反之,应多发短期债券。

（2）政府筹资用资的目的。国债发行的期限结构应尽可能与政府的筹资用资目的相吻合。如果筹资是用于调节季节性的收支差额,则应设计短期债券;如果筹资是用于投资公共工程建设,则应根据工程建设周期和投资回收期设计中长期债券。

（3）市场利率水平。国债发行期限结构的成本受到现在和将来市场利率水平的影响,因此在设计国债发行期限时,需以现在的市场利率为基准,对将来市场利率的走势进行分析预测。如预期市场利率会上升,则应以发行期限较长的债券为主,以避免因市场利率上升所带来的筹资成本上升;反之,应多设计短期债券,以降低筹资的利息成本。

(4)国债交易市场的发育程度。如果国债交易市场发育成熟,开发程度高且流通性强,发行中长期债券就比较顺利;反之,如果流通性不强、变现能力差,投资者就不愿购买中长期债券,因而只能发行短期债券。

(5)政府的宏观调控政策。在现代市场经济条件下,政府可以通过发行期限结构长短不同的国债来对经济波动进行调控。如当经济处于衰退时期,政府通常要实施扩张性政策,以刺激经济增长。为了能在短期内筹集到更多的资金,就需要增发短期债券;反之,当经济处于过度繁荣时期,政府通常要实施紧缩性财政政策,发行中长期债券,以减少市场货币流通量,抑制通货膨胀。

截至2003年底,我国已经发行过3个月、6个月、1年、2年、3年、5年、7年、9年、10年等期限的国债品种,其中又以3年、5年期品种为主。

2. 发行利率

国债的发行利率,也即国债的票面利率,是国债的票面利息额与本金的比率。国债利率的高低直接影响着发行主体的筹资成本及认购者的投资热情,它是衡量投资者参与国债发行市场投资收益的重要指标。影响国债发行利率的主要因素有:

金融市场的利率水平。在市场经济国家,市场利率是制约国债利率的主要原因。市场利率一般指证券市场上各种证券的平均利率水平。国债利率必须与市场利率保持大体相当的水平才能使国债具有吸引力,才能保证国债发行不遇到困难。当前我国经济中,由国家制定的银行利率起主导作用,市场利率是在银行利率基础上受资金供求状况而有所浮动。国债利率主要是以银行利率为基准,一般不低于或略高于同期存款的利率水平。国债投资者在考虑投资利益时,最直接最简单的比较就是购买国债比银行存款是否合算。随着我国国债利率市场化进程的加快,国债的票面利率将更多地与二级市场收益率及银行同业拆借市场利率联系起来。制定国债的发行利率必须考虑金融市场的利率水平。金融市场利率高,国债利率必须相应提高,反之亦反。

政府信用的状况也是影响国债利率的一个重要因素。尽管国债利率在很大程度上受制于市场利率或银行利率,但两者并非是完全一致的,这是因为国债作为一种特殊的信用形式,还受政府本身信誉的影响。政府的信用状况与国债的发行利率呈反方向变化。如果政府信用很好,意味着国债风险小,收益稳定可靠,则国债利率可以确定得较低些;如果政府信用较差,意味着国债风险比较大,则国债利率必须确定得高一些,只有这样才有可能吸引国债投资者。

国债的发行利率水平还受到社会资金供求状况的影响。国债利率应当反映资金供求的关系。若社会资金供给量充裕,闲置资金较多,国债利率可以从低设计;若社会资金需求旺盛,供给匮乏时,国债利率应从高设计。如果在制定国债的发行利率时忽视了社会资金供给量这一重要因素,在资金匮乏时从低制定国债利率,而在资金充裕时又从高制定利率,其结果不是对国债发行不利,就是增大政府的筹资成本。

国债的期限长短。由于国债期限的长短对国债投资者的收益及资金的流动性和安全性有重大影响,所以决定着国债的利率水平。一般而言,国债利率的高低与其期限的长短呈同方向变化。如果国债期限较长,意味着投资者的风险较大,因而必须将国债的利率定得高一些,才能吸引投资者;如果国债期限较短,意味着资金流动性好且风险小,所以可以将国债的利率定得低一些,中期国债利率应界于两者之间。但当国债利率的设计服从于国家宏观调控政策目标时,国债利率有可能与期限相背离。

国债的计息形式及利息支付的方式。国债的付息方式一般分为一次性付息和分期付息两种。一次性付息又分为单利计息和复利计息,单利计息指到期还本时一次支付所有应付的利息,利息按本金计算,到期前应付的利息不加入本金计算;复利计息是指到期还本时,将国债还本偿还前按年所生利息加入本金计算,逐期增加计息基数。单利计息和复利计息对投资者的实际收益水平和政府财政的筹资成本有着不同的影响。在实际收益水平已定的情况下,按单利计息的票面利率应高于按复利计息的票面利率,到期一次付息的票面利率应高于分期付息的票面利率。

在正常的情况下,政府确定国债利率就是以上述几方面的因素为依据的。但国债发行利率的确定还必须考虑到国家产业政策和经济发展政策目标的要求。有时政府为了实现特定的经济政策,选择较高或较低的国债利率,以诱导社会资金流向,刺激或抑制生产与消费,也是十分必要的。在现代社会中,利用国债利率升降调节证券市场运行和资金运转是政府实现宏观经济管理的重要手段之一。

我国发行国债的历史较短,同时受客观经济条件的限制,对国债利率的选择还处于探索阶段,国债的利率水平和结构也不尽合理。国债利率主要是依据国家制定的银行利率水平、其他证券的利率水平和物价水平,再考虑国家财政的需要,进行综合测定。我国的国债利率过去一直偏低,不仅低于其他证券利率,甚至低于同期的银行储蓄利率。在社会资金严重短缺并存在通货膨胀的情况下,低利率必然造成国债发行的困难,也势必导致推销上的行政摊派和强制认购,从而影响国债的声誉。1989年以来,向个人发行的国库券提高了利率,甚至高出同期储蓄利率,但这又会增加发行成本,使政府债务负担加重。我国的利率结构也不够合理,不仅不同期限国债的利率的差距不大,而且也缺乏弹性,与世界大多数国家国债利率多级化、弹性化的先进做法差距较大。近年来,我国逐步建立和完善资金市场、证券市场和国债市场,在此基础上确定国债利率水平并运用国债利率调节社会经济运行。在当前的情况下,一是要保持利率水平略高于同期银行储蓄利率,略低于其他证券利率,并坚持推行国债的自由认购;二是对同期限、不同用途的国债规定差别较大的结构性利率,长期国债利率高于中期国债利率,中期国债利率高于短期国债利率,经济建设债券利率高于国库券和其他财政债券利率。

3. 发行价格

国债发行价格,就是政府债券的出售价格或购买价格。政府债券的发行价格不一定就是票面值,它可以低于票面值发行,少数情况下,也可高于票面值发行。按照国债发行价格与票面值的关系,可以分为平价发行、折价发行和溢价发行三种发行方式。

(1)平价发行也称等价发行,就是国债的发行价格与票面值相等。政府债券按票面值出售。认购者按国债票面值支付认购金,政府按票面值取得收入,到期亦按票面额偿还本金。

平价发行一般有两个前提条件:一是市场利率要与国债发行利率大体一致。如市场利率高于国债利率,按票面值出售便无法找到认购者或承购者;市场利率低于国债利率,按票面值出售,财政将遭受不应有的损失。二是政府的信用必须良好。只有在政府信用良好的条件下,认购者才会乐于按票面值认购,国债发行任务的完成才能有足够的保障。

(2)折价发行,就是政府以低于国债票面值的价格来发行国债,即认购者按低于票面价格的价格支付认购金,政府按这一折价取得发行收入,到期仍按票面价格还本。此时,国债认购者除了获得利息收入外,还得到面值与发行价格之差的额外收益。

国债以低于票面值的价格发行出售,主要原因是国债的票面利率低于市场利率,政府只有降低发行价格,且发行价格低于票面值的溢差可以补偿认购者票面利率低于市场利率而蒙受的部分损失,才能吸引投资者认购。有时在发行任务较重的情况下,为了鼓励投资者踊跃认购,也采用降低发行价格的方式促销。

(3)溢价发行就是政府以高于国债票面值的价格来发行国债,即认购者按高于票面值的价格支付认购金,政府按这一增价取得发行收入,在国债到期时按票面价值偿还本金。

溢价发行比较有利于增加国家财政收入,但在正常情况下,是难以推行的。只有在下述两种情况下才能办到:一是国债利息率,高于实际市场利率,足以补偿溢价发行的差额,以致认购者乐于把资金投向国债,从而导致国债供不应求,这样,政府就可以溢价发行;二是在预期市场利率下降的情况下,为了减少国家财政偿还利息的支出,采取溢价发行,可以提前取得差价收入以缓解未来的高息负担。

需要说明的是,折价发行与溢价发行必须要有市场化的发行方式相配套。不引入竞争投标方式吸引承销机构和投资者,仅靠政府则难以确定折价或溢价的合理范围,也不利于形成比较合理的发行条件和发行成本。

另外,除上述三种发行价格方式外,还有国债的贴现发行方式。所谓国债的贴现发行,就是按贴现利率计算出贴现利息,用票面金额扣除贴现利息后的国债发行方式。国债到期时,按票面金额兑付,不再计算利息。贴现发行虽然与折价发行都是以低于票面金额的价格出售国债,但折价发行按票面金额兑取本金时还要取得利息,发行时的折价只是作为损失的补偿或者额外收益;贴现发行则只按票面金额兑付,其发行时的“折价”实为政府提前支付的利息。

当今世界各国一般采用平价发行和折价发行的方式。我国也长期使用平价发行方式。目前,我国国债的发行价格主要有两种方式:一是附有票面利率的国债以面值发行,即平价发行;二是无票面利率的国债以低于面值的价格发行,即贴现发行。

国债发行价格的高低,受多种因素的影响,归纳起来主要有以下几点:

利率水平。包括国债的票面利率水平和市场实际利率的变动情况。如果发行时国债票面利率高于市场实际利率,国债发行价格就有可能高于票面值;反之,国债票面利率低于市场实际利率,国债发行受阻,只有以低于票面值的价格出售国债;当国债票面利率与市场利率水平大体相当时,才可采取等价发行的方式发行国债。

国债的期限的长短。期限长短与票面利率同向变动,一般而言,期限长利率高,期限短利率低,而利率的高低又直接影响发行价格的变动。在利率既定的情况下,期限长的国债出售,一般价格要低些,才能保证投资者的收益。

另外,政府的信用程度,国债交易市场的发达程度,以及发行者所支付的印刷费、上市费、代办费等成本费用,都是影响国债发行价格的因素。当然这些因素一般来说是较稳定的,所以在确定国债的发行价格时,国债的票面利率和市场利率水平的变动以及国债的期限长短往往是着重考虑的因素,这三者对国债发行价格的制约关系可以用下面的公式来表示:

$$发行价格 = \frac{票面金额 \times (1 + 票面利率 \times 期限)}{1 + 市场利率 \times 期限}$$

比如,假设政府要发行面额为 100 元 3 年期国债,票面利率为 8%,如果发行时市场上的实际收益率为 10%,这时国债应折价发行,其发行价格为 $100 \times (1 + 8\% \times 3) \div (1 + 10\% \times 3) = 95.39$(元);如果市场上的实际收益率下降为 6%,则其发行价格为 $100 \times (1 + 8\% \times 3)/(1 + 6\% \times 3) = 105.08$(元)。

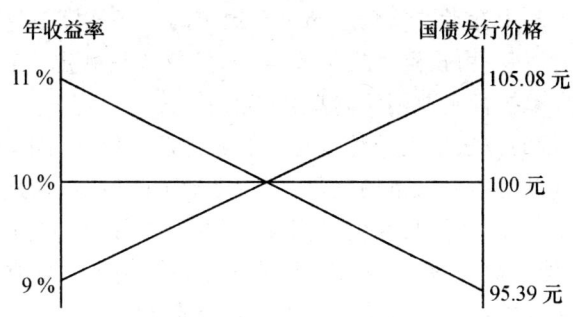

不同年收益率情况下的国债发行价格

（二）国债发行方式

国债的发行方式是指作为国债发行主体的中央财政代表国家与广大投资者之间推销与购买国债时所采取的方式。国债的发行方式决定国债的运行机制，选择恰当的发行方式是国债发行顺利完成的重要保证。国债的发行主要有五种方式：固定收益出售方式、公募拍卖方式、连续经销方式、直接推销方式和综合方式。

1. 固定收益出售方式

这是一种在金融市场上按预先确定的发行条件发行国债的方式。其特点是认购期限较短，发行条件固定，发行机构不限，主要适用于可转让的中长期债券的发行。在金融市场利率稳定的条件下，采用这种方式是比较有利的。政府既可据此预测市场容量，确定国债的收益条件和发行数量，也可灵活选择有利的推销时间。但在金融市场利率易变的情况下，采用这种方式就会遇到一定困难，主要是政府不易把握金融市场行情并据此确定国债的收益条件及发行数量；即使勉强确定，也会因金融市场行情在国债推销时发生变动而与市场需求不相适应，难以保证预定国债发行任务的完成。这种方式在一定程度上忽略市场需求，挫伤承销商的积极性，从而影响推销效果。目前日本、加拿大、比利时等国均使用这种方法。

2. 公募拍卖方式

公募拍卖方式，亦称竞价投标方式。这是一种在金融市场上通过公开招标发行国债的方式。其主要特点是：发行条件通过投标决定，拍卖过程由财政部门或中央银行负责组织，即以它们为推销机构。主要适用于中短期政府债券，特别是国库券的发行。

具体的招标方法是多种多样的，根据竞标内容的不同，分为价格投标和收益率（利率）投标。价格投标是指公债的利率和票面价格之间的联系固定不变，投资者根据固定利率对未来金融市场利率变化的预期加以投标，投标价格可以低于面值，也可高于面值。招标人将投标结果按其价格高低排列确定中标者，依次配售,售完为止。若中标者的认购额超过了预定的发行规模,则按比例配售。而利率投标是指发行利率由投资者投标确定,而发行体只确定发行规模和票面价格的招标方式,利率投标主要用于附息公债的发行。

这种招标发行的方法最大的优点在于能够将发行价格与市场供求状况紧密结合,在国债发行过程中引入市场竞争机制,推动了国债利率的市场化进程。此外,招标发行缩短了发行时间,并促进国债一、二级市场之间的衔接。但由于国家在发行条件上处于被动地位,尤其是可能出现投标利率过高或投标价格过低。因此,各国往往在采用这种发行方式时附加某些限制条件。其中主要是规定最低标(出售价格)和最高标价(国债利率),低于最低标价或高于最高标价的投标,发行机构不予接受。美国、意大利等国将其作为发行公债的主要或基本的方式,经合组织大部分成员国也都计划逐步采用这种方式。此外,一些新兴市场国家如墨西哥、阿根廷、马来西亚等国也正在建立这种发行制度。

3. 连续经销方式

连续经销方式,亦称出卖发行法。是一种推销机构(包括经纪人)受发行人委托在金融市场上设专门柜台经销并拥有较大灵活性的发行方式。其特点是经销期限不定;发行条件也不定,即不预先规定债券的利率和出售价格,而由财政部或其代销机构根据推销中的市场行情相机确定,且可随时进行调整;随行就市,主要通过金融机构和中央银行以及证券经纪人经销。这种方式主要适用于不可转让债券,特别是对居民家庭发行的储蓄债券的推销。其主要优点是可灵活确定国债的发行条件及推销时间,从而确保国债发行任务的完成。连续经销方式的缺点是,会与工商企业争投资,排挤民间部门的筹资活动,从而产生所谓的"挤出效应"。目前采用这种发行方式的有澳大利亚、新西兰、丹麦、德国、英国等国。

4. 直接推销方式

直接推销方式,亦称承受发行法。它是一种由财政部门与认购者直接谈判确定发行条件的国债推销方式。主要特点是国债的推销机构只限于政府财政部门,不通过任何中介或代理机构进行销售;认购者主要限于机构投资者,其中主要是商业银行、储蓄银行、保险公司、各种养老基金和政府信托基金等;发行条件通过直接谈判确定,一般是由财政部门召集,由相关投资者分别就预备发行国债的利率,出售价格,期限等条件进行谈判,协商确定。这种方式主要适用于某些特殊类型的政府债券的推销。如比利时和瑞士的专门用于吸收商业银行资金的特殊可转让债券,以及有些国家对特定金融机构发行的专用债券等,就是通过这种方式发行的。此种方式的优点是可以充分挖掘各方面的社会资金。

5. 综合方式

这是一种综合上述各种方式的特点而加以结合使用的国债发行方式。在某些国家的国债发行过程中,有时可不单纯使用上述的任何一种方式,而是将这些方式的其中一些特点综合起来,取其所长,结合运用。英国是一个最典型的例子。在英国,国债的发行往往采取先拍卖后连续经销方式。即最初先将国债以公募拍卖方式出售,由于拍卖期限较短,且附有最低标价规定,难以避免投标数量不足。拍卖余额由英格兰银行(中央银行)负责购入,其后再以连续经销方式继续出售,直到完成预定的发行任务。当然,也有的国家是将固定收益出售方式与连续经销方式结合运用,或采用其他组合方式,取各自之长,弥补各自的不足。并且国债发行方式的选择与一个国家的国债市场的发达程度是密切相关的。美国、意大利等国多采用公募招标方式为主发行国债,日本、加拿大、德国等国多采用承购包销方式为主发行国债。为适应金融市场筹资需求和投资需求的多样化发展,国债的发行方式往往是多种方式的组合。

随着金融市场的发展和规范,我国的国债发行方式经历了从行政摊派发行到承购包销方式,从国家定价发行到价格招标方式,从平价发行到贴现发行的一系列变化,总变化趋势是逐步走向规范化、市场化。

在 20 世纪 80 年代,我国的国债主要是通过行政摊派发行的。这是因为当时我国经济体制还基本处于计划管理的模式下,市场体系尚处于培育过程中,尤其是整个金融市场还没有建立起来,因而就谈不上采用证券市场的机制发行国债。另一方面,国民的投资意识还比较淡薄狭窄,国债投资尚未进入家庭财产或企业、金融机构的资产营运范围,在这样的条件下只好采用行政手段分配指标发行国债的方式。这种发行方式不仅发行效率低,发行成本大,而且违背了金融商品推销所应遵循的自愿、平等、互利的原则,不利于国债发行的健康发展。

进入 90 年代后,随着我国金融环境的改善和市场体系的日趋渐全,特别是1988 年开始建立国债流通市场后,证券中介机构开始形成和发展,人们的金融投资意识开始树立和逐渐增强,证券市场的基础构架开始在我国出现,为国债发行的市场化奠定了基础和客观条件。在此背景下,开始探索市场化的国债发行机制,包括不同渠道和不同层次的承购包销、柜台代销等形式。承购包销方式的实施与国债的一级自营商制度紧密相关(国债的一级自营商制度后将具体叙述)。

1991 年 4 月 20 日,中国工商银行信托投资公司(承销团主干事)与财政部签订承销协议,负责承销当年国债发行计划的 25%,随后由地方财政部门组织了 20 多亿元的承购包销试点,人民银行系统也组织了各省市承购包销 21.44 亿元,全年以承购包销方式发行的国库券占发行额的 65%,基本改变了过去行政摊派的发行方式。

我国国债发行方式的市场化、规范化进程在 1995 年有了新的突破,并于1996 年产生真正的飞跃。1995 年起我国开始试行招标发行方式,改变了过去国债的发行条件由财政部或财政部与承销团协议确定的方式。当年,财政部在一年期记账式国债的发行中首次采用缴款期招标方式,以承销机构向财政部缴款的先后顺序获得中标的权利。尽管缴款期招标方式与价格招标和收益率招标方式还有一定的距离,这却比财政部自定或协议定价的方式有了重要的进步。1996 年 1 月,财政部对 1996 年一期记账式国库券首次采用子价格招标的发行方式,该国库券为一年期贴现债券,计划发行 196 亿元,在国债一级自营商基本承销数额以上部分(规定各国债一级自营商基本承销数不得低于当期发行量的1%),财政部决定将面值为 60 亿元的国库券采用荷兰式价格招标发行方式发行。这次招标发行中,申银证券、上海财政、浦发银行等 70 家券商参加了投标,最后有 44 家中标。这次招标在短短几十分钟就顺利完成,不仅提高了发行效率,而且这次招标发行的中标收益率改变了过去国债利率最高的扭曲机制。

之后,1996 年所有可流通国债(占当年发行总额的 88.48%)的发行都成功地采用了招标方式,其中短期贴现国债引入了国际上通行的荷兰式价格招标方式,中长期国债和附息国债引入了美国式收益率招标方式。1997 年一期记账式国库券还采用了无定价的美国式招标方式。在这些招标发行方式实践中有一个突出特点是,规定国债一级的一定比例的承销基数,即实行基数承销基础上的招标。虽然从这方面看这样的招标发行实践还不是完全意义上的招标发行,但在发行方式上成功地引进了市场竞争机制,顺利地实现了从缴款期招标到价格招标和收益率招标方式的过渡。随着我国金融市场尤其是国债市场不断健全和规范,采用市场化的发行方式是大势所趋。

二、国债的偿还

国债到期之后,就要依国债制度的规定,按期如数支付本金和利息。国债的偿还是国债资金运动的终点。国债偿还中的一个重要任务,就是慎重地选择偿还方式。国债本金的偿还数额虽然是固定的,但政府在偿还方式上却有很大的选择余地。同时,还本是否能如约进行,既影响到期债券的行市,也影响其他一切债券的行市,对债券持有者和政府都是利害攸关的。这就要求国债的偿还必须有较为稳定且充足的资金来源。国债发行之后,除短期者外(已通过折价发行预扣利息),在其存在的期间内必须付息。由于国债在发行时已经规定了利息率,每年应付的利息支出是固定的,政府在国债付息方面的主要任务,便是对付息方式,包括付息次数、时间及方法等做出相应的安排。

(一)国债的偿还方式

可选择使用的国债偿还方式主要有以下几种:(1)到期一次偿还法。即政府对发行的国债实行在债券到期后按票面额一次全部兑付本息。其优点是国债偿还的管理工作简单、易行,且不必为国债的还本付息而频繁地筹措资金。缺点则是集中一次还本付息,有可能对财政造成过大的压力。如果在缺乏保值措施的情况下,国债持有人容易受到通货膨胀的影响。(2)分期逐步偿还法。即政府所发行的国债,规定几个偿还期,每期偿还一定比例,直至国债到期时,本息全部偿清。这种偿还方式,还本越迟,利率越高,以鼓励债券持有人推迟还本期,但国债偿还的工作量和复杂程度将会因此而加大。(3)抽签轮次偿还法。这其实也是分期偿还的一种方法。即在国债偿还期内,通过以国债号码抽签来确定偿还年限。抽签又可分为一次性抽签和分次抽签两种。前者指首次偿还之前就把偿还期内需偿还的国债全部一次抽签公布,债权人可根据债券号码及相应的中签偿还期限,得到偿还。后者是指政府在国债发行之时,就规定在偿还期内的某一时间进行定期抽签,决定可以偿还的债券号码。如我国1981—1984年发行的四期国库券,就采用了一次抽签法。1954—1958年发行的国家经济建设公债,则采用了分次抽签法。抽签偿还方式的利弊与分期逐步偿还法大致类似。(4)市场购销偿还法。即政府在债券期限内,通过定期或不定期地从债券市场上赎回一定比例债券,赎回后不再卖出,使这种债券期满时,已全部或绝大部分被政府所持有。这种方式给投资者提供了中途兑现的可能性,适用于可流通国债,特别是短期国债的偿还。当国债交易价格较低时采用这种方式偿还可以降低国债成本;而当债券行市下跌的情况下,政府赎回债券还可以抑制市价进一步下跌,稳定证券市场,以保护债权人的利益和国债信誉。在证券市场较成熟发达的国家,市场购销法是一种重要的国债偿还办法。政府通过中央银行的公开市场业务在证券市场上陆续收购债券。当某种债券期满时,绝大部分已被政府所持有,债券的偿还只不过是政府内部的账目处理问题。所以实行这种偿还办法的前提是中央银行积极开展公开市场业务。(5)以新替旧偿还法,也称调换偿还法,指政府通过发行新债券来兑付到期的旧债券的债务。其实质是在不改变债权人情况下的债务延期。以上各种偿还方式各有利弊,一般来说,应当根据政府的财政需要因素灵活确定。

(二)偿债资金的来源

一般而言还本资金来源有以下几种:(1)设立偿债基金。就是由政府预算设置专项基金用以偿还国债,即每年从财政收入中拨交一笔专款设立基金,由特定机关管理专门偿付国债之用,不用作其他用途。而且,在国债未还清之前,每年的预算拨款不能减少,以期逐年减少债务。建立偿债基金制度,能保证国债的及时偿还,提高国债信誉,使政府顺利度过偿债高峰。从长远看,每年都有国债到期,每年都会偿还国债,设立偿债基金可以起到均衡偿还的作用。随着我国国债制度的长期化,债务累计额的增长以及复式预算制度的不断完善,建立偿债基金制度将成为必要和可能。(2)通过预算列支。就是将每年的国债偿还数额作为财政支出的一个项目而列入当年支出预算,由正常的财政收入(主要指税收)

保证国债的偿还。表面上看,这似乎是确保国债按期偿还的稳妥办法,但实践上也会遇到种种问题。这是因为,如果政府财政有能力每年拨出专款用作国债偿还支出,也就可能没有必要发行国债,或者没有必要每年发行那么多国债了。(3)发行新债。就是政府通过发行新债券,为到期债务筹措偿还资金。在国民经济对国债的承受能力较强时,举借新债来偿还旧债不会给经济发展带来不利影响。这是因为从理论上看,国债可以被看作储蓄的延长形式。在正常情况下,任何储蓄,从个别讲,有存有取;但从总体看,则是只存不取,国债同样如此。从单项债务看,它有偿还期;但从债务总体讲,它实际上并不存在偿还期,而是可以采用借新债还旧债的办法,无限长时间地延续下去。或许正因为如此,通过发新债还旧债,便成为各国政府偿还国债的基本手段。

第四节　国债市场

一、国债市场及其功能

国债市场是国债发行市场和国债流通市场的总称。国债发行市场指国债发行场所,又称国债一级市场或初级市场,是国债交易的初始环节。一般是政府与证券承销机构如银行、金融机构和证券经纪人之间的交易,通常由证券承销机构一次全部买下发行的国债。国债流通市场又称国债二级市场,是国债交易的第二阶段。一般是国债承销机构与认购者之间的交易,也包括国债持有者与政府或国债认购者之间的交易。它又分证券交易所交易和场外交易两类。证券交易所交易指在指定的交易所营业厅从事的交易,不在交易所营业厅从事的交易即为场外交易。

国债市场一般具有三方面的功能:一是为国债的发行和流通提供有效的渠道。如前所述,国家可以采取固定收益出售方式和公募拍卖方式在国债市场的交易中完成发行和偿还国债的任务。二是引导社会资金的流向,调节社会资金的运行,从而达到社会资金的优化配置。在国债市场中,国债承销机构和国债认购者以及国债持有者与证券经纪人从事的直接交易,国债持有者和国债认购者从事的间接交易,都是社会资金的再分配过程,最终使资金需要者和国债需要者得到满足,使社会资金的配置趋向合理。若政府直接参与国债交易活动,以一定的价格售出或收回国债,就可以发挥诱导资金流向和活跃证券交易市场的作用。三是提供和传播经济信息。在现代社会,主要发达国家的国债大都是通过国债市场发行的,并有相当部分是通过国债市场偿还的。国债发行和交易的价格、收益率等因素会影响到市场利率以及整个证券市场的行情的波动。近年来,随着国债规模扩大和对社会资金运行调节的必要性的认识的增强,我国也开始重视国债市场的作用,并逐步建立适应本国国情的证券市场和国债市场。

二、国债发行市场

我国自 1981 年恢复发行国债之初,主要采取行政摊派方式,由财政部门直接向认购人(主要是企业和居民个人)出售国债。应该说,中国真正意义上的国债发行市场始于 1991 年。该年 4 月,财政部第一次组织了国债承销团,有 70 多家国债中介机构参加了国债承销。1993 年建立了一级自营商制度,当时有 19 家金融机构参加,承销了 1993 年第三期记账式国债。

一级自营商是国债一级市场和二级市场的主要参与者。一级自营商在一级市场上向国债发行主体承销和投标国债,是国债发行主体和投资人之间的第一个环节。一级自营商在二级市场上起做市商的作用,保证国债市场的顺畅运转。世界上发达市场经济国家都实行一级自营商制度。

我国的国债一级自营商是指具备一定的资格条件并经财政部、中国人民银行和中国证券监督管理委员会共同确认的,可参加国债承销的金融机构(包括政策性银行以外的各类银行、证券公司)和其他非银行金融机构。国债的一级自营商制度是指在国债市场上建立一批稳定的国债一级自营商组织,直接向财政部承销和投标竞销国债,再通过自己的融资活动开展分销和零售业务,促进国债发行,帮助国家财政完成筹资计划。并在流通市场积极开展自营和代理交易业务,承担维护国债市场顺畅运转的义务。现阶段我国国库券的承销基本上是以一级自营商为主。

1994 年,在以前改革的基础上,国债发行着重于品种多样化,推出了半年和一年期短期国债和不上市的储蓄国债。1996 年国债发行开始采取了市场化程度较高的招标方式,通过竞价确定国债价格和利率。例如,对贴现国债采取价格招标,对附息国债采取收益率招标,对已确定利率和发行条件的无记名国债采取缴款期招标。同时,推出了 3 个月、6 个月、1 年、3 年、7 年和 10 年等 7 个不同期限的国债品种,其中 3 个月国债是目前最短期国债,7 年和 10 年则是目前最长期国债,又是附息国债,在国债品种与期限结构上开始同国际接轨。1997 年,在商业银行退出证券交易所债券交易的同时,银行间证券市场正式成立。我国国债发行市场由此被分为两个部分,银行间证券市场的参与者主要是银行、保险公司等金融机构;交易所证券市场的参与者主要是机构投资者和个人投资者。

如今我国国债发行市场已基本形成。其基本结构是:以公开招标方式向国债一级自营商出售可上市国债;以承购包销方式向承销商,如商业银行和财政部门所属国债经营机构,出售不可上市的储蓄国债(凭证式国债);以定向招募方式向社会保障机构和保险公司出售特种定向国债。这种发行市场结构,是一种多种发行方式的配搭使用,适应我国当前市场结构的复合式国债发行模式。

三、国债流通市场

(一) 国债流通市场与国债发行市场的关系

国债流通市场是指转让买卖已发行在外的国债的市场,通常也称为二级市场。二级市场是相对于一级市场而言的。流通市场与发行市场的区别是:流通市场体现的是投资者与中介人,或者投资者相互之间的关系,而发行市场体现的是发行人和中介人或投资者之间的关系。同时,作为整个政府债券市场的两个组成部分,两者之间存在着密不可分的关系。一方面,国债发行市场是流通市场的前提。这是因为,发行市场为流通市场提供了流通对象,没有发行市场以各种方式发行品种期限不同的国债,流通市场就没有流通的对象;其次,流通市场公平、合理的价格是以较大的市场交易量和市场上不同品种国债间收益的比价效应为基础,发行市场上国债的品种和规模,也决定着流通市场交易的品种和规模;此外,一级市场上市场化的发行方式决定着流通市场的交易效率。另一方面,国债流通市场又是国债发行市场的保证。这是因为:具有一定广度的国债流通市场是国债顺利发行的必要条件;流通市场上二手国债的收益率为新发国债发行条件提供了依据。所谓二手国债的收益率,就是投资者在二级市场上买卖国债所得到的收益与其投资额的比例。二级市场上的交易方式又为其他外部资金进入国债市场提供了有效途径,是维持国债发行市场容量及其连续性的技术保障。例如,国债的回购交易是用来平衡资金的暂时短缺或保证盈余安全的有效融资方式,对促进社会资金的流动,扩大国债的承销能力起积极作用。建立流通市场的法规制度是国债市场稳定有序和高效运作的保证,如果流通市场交易秩序混乱,公平、公正、公开的市场竞争原则得不到贯彻,投资者的合法权益得不到保证,国债的声誉就会受到影响,最终会影响投资者对新发债券购买的积极性,干扰国债市场的良性循环。

(二) 国债流通市场的组织结构

国债流通市场包括场内交易市场和场外交易市场。

场内交易市场主要指证券交易所交易,这是国债流通市场的中心,也是国债流通市场最基本,最规范的形式之一。目前世界上大多数发达国家的证券交易所都采取这种组织形式。证券交易所是以会员组织形式成立的法人交易股票、债券等有价证券的固定场所,是经国家批准的,在一定的时间按一定的规则买卖特定上市国债的市场。证券交易所本身不参与国债交易,它只是通过一定的程序和规则,为证券的集中交易提供一个固定场所,以保证证券交易的顺利进行。它有以下五个特征:有集中、固定的交易场所和交易时间;实行证券交易所会员资格,其他公众投资者进行国债交易,必须委托经纪商进行;交易所价格形式采取竞价制,经纪商在接到公众投资者买卖国债的委托指令后,必须按照价格优先,时间优先,客户优先,数量优先的原则,立即去交易所内指定国债的交易柜台执行委托;交易所有特定的交易制度和规则;有完善的交易设施和较高的操作效率。

场外交易市场又称柜台交易市场或"店头市场"。它是指证券经纪商和证券自营商不通过证券交易所,而是在证券商之间或证券商与客户之间直接进行的证券分散买卖市场。柜台交易市场是个无形市场,它采取协商议价方式,一般按净价基础进行交易,即不收佣金,证券商只是通过买卖证券的差价获得收益。柜台交易又包括自营买卖和代理买卖两种。自营买卖由投资者个人作为国债买卖的一方,由证券公司作为国债买卖的另一方,其交易价格由证券公司自己挂牌,如果达成和约,即可成交。代理买卖就是由投资者个人委托证券公司代其买卖国债,证券公司仅作为中介而不参与买卖业务,其交易价格由委托买卖双方分别挂牌,买卖双方成交后,证券公司扣收代理手续费。国际上的柜台交易市场十分发达,在柜台交易的证券种类和数量都很大。如美国和日本债券买卖的 90% 以上都是在柜台交易市场进行交易的。

我国从 1981 年恢复发行国债到 1988 年的 7 年期间,还没有国债二级市场。债券在一定期限终止了持券人的购买力,使持券人感到不方便。因此,解决居民手中债券的变现问题,就成为当务之急。1985 年曾经搞过一个贴现办法,但是实行起来效果并不好,因而建立国债流通市场是既方便居民,又防止购买力膨胀的重要途径。

我国从 1988 年开始,首先允许 7 个城市随后又批准了 54 个城市进行国库券流通转让的试点工作。允许 1985 年和 1986 年的国库券上市,试点地区的财政部门和银行部门设立了证券公司参与流通转让工作。试点主要是在证券中介机构进行,因而中国国债流通市场始于场外交易。1991 年又进一步扩大了国债流通市场的开放范围,允许全国 400 个地区市一级以上的城市进行国债流通转让。同时,国债承销的成功,证券机构迅速增加,这些都促进了场外市场交易活跃起来。时至 1993 年,场外交易量累计达 450 亿元,大于当时的场内交易量。但是,由于场外交易的先天弱点:管理不规范,信誉差,拖欠现象严重,容易出现清算与交割危机;场外市场统一性差,地区牌价差价大,买卖差价大;不少场外市场有行无市,流动性差,等等。这些因素导致场外市场交易不断萎缩,至 1996 年场外市场交易量的比重已不足 10%。与此同时,场内交易市场虽然起步较晚,但由于自身优势却获得稳步发展。目前场内交易主要集中在四家场所:上海证券交易所、深圳证券交易所、武汉国债交易中心(1992 年建立,专营国债转让)、全国证券交易自动报价中心。由于这些场所的管理相对规范,信誉良好,市场统一性强,因而保证了场内交易量的稳步增长,至 1996 年已占整个国债交易总量的 90% 以上。除外的部分是采用场外交易的柜台交易市场形式。我国的柜台交易市场以证券公司为主干,以证券交易营业部和证券交易代办点为基础。当前中国国债流通市场的结构已形成以场内交易为主、以证券经营网点的场外交易为辅的基本格局,基本上符合中国当前的实际。

(三)国债流通市场的交易方式

国债的交易方式分为国债的现货市场交易和衍生市场交易,其中,衍生市场交易又包括国债期货交易、国债回购交易、国债的期权交易等。

(1)国债的现货交易。国债的现货交易方式,是指交易双方在成交后即时进行清算交割其债券和价款的方式。但在实际交易过程中,即时交割并不一定是成交的当时,按照证券交易所通常采取的交割日期,例如次日交割或例行交割等。例行交割是一种在交割时间上约定俗成的交易办法。但各国的约定时间不尽相同。国债的现货交易基本上类似于 A 股。

债券的持有者由于种种原因需要将手中的债券变成现金,他就通过现货交易方式卖出手中的债券,取得款项;同时,货币持有者有投资的愿望,但不能通过国债发行市场买进债券,便可通过现货市场买进债券。这样,交易完成后双方各自实现了其兑现或投资的愿望。

国债现货交易的特点:① 成交和交割基本上同时进行,可以有效地避免或减少欺诈行为和操纵市场及垄断市场价格等不法行为;② 现货交易是实物交易,没有对冲现象,金融风险小;③ 在交割时,买方必须如数支付现款;④ 现货交易目的主要是获取较为稳定的利息收益。现货交易是历史上出现得最早的证券交易方式,也是现代证券交易中最普遍采用的交易方式。我国于 1988 年初夏开放国债的流通转让市场以来,国债现货市场就一直是证券市场中的重要角色。这种交易方式对国债市场的形成与发育起了积极作用,但由于国债现货交易方式限制了个人信用所发挥的作用,而且单纯的现货交易方式使投资者难以规避市场风险,单纯采用现货交易方式已越来越不能适应投资者的要求。随着国债流通市场的不断发展,国债市场的其他交易方式便应运而生。

(2)国债的期货交易。国债期货是一种以标准化的国债交易合约为标的物的金融商品。国债的期货交易,是指交易者购买或卖出在将来一定时期内以协定价格买卖规定数量的国债合同的交易。国债的期货交易是相对于国债现货交易而言的,由于买卖双方交易的不是现实的国债,是一种预售预购,故被称为期货交易。期货交易只能在证券交易所这样固定规范的场所进行,在场外交易中一般不采用期货交易方式。国债期货市场的参与者有证券经纪商、自营商、自然人和机构法人。买入或卖出期货称为开仓,而对买入或卖出的和约进行品种和数量都相同但方向相反的交易称为平仓,在交收前尚未平仓的称为持仓。

国债期货交易是在现货交易的基础上发展起来的,相对于现货交易,国债期货交易具有如下特点:① 国债期货交易属于远期交易;② 国债期货交易的标的物不是国债本身,而是标准化的合约。该合约按照标准的规格,标明了既定价格、既定数量和交割期限的某种国债。③ 期货交易的重要特点是以少量的保证金就可以买卖数量较大的期货合约,具有杠杆效应。④ 期货交易集中在固定规范的场所进行,具有交易的集中性,价格的公开性,行为的规范性等特点。⑤ 国债期货交易很少发生实物交割。在一般情况下,只有 1%—3% 的实物交割率。

国债期货交易具有独特的功能:一是价格发现功能,即显示和引导国债价格或国债行市。国债期货市场是买卖双方经过公开竞价,使国债价格不断随供需状况而变化,并在市场上传递。由于期货市场是众多买者与卖者的意愿,是最有代表性的价格,对当前与未来的价格走势都有指导作用。二是套期保值。套期保值,是指在现货市场上买进或卖出某种债券的同时,再在期货市场上卖出或买进同等数量的债券,这样,在合约到期之前就会对冲原有合约,用期货交易的盈亏来抵补现货市场的盈亏。套期保值可以避免该种国债由于市场价格涨跌造成的损失,实现保值,从而稳定收益,减少投资风险。三是投机获利。国债期货投资者既可以在期货市场上的不同债种之间投机获利,也可以在现货市场和期货市场之间投机获利,为投资者提供更多的对冲机会。在期货交易中,可以利用期货价格与现货价格的不一致进行套买套卖,这样可以达到套期保值或投机的目的。利用期货交易进行投机,是指通过期货交易赚取买卖差价而进行买空卖空活动,以期在未来通过反向交易获取利润的交易行为。

我国于 1992 年 10 月曾一度推出国债期货市场。当时由上海证券交易所首次设计并试行推出了 12 个品种的国债期货合约,但投资者反应冷淡。随着证券市场的发展以及人们金融意识的增强,1993 年上海证券交易所重新设计了国债期货合约的品种以及交易机制,并正式向社会广泛推开,从此国债期货日益为广大投资者认同,进入 1994 年后,在保值贴补率等题材的影响下,行情不断上扬,交易量剧增,从日成交量不到亿元发展到日成交量超千亿元。但是,由于我国发展国债期货市场的条件还不成熟,又加上法规建设滞后,于 1994 年下半年至 1995 年上半年之间曾发生多起严重违规操作事件,在监管部门采取提高保证金比率、实行涨停板制度、规定最高持仓量等措施后,仍难以走上正轨,于是国务院不得不于 1995 年 5 月宣布暂停国债期货交易。

(3) 国债的回购交易

国债的回购交易方式,是指国债持有一方(出券方)和另一方(购券方)在达成一笔国债交易的同时,规定出券方必须在未来某一约定的时间以双方约定的价格从购券方那里购回原先售出的那笔债券,并以商定的利率(价格)支付利息。在美国称为"回购协议交易",日本称为"现先交易"。

回购交易对于交易双方来说是两次交易契约的行为,第一次称为初始交易,第二次称为回购交易。两次交易的价格并不重要,重要的是两次交易的价格差距,该价格差对一方来说是成本,对另一方来说是收益。在这里,国债回购交易其实与同业拆借和票据贴现一样,是一种短期资金的借贷交易,但采取的却是国债买卖的形式,但其实质是融通债券或资金的资产运营方式。因此,作为国债流通市场的重要组成部分,国债回购市场的基本功能是作为证券中介机构短期融资和抵押担保的工具,对完善债市结构和活跃二级市场有重要作用。此外,中央银行的公开市场操作业务,主要的手段也是国债的回购与反回购交易,以吞吐货币量来影响货币市场,达到经济的调控目标。

国债回购交易与期货交易同属于国债的派生交易,但回购交易有其自身的特点:① 回购交易是现货交易与远期交易的结合。对于债券持有者来说是一种卖债券的即期交易和买债券远期合同的结合,对于货币持有者来说是一种买债券的即期交易和卖债券远期合同的结合;② 回购交易有两次券款的交割;③ 回购协议的利率由协议双方议定,协议双方根据回购期限、货币市场行情以及回购国债的质量等有关因素议定,与国债本身的利率没有直接关系。

我国国债回购交易始于1991年,全国证券交易自动报价系统 STAQ 于当年7月宣布试办国债回购交易,此后国债回购交易在证券中介机构和银行之间得到普遍使用。但由于当时投资者对这一新的交易方式的运行机制和作用并不熟悉,加之回购期限较长,市场交易清淡,成交量很小。从1994年9月起,上海证券交易所实行标准化交易机制,以规范回购交易,之后回购交易市场才逐渐发展成熟起来。1994年全国国债回购交易达3000亿元,1995年国债回购交易量占全部国债交易量的50%以上。但国债回购市场的不规范,也会产生负作用。如买空卖空现象严重,回购业务无实际债券作保证,回购资金来源混乱以及资金使用不当等,都会冲击金融秩序。我国1995年曾对国债回购市场进行整顿,整顿后国债回购市场逐步走向正轨。为了有序地发展国债市场,首先,要巩固和发展交易所内的回购市场;其次,要建立规范的场内回购市场,建立统一托管清算体系,杜绝买空卖空,打击市场分割;最后,中央银行加大公开市场操作力度,使国债回购成为公开市场操作的有效工具。

(4) 国债的期权交易

期权交易,是指国债交易双方同意在约定时间内,按协定价格买进或卖出契约中指定的债券,也可以放弃买进或卖出这种债券的交易方式。国债期权交易作为国债交易的一种特殊的交易方式,它区别于其他交易方式的根本特征在于其交易对象是一种权利。

期权交易对买卖双方都较为有利。对买方而言,期权交易较之其他交易方式投资少收益大,能控制风险;对卖方而言,当买方无利可图放弃期权时,还可稳赚期权费,这是期权交易较受青睐的原因。

期权交易最早产生于美国纽约的场外交易市场中,1973年4月,美国芝加哥期权交易所成立,期权交易正式成为证券交易所业务的一部分。目前我国尚未开展国债的期权交易方式。但随着我国国债市场改革与发展的加速,作为一种高级的国债衍生交易方式,国债期货交易不久也会出现在我国的国债交易市场上。

国债二级市场的进一步完善与发展需要从以下几方面重点推进:适当扩大国债规模,增加国债债种;规范国债市场价格的管理;加快法规建设,强化管理监督。

本章小结

国债是财政部代表中央政府以债务人的身份、依据借贷原则取得财政收入的方式。国债与税收一样,都是公共收入的主要形式之一,在国民经济中起着日益重要的作用。与税收相比,国债具有安全性好,收益稳定,流动性强的特点。根据划分类型的标准不同,国债的种类涉及不同的期限,不同的付息方式,不同的发行目的。

国债的功能是指国债本身所固有的内在功能,在市场经济条件下,国债的功能可概括为:作为筹集资金手段,作为信用投资工具整合资源配置,调节社会经济运行。

国债规模是指国家负债的总水平,是公共收入规模的影响因素之一。国债规模的内容包括当年发行的国债总额、历年国债累积债务的总规模、当年到期需还本付息的债务总额等。适度的国债规模通常是采用一系列指标来衡量和控制的。目前国际上一般采用的基本指标主要包括:国债依存度,国债负担率,国债借债率,国债偿债率。

分析国债的负担实际上是分析国债还本付息的资金来源,由谁负担以及这种负担是否合理。除了用国债还本付息的金额或它占政府收入和支出的比重等来衡量这一负担外,更重要的是要从国债的整个过程、国债对收入分配的影响等方面来考察。

国债的发行指国债售出或被个人和企业认购的过程。它是国债运行的起点和基础环节,其核心是确定国债的发行条件和国债的发行方式。国债发行条件涉及的问题包括国债的票面额、期限、利率、发行价格、偿还方式、能否转让等,但相对重要的是发行期限、国债发行利率和发行价格的确定等。

国债的发行主要有五种方式:固定收益出售方式、公募拍卖方式、连续经销方式、直接推销方式和综合方式。国债到期之后,就要依国债制度的规定,按期如数支付本金和利息。国债的偿还是国债资金运动的终点。可选择使用的国债偿还方式主要有:到期一次偿还法,分期逐步偿还法,抽签轮次偿还法,市场购销偿还法,以新替旧偿还法(也称调换偿还法)。

国债市场是国债发行市场和国债流通市场的总称。国债发行市场指国债发行场所,又称国债一级市场或初级市场。国债流通市场又称国债二级市场,是国债交易的第二阶段。国债流通市场包括场内交易市场和场外交易市场。国债市场一般具有的功能有:为国债的发行和流通提供有效的渠道;引导社会资金的流向,调节社会资金的运行,从而达到社会资金的优化配置;提供和传播经济信息。国债的交易方式分为国债的现货市场交易和衍生市场交易,其中,衍生市场交易又包括国债期货交易、国债回购交易、国债的期权交易等。

复习思考题

一、名词解释

国债　国债负担率　国债依存度　可转让国债　国债的期限结构　国债的发行价格　国债市场　一级自营商制度　国债的期货交易　国债的回购交易

二、思考题

1. 什么是国债的"三性"? 简述国债的功能。

2. 国际上衡量国债规模的指标通常有哪些?

3. 简述国债的种类。

4. 影响国债利率水平的因素有哪些?

5. 如何从开拓国债品种、改进国债结构方面完善我国国债制度?

6. 简述国债发行的五种方法。

7. 什么是国债市场? 国债市场有什么作用?

第九章　公共财政管理体制

　　财政管理体制,是在中央与地方政府间以及地方政府之间划分财政收支范围和预算管理职权制度的总称,也称为预算管理体制。具体而言,它是国家在中央和地方以及地方各级政权之间,划分财政收支范围和财政管理职责与权限的一项根本制度,它是指国家管理财政的组织体系、管理制度和管理形式,其实质是正确处理国家在财政资金分配上的集权与分权问题。其基本内容有:收支范围的划分及其划分的形式;预算管理责任和权限划分;政府间转移支付规定等。财政管理体制的核心是集权与分权的界定问题。

第一节　财政管理体制的理论依据

一、财政分权与集权问题

(一) 财政分权理论

　　在西方,传统的财政分权理论以蒂帕特(Tiebout)1956 年发表的《地方支出的纯粹理论》为标志。然后,马斯格雷夫与奥茨对此作了某些补充与扩展。传统的财政分权理论的核心观点是,如果将资源配置的权力本身更多地向地方政府倾斜,那么,通过地方政府之间的竞争,能够迫使政府官员的财政决策更好地反映纳税者的偏好,从而加强对政府行为的预算约束,在相当程度上改变中央政府在财政决策中存在的不倾听地方公民意见,或反映不够有效的状态。

　　分权主张者认为,各地居民对公共产品的需求不尽相同,地方政府比中央政府更了解当地居民的愿望,因而能做出更有效的提供决策;财政分权有助于提高地方政府官员的责任心和积极性,因为如果地方政府有一定的征税权,并且地方政府由当地居民定期选举,那么,这些官员就会关心自己的业绩,争取连任官职;实行财政分权可以使人们与政府的关系更为密切,使人们对地方政府如何安排支出有发言权,从而提高纳税人的自觉性;财政分权有利于组织财政收入,因为地方政府更具征管优势;在财政分权下,生活在财政支出高、成本高的城市,就必须提供更多的财政收入,这会迫使居民做出更好的选择,也有利于形成合理的城市规模。

　　这个论点实质上强调了地方政府之间的竞争机制的作用。其基本的逻辑框架是假设政府活动空间中也存在着一个与市场机制相类似的政治市场,而该市场中的消费者便是众多的公民,公民选择政府公共品的方式是"以脚投票",即我如果对某地政府的公共服务不满意,则会到另一处我认为更为合适的地方去工作或生活;或者,如果个人投资者对某地的投资环境不满意,也可以通过资本的自由流动而改变投资空间。正是这种公民的个人选择,会迫使地方政府要更多地倾听居民的意见,提供更为合适的公共品,以便吸引更多的消费者与投资者,获得更多的税源。结果,可能使公共品的提供更贴近公民的意愿,从而改进资源配置的效率。

但是,这样运作的前提是地方政府手中必须握有相当的资源配置权。只有地方政府对消费与投资活动拥有征税的权力,只有当地方政府有权支配这些税收收入的使用方向,才有可能办一些让当地的消费者与投资者更为满意的实事。从而,财政分权理论的兴起必然会要求在资源配置上让地方政府拥有更多的支配权。在美国,从尼克松政府到里根政府时代,这种财政分权趋势已经以温和、渐进的方式出现了。从 1980 年至 1996 年,在联邦政府一级的开支,如不包括国防、利息支付与转移开支,其占 GDP 的比重已经从 4.2% 下降为 1.7%,而由州与地方政府的自己征得的税收所支持的地方开支,则从 1980 年的占 GDP 的 8.5%,上升为 1996 年的 10.3%。这里之所以只说是州、地方政府,以自己的税源所安排的财政支出,是由于以中央政府下拨的钱所安排的地方支出,一般说来不能反映财政的分权程度,因中央拨款仍是中央集权的一种象征。当然,对于这种缓慢的、温和的分权倾向,美国国内也存在许多批评者。就连马斯格雷夫也认为,分权会引起州际资源配置扭曲地区之间不平等,甚至导致财政不稳定。

新一代的财政分权理论在主题思想上是与传统的分权理论一致的,但是在分析框架上,已经不同于市场供求关系式的分析,而是引入了激励相容与机制设计学说,是当代微观经济学的最新进展在财政学中的运用。其关注的问题是两个:第一,政府本身,尤其是地方政府本身的激励机制;第二,政府与经济当事人之间那种类似于委托—代理关系的经济关系。

承认对政府本身也有激励机制,这是因袭了布坎南为代表的公共选择学说。它假定政府并不是普济众生式的救世主,政府官员也有自己的物质利益。所谓"激励",其实就是政府有自己的物质利益方面的考虑。而财政分权,至少从两个方面会使效率的改进与地方政府的激励机制挂钩:(1)如果地方政府对经济活动干预太多,这会使有价值的投资活动转向政府干预较少的区域,因此,地方之间的竞争会减少干预;(2)由于地方财政收入与支出挂钩,这会促进地方政府有动力去促进本地区的经济繁荣。这样一来,政府,尤其是地方政府的活动,就会在相当程度上与经济当事人(企业)形成一种激励——风险分享或共担的关系。这在某种程度上,就超出了公共品提供的范围。

众所周知,从 1979 年至 1993 年,中国在经济改革中实行了财政分权。已经有不少学者通过实证研究发现,这种分权式的财政体制是促进 1978—1993 年中国经济发展的一个显著的因素,并且财政分权在中国引发了企业制度的深刻变化。从 1994 年后引入的分税制则在相当程度上改变了财政的分权模式,这以后,地方在岁入分享过程中的权力已经有所缩小。尽管通过中央财政下拨,地方财政支出仍占全部财政支出的大部分,但是中央财政下拨与地方财政上解这两者都反映了中央控制权的上升。这种财政体制的变化当然有利于改变地区之间发展的不平衡,但其对经济发展的影响究竟如何? 还有待于实践来做出回答。

总起来说,新一代财政分权理论还处于形成过程之中。无论是就问题的提炼程度,还是就分析的框架水平而言,学者们就分权模式所做出的分析,还只是在零左右两边展开作了若干的尝试,至于这些尝试会在经济理论上产生什么样的结果,现在还难以断定。正由于此,所以,关于财政分权问题似乎仍然是公说公有理,婆说婆有理,没有一个精确的说法。其实,分权问题说到底是一个最优分权程度的确定问题,这里所谓最优,本质是一个垂直系统中控制与激励之间的权衡问题。

（二）财政集权理论

集权主张者认为,为了有效配置资源,全国性的公共产品应由中央政府来提供,准全国性的公共产品也应由中央政府提供,这样可以适当解决地区间的经济外部性问题;公共产品的大规模生产可以降低成本,达到规模经济;由中央政府出面才能有效解决地区之间和私人之间的收入再分配问题;在宏观调控方面,中央具有综合优势,它可以通过紧缩性或者扩张性的财政政策来稳定和发展经济;财政集权有利于中央政府征收财政收入,因为中央政府管辖区域宽广,可以防止流动性人口的收入漏税,并能完整地认识税基,制定适当的税率,还能减少由地方决定税率所致的税收优惠减免现象。

如果要达到资源最优配置,中央政府必须充分了解各地居民的偏好。然而在现实生活中,中央政府并不是万能的,财政集权失灵会使财政集权难以达到财政分权的效率水平。即使在财政集权基础上进行分级管理,由于其实质仍是集权,所以也难以达到财政分权的效率水平。如果在财政集权条件下实行分级管理使地方财政拥有自主决策权,那么财政集权实质上已变为财政分权。过度集权,多级财政实际上已形同虚设,与此对应的必然是高度集权的“统收统支”的财政管理体制。

（三）集权与分权的关系

财政为履行国家职能提供财力保障。财政资金的集中与分散,实际上是一个财政的集权与分权问题,它体现的是在一个多级政府体制下,中央与地方政府之间的财政关系。财政集权与分权的程度如何,会直接表现在不同的财政管理体制上。一方面,中央政府要加强宏观调控和实现带有全局性资源的配置,就必须集中必要的财力;另一方面,大量的财政资金要依靠地方政府去分配,因为地方政府也要履行其职能。因此,如何处理中央政府和地方政府之间的集权和分权,是一国财政管理体制的核心问题。一般而言,无论实行什么样的财政管理体制,都存在多级政府的划分。于是,如何划分中央政府和地方政府的财政资金的范围和管理权限便成为衡量分权的最重要的尺度,尽管分权的含义不仅仅局限于此。

在理论上,可以假设两种情况:一种是中央政府控制一切社会经济活动,地方政府没有决策权;另一种是地方政府完全自治,中央政府没有干预权。前者称为高度集权的财政管理体制,后者则是完全分权的财政管理体制。当然,在现实生活中并不存在这两种情况。

在现实生活中,各国的财政关系基本上是集权与分权的结合,只是结合程度不同而已,并不存在绝对的集权或分权。集权与分权关系由于各国的政治体制和国情不同而有差别。一般而言,联邦制国家侧重分权,单一制国家侧重集权。例如,英国、荷兰等单一制国家,财政分权的程度比较低,而美国、澳大利亚等联邦制国家的财政分权程度比较高。集权与分权关系在预算体制上体现为中央与地方间收支划分的比例,几乎所有国家,无论是联邦制还是单一制,中央收入均占主导地位,这是共同的。但通过转移支付后的中央收入或支出的比重则有较大的差别。转移后中央收入的比重,英国为71%(1990年),美国为42%(1990年),印度为44%(1989年),印度尼西亚为82%(1990年)。

二、不同级次政府间财政职能划分的理论

以上讨论的财政集权与分权问题,实际上回答了财政职能为何必须分工的问题。接下来,我们要进一步讨论财政的资源配置、收入分配以及宏观调控(稳定经济)的职能应如何在各级政府间展开,才能保证这些职能的有效执行。亦即,哪些职能由中央政府行使,哪些职能由地方政府行使,这也可称为事权的划分。事权的合理划分是正确处理中央与地方财政关系的基础。

中央与地方政府职能的划分目的在于更好的发挥政府职能,促使经济、社会更好地发展。中央与地方政府职能分工有两个基本依据:现代财政联邦制理论认为,在一般情况下,财政的收入分配和宏观调控职能由中央政府行使,而财政的资源配置职能则由中央政府和地方政府共同行使;二是公共产品受益范围标准。

(一)财政的宏观调控职能

财政的宏观调控职能,其目标是实现社会的总需求和总供给之间的平衡,目的在于谋求经济的稳定和发展,因为涉及到国民经济的整体和全社会的利益,此职能只能由代表全社会利益并管理整个国民经济的中央政府来行使。

　　宏观调控需要财政政策与货币政策的相互配合。几乎所有国家的货币政策都是由中央政府控制。这是因为，如果地方政府拥有货币发行权，则地方政府会通过创造新货币来增加对商品和劳务的购买，从而导致货币发行混乱，货币量迅速扩张，造成巨大的通货膨胀压力。可见，地方政府是不能通过使用货币政策来实现经济稳定的目标的。

　　再从财政政策来看。一国范围内各地区的经济间具有高度的开放性，要素和商品在国内市场上的流动性很大，这种高度的开放性和流动性限制了地方政府使用反周期财政政策工具的能力。如果某一地方政府想通过减税或增加政府开支来刺激本地区经济的发展，在没有其他地区相应政策配合的情况下，其结果很可能是新增的购买力大量地被用于购买其他地区的商品和劳务，即形成贸易漏损，从而使得其他地区在不付出任何代价的情况下获益；而对本地区的经济刺激不足，财政政策对本地区的收入和就业影响很小，在这些情况下，地方财政政策失效。如果由中央政府实施财政政策，则会降低这种贸易漏损的程度，财政政策更加有效。此外，稳定经济的财政政策需要政府的预算周期性地发生赤字或盈余，即经济衰退时，减少税收，扩大政府开支，以扩张经济，这样会形成财政赤字；相反，在经济增长过热时期，应增加税收，减少政府开支，这样又会形成财政盈余。而地方政府为了保持财政收支的大体平衡，却更多地使用财政平衡预算。可见，不论从财政政策的效果还是从使用政策工具的能力上看，地方政府对稳定经济的作用方面都不如中央政府。

　　（二）财政的收入分配职能

　　财政的收入分配职能，其目标是实现人与人之间收入分配的公平。要实现这一目标，可以通过两条途径，即个人间的直接收入再分配和地区间的间接收入再分配。无论通过哪条途径，财政的收入分配职能应主要由中央政府行使。

　　在劳动和其他要素具有充分流动性的条件下，如果允许地方政府行使收入再分配的权利，则会在全国范围内出现地方间差别税收、差别转移支付等制度，从而导致生产要素的不合理流动。具体地说，如果某一地方政府为了实行更多的收入再分配，实施较高的所得税率同时给予低收入者较大补助，就会出现居民"用脚投票"的情况，高收入者会迁出本地，而低收入者则为高福利计划所吸引，大量涌入本地。这样，政策实施的结果可能与制定的初衷正好相反。由于害怕穷人的迁入，各个地方政府都不愿进行大规模的收入再分配计划，地区间的竞争结果是在全国范围内形成了一个统一的较低的收入再分配标准，这反而不利于公平目标的实现。所以，为了克服地方政府收入再分配的低效，使收入再分配政策出台动机与效果相统一，收入再分配功能应以中央政府履行为主。

　　收入分配的公平不仅包括在个人之间的收入再分配，还应包括地方政府之间的再分配。这是因为各个地方政府由于财政能力和财政需求的不同，提供相同的公共劳务水平,所需征收税收的税率各异。一般而言,提供相同的公共产品,经济落后地区的税负相对较重。这样,两个条件相同的人会由于所处地区地方政府的财政状况的不同,承担不同的税负,这违反了税收的横向公平原则,因而中央政府有必要在各地区间进行收入的再分配,将发达地区的部分收入集中起来,转移支付给落后地区,以平衡地方政府的财政能力。

因而,不论是从个人之间的再分配,还是从地区间的再分配来看,分配职能都应是中央政府的财政职能。

(三)财政的资源配置职能

财政的资源配置职能是通过各级政府的财政支出来实现的。根据政府职能分工层次标准,资源配置作用的内容主要有:提供基础设施、反垄断、资助基础性科学研究,对过度竞争的行业进行适当的限制或调节,制定和实施国家的产业政策,保证社会资源的配置符合国家的发展战略等。中央与地方都要承担资源配置作用。资源配置的主角应是地方政府,当地方政府能力不足,不能满足居民需求时,就需要中央政府的参与。划分中央与地方政府职能的另一个标准是公共产品的受益范围,社会产品和劳务分为私人产品与劳务、公共产品和劳务。公共产品具有非排他性与非竞争性,必须由政府提供。但是公共产品的受益范围又具有地域性,因此又可分为全国性的公共产品与地方性的公共产品。根据受益范围的不同,其提供主体也应有所不同,一般而言,根据效率要求,地方性公共产品应由地方政府提供,全国性公共产品应由中央政府提供,有外部效应的商品和劳务由中央政府负责提供,或者通过政府转移影响地方政府的供应量。

根据以上理论及国际惯例,并结合我国国情以及社会主义市场经济体制的特征,我国中央政府与地方政府的职能划分可作如下考虑:

中央政府职能及提供公共产品的范围是:(1)以国家为整体利益考虑的、对全国居民提供的公共产品,如国防、外交、对外援助、省际特大基础设施建设项目、特大自然灾害救济、中央政府行政管理等;(2)有规模经济和经济外部性等特点,或在一定程度上涉及国家整体利益的一些公共产品,应由中央政府负担其经费的全部或部分开支,如教育、空间开发、环境保护、海洋开发、尖端科学、卫生保健、社会保险、公共防疫,以及全国性交通干线、通讯等;(3)跨地方政府管辖范围的不同行政区之间的收入再分配;(4)为避免地域间因税负不一而造成高税区的纳税人往低税区转移,以及减少地方政府之间用减税或补贴等方式来吸引投资的税收竞争,中央政府应掌握主要税种课征权;(5)进出口调节权、关税权、国债权等;(6)涉及总量平衡、经济结构调整、经济稳定与经济发展的事项以及实施重大产业技术政策等。

地方政府职能及提供公共产品的范围大体是:(1)制定和实施地区性经济社会发展计划,实施地区性产业技术政策,充分利用地区优势,促进地区经济发展;(2)根据本地区企业或居民对公共设施的需求,通过税收和公共投资向企业和居民提供各种公共设施,优化投资环境,促进资源的有效配置;(3)提供地方行政、社会治安、文化教育、卫生保健、就业培训等公共服务。

交叉领域是:(1)中央与地方共有职能,如收入再分配,对在地方政府管辖范围内的收入调整由地方实施,而对于超出地方政府管辖范围的不同行政区之间的收入再分配应由中央政府实施;(2)某项公共产品属于中央政府职能范围,但出于效率或其他方面的考虑,让地方政府分头实施。成为事实上的政府职能共有或政府财政责任共负,但以中央财政为主,在财政权利也应作相应划分;(3)某项公共产品虽属于地方政府职能范围,但由于其经济、社会效益的外部性,使其成本与收益涉及到其他地方政府管辖的,应由中央政府帮助协调,有关的地方政府协作承担;(4)一些大的社会福利或公共服务项目,如教育、医疗保健等,其费用往往需要两级或多级政府共同分担。

第二节　政府预算管理体制的内容

所谓政府预算管理体制,是指规定一国预算的组成体系,处理各级预算的财政分配关系,确定各级预算的收支范围和管理权限的一项重要制度。这一体制主要包括两层含义:一是指管理体系,即在国家预算中,中央与地方以及地方各级政府形成的预算管理体系,它包括预算管理的组织机构、组织形式、决策权限、监督方式等;二是指预算管理的根本制度,即在预算管理体系中,各级预算之间的职责权限及财力的划分。由于在财政管理体制中,中央与地方以及地方各级预算之间的财政、财力的划分,关系到整个国家财政以至整个国民经济的全局,因此,政府预算管理体制对其他各项财务管理体制和税收管理体制有重要的制约作用,是财政管理体制的主导环节,占有重要地位。

一、政府预算管理体制的内容

政府预算管理体制是处理中央和地方以及地方各级政府之间的财政关系的基本制度。是国家预算编制、执行、决算以及实施预算监督的制度依据和法律依据,是财政管理体制的主导环节,其核心是各级预算主体的独立自主程度以及集权和分权的关系问题。政府预算管理体制的主要内容包括:确定预算管理主体和层次,一般是一级政权即构成一级预算管理主体;预算收支的划分原则和方法;预算调节制度和方法。

（一）确定预算管理主体和层次

政府财政预算的分级管理是同国家政权机构的设置、行政区划相联系的。原则上来讲,有一级政权机构,就应建立一级财政,相应的,也就要有一级独立的财政预算。只有这样,才能保证各级政府拥有行使职能所必不可少的财权和财力。具有自主支配的财权与财力是各级政府形成各自一级财政及预算所必须具备的条件和前提。各级财政的财权和财力的划分是以各级政权的职能划分为基础的,表现在公共财政上则是以各级政府所提供的公共产品和服务在社会政治经济生活中的地位作用及受益覆盖面为依据。比如说代表国家主权的外交、国防等事务、全国性的行政管理、涉及全国或数省区的公共工程、有关宏观经济运行的调节等,都应属于中央财政;而属于本地区的行政管理、公共服务和公共工程等,则属于地方财政。

在我国,根据宪法规定,政权结构分为中央和地方两个层次,地方政权又由省(直辖市和自治区)、市(地)、县(县级市)、乡(镇)组成,相应地,政府预算也就分为两个层次,即中央预算和地方预算。地方预算又包括省(直辖市和自治区)预算、市(地)预算、县(县级市)预算和乡(镇)预算四个级别。其中,中央预算是政府预算体系的核心,担负着全国性的重点建设和全部的国防、外交与援外的支出,担负着履行全国性的政府职能所需财力供应的职责,还担负着调剂各地方财政的财力,协助地方财政组织收支平衡,并从财力上帮助各地区特别是少数民族与经济落后地区发展经济文化建设等各项事业的任务等。地方财政预算是政府预算体系的基础,在国家财政中占有重要地位,起着重要的作用。国家财政的相当部分的收支都是由地方财政完成的。地方财政活动状态如何,它完成收支任务的好坏等,都对整个国家财政发生直接或间接的影响。

(二)预算收支的划分原则和方法

划分各级预算收支,是政府预算管理体制的一项主要内容。中央与地方财政分配上的集中与分散,主要是通过各级预算收支的划分来体现的,因此,正确划分各级预算收支,是处理中央与地方财政分配关系的核心和关键。一般情况下,现代政府预算收支的划分原则大致有以下几点:

1.统筹兼顾原则

在划分中央与地方预算收支时,必须从全局出发,统筹兼顾,全面安排,以确保有限财力的最佳运用。既要确保中央有稳定的财力,以保证其应有的支出需要,加强中央的宏观调控能力;又要使地方有必要的财力,保证地方政府实现其职能的财力需要,促进地方的社会经济发展。也就是说,在全国范围内,中央要做到:国家财政的方针、政策由中央统一制定,地方各级政权机构和各级财政部门必须贯彻执行;国家预算收支必须由中央统一计划和核定,各级财政部门必须保证完成任务,不得随意改变预算计划;全国性的重要的财政法令和规章制度(预决算制度、收入缴库制度等),由中央统一制定;各地区、各部门必须认真执行。在地方上,各级地方政权机构在管理本级财政预算时,一是有权在国家核定的预算和划分的收支比例范围内,结合本地区的具体情况和财力,对本地区的各项建设事业进行统筹安排;二是有权支配和使用按国家规定留给地方的机动财力,即地方预算执行中的收入超收和支出结余部分所得到的体制分成收入,地方的预算外资金和地方预算时设置的预备费;三是有权根据国家统一制定的政策、法令、规章制度,结合本地区的实际情况,制定具体的执行办法和实施细则。

2. 财权与事权统一原则

为了保证中央和地方履行其职能所必需的财力,应当按照各级政府所担负的政治经济任务和企业事业单位的隶属关系划分收支,以使各级政府的预算收支范围与其所执行的各项职能相对称,从而有利于各级政府和各单位统一规划和领导本身事业的开展和发展。要实现财权与事权的统一,就必须要有权与资的结合。这种结合反映在政府预算管理体制上,就是要使各级财政都有各自的收入来源和支出范围,并且要把财政支出同财政收入尽量挂起钩来。只有权与资结合了,才能切实保证财权与事权的统一。在具体的各级预算划分时,凡属于中央直接管理的企业、事业和中央职权范围内的收支,划为中央财政的收支范围。凡属于地方政府管理的企业、事业和地方职权范围的收支,划为地方财政的收支范围。如此安排,既可以使各级政府行使其职能时有必要的财力保证,又可以使财政收支安排同企业、事业的管理密切结合。财权和事权的统一,也有利于调动各级政权机关管理财政的积极性。

3. 收支挂钩原则

为了调动地方政府关心收入和节约支出的积极性,应将地方所需要的支出同地方组织的收入按一定方式挂起钩来,使地方多收能够多支,少收则必须少支,自求平衡,以充分调动地方组织收入的积极性,同时,也可节约使用财力,这样能用其节余办更多的地方性事业等等,从而使得整个财政活动能在节约有效的状态下进行。根据这一原则,收入与支出在中央与地方之间一般的划分是:中央预算支出主要包括国家大型项目投资,中央直属科学、文化、教育等事业单位的经费,以及国防、外交和中央级行政管理费等;地方预算支出主要包括地方中小项目投资,城市公共事业投资,以及地方文化、教育等事业单位的经费和地方行政管理经费等。就中央预算与地方预算的收入划分来看,凡是有关国计民生的骨干企业的收入,以及不适宜按地区划分的关税及民航、铁道、邮电等部门的收入,都应划给中央,其他各项收入再分别划分为中央和地方收入。如果是按税种划分收入,则一般将有关国计民生的、有利于宏观控制的税收划归中央财政所有,大宗税源收入划为中央预算收入或划为中央与地方共享收入,其他税种以及零星小税种收入则适宜划为地方预算收入。

(三) 预算调节的方法

预算收支的划分可以体现各级财政的管理权责和财力的大小,而预算调节方法泛指收支划分和平衡预算的各种方法。预算调节方法总是与收支划分的体制相联系的。平衡预算的方法归纳起来主要有以下几种：

比例分成法。是指首先确定地方预算的支出指标和收入指标,然后根据收支差额确定分成比例(地方留成率或上缴中央的比例),由地方自行组织预算收支的平衡。地方财政如果出现了不能解决的赤字缺口,由中央财政拨款予以弥补。

基数法。这是和比例分成法相关联的一种确定财政收支指标的方法,它是指以上年的实际支付数或前两年执行的平均数作为预算年度的收支基数,并根据收支基数的差额确定分成比例。收支基数及其相应的分成比例一旦确定,就决定了当年或预算体制有效期之内中央和地方之间的分配比例。这种体制下,地方财政一般是自求平衡,实在不能保持平衡而出现地方财政赤字的,仍由中央财政拨款进行弥补。

因素法。这种方法是依据影响地方支出的各种因素及其影响程度,来确定地方支出基数的一种方法。因素法首先要找出影响地方财政收入和支出的各种因素,然后根据各因素对财政收支的影响程度确定其权数,最后计算财政收支基数。

补助金制。补助金制是中央财政弥补经济落后地区的地方财政收不抵支差额的特殊调节方法,是中央财政对地方财政收支预算的逆差,采取由中央财政直接拨款补助,达到该级财政的预算收支平衡的方法。

分税制。这是一种以分税为主要特征,以划分中央与地方政府的事权与财权为实质,并同时配套实施政府间财政转移支付制度的财政管理体制,是西方发达国家实行分级财政体制所普遍采用的划分收支的方法。实行分税制的政府预算管理体制,中央和地方的收入是按税种进行划分的,中央财政和地方财政有各自不同的税种,另外还有中央、地方共享税。中央财政的赤字是通过发行国债的方式予以弥补,而地方财政预算不能有财政赤字,如果出现了少量的决算赤字,则由地方自求平衡。其基本做法是通过划分税种或税率来确定各级财政的收入,并相应地形成中央税制和地方税制,分设国税局和地税局两套税务机构分别征管。分税方法有两种形式:一种是只按税种划分各级财政的收入,多数西方国家采用这一方法。另一种做法是按税源实行分率分征,即对同一税源,各级财政按不同税率征收,主要是美国实行这种办法。

二、政府预算管理体制的类型

政府预算管理体制的类型划分的主要依据是各级预算主体的独立自主程度,其核心问题是地方预算是否构成一级独立的预算主体。按照这个标准,根据我国的实践并参照国外的情况,政府预算体制可分为以下三种类型,即统收统支体制,财政包干制,分级分税的预算体制。

（一）财政集权体制下的"统收统支"制度

在 1980 年之前,我国的政府间财政收支关系基本上是以"统收统支"为特征的。在这种制度下,中央要求地方将所有的财政收入上缴中央,地方为提供公共产品所需的资金全部由中央拨付。这种制度将地方的财政收入(地方私人产品的减少)与财政支出(公共产品的增加)完全割裂开来,地方财政收入的多少与地方公共产品的提供没有任何关系。这样,地方预算线呈现一种变态情形,分裂为收支两条线。

这种统收统支财政体制的主要特征是收支两条线,地方代理中央负责组织收入,并一律解缴中央金库。没有中央拨付命令,不得动用。地方政府所需的一切开支均需中央统一审核,逐级拨付。地方财政收入与地方财政支出不发生直接联系。国家财政制度,包括财政收支程序、税收制度、经费供给标准以及全国的总预算与决算,均由财政部统一制定,报政务院批准后实施。对各项收支实行严格的预算管理。在这样一种财政体制下,没有严格意义上的政府间的转移支付。因为地方财政并非是一级独立的财政,它只是中央在地方上的一个派出机构,负责组织收入。

在改革开放以前相当长一段时期内,我国实行的是一种统一领导、分级管理的财政体制,这种体制的基本特征是:(1) 在中央统一政策、统一计划和统一制度的前提下,按照国家行政区划分预算级次,实行分级管理,原则上是一级政府,一级预算,但实际上,地方预算的收支支配权和管理权很小,并不构成一级独立的预算主体;(2) 虽然在中央与地方之间有职责分工,也有各级政府的预算支出范围,但支出指标是由中央确定的;(3) 主要税种的立法权、税率调整权和减免权集中于中央,并由中央下达地方的收入指标;(4) 由中央统一进行地区间的财力调剂,凡地方收大于支的上解中央,凡支大于收的由中央补助。为防止地方不努力去完成任务,截留收入,当时对计划内的部分通常分为地方固定收入和比例分成收入。固定收入(如地方税等)留归地方,比例分成收入由中央财政确定分成比例。平时按此结算,以防止地方因完不成任务,截留中央收入。年终对超收部分,另定留成比例。中央预算另设的专项拨款,由中央集中支配;(5) 地方预算的收支平衡,从总量上说,基本上是以支定收,结余可以留用;从结构上说,基本上由中央下达指标,地方无权调剂,有时是中央总额控制,分项下达指导性指标,地方有权统筹安排;(6)体制的有效期是"一年一定"或"几年不变",不是长期相对稳定。由于这种体制的基本思路仍然是中央财政对地方实行"收支两条线"的财政资金管理,是高度统收统支体制的改良,因此,通常也称之为统收统支体制。

上述统收统支制度存在两个明显弊端:一是对政府间财政收支关系的处理依赖于地方与中央之间的讨价还价,而不是求助于一套科学的政府间财政规则,这不可避免地会导致财政管理上的随意性,使得在政府间财政收支关系的处理上难以形成一套稳定、公正、规范与透明的制度;二是地方财政没有理财的积极性与自主权,客观上造成了吃大锅饭的局面。

（二）分级包干的财政体制

分级包干财政体制是中共十一届三中全会以来我国开始实行经济体制改革到 1994 年实行分税制财政体制之前所实施的财政体制的总称。虽然,在 1980 年、1985 年、1988 年进行了三次重大的改革与调整,但它们的共同特点是,在划分收支的基础上,分级包干,自求平衡,所以通称为财政包干制,或形象地被称为"分灶吃饭"体制,以区别于"统收统支"制度下的"吃大锅饭"的情况。

政府间财政收支关系上的财政包干通常涉及到比例上缴或比例补助、定额上缴或定额补助等中央与地方财政之间的资金缴拨关系。

在比例上缴的情况下,地方财政按一定比例上缴中央,余下的部分用于地方财政支出。地方的收入与支出之间有一定的联系,收入越多地方用于公共产品的支出也越多。在不上缴的情况下,地方每减少 100 元的私人产品可增加 100 元的公共产品,假定上缴比例为 50%,按此比例上缴之后只可以增加 50 元的公共产品,因为另外 50 元要上缴中央。可见,在比例上缴的条件下,地方组织财政收入、提供公共产品的积极性比起不上缴的情况,是受到了压抑,而且,上缴的比例越大,产生的替代效应就越强,地方的积极性就越低。

比例补助是中央按地方财政支出的一定比例给予的补助。比如地方每支出 70 元用于公共产品,中央就给予 30 元的财政补助,这样,中央就承担了地方公共产品 30% 的成本,这意味着地方公共产品的相对成本减少,这将提高地方财政组织收入和提供公共产品的积极性。

在定额上缴情况下,中央要求地方上缴一定数额的财政收入,上缴额不因地方的行为变化而变化,即不管地方的财政收入是多是少,按既定的数额上缴。定额上缴产生的只是收入效应,它没有改变私人产品和公共产品之间的相对价格,它对于公共产品与私人产品配置的影响是中性的。与比例上缴的情况相比,定额上缴能够使地方较为积极地提供公共产品。

定额补助即中央给予地方财政的补助是一定的,它会增加地方财政对中央补助的依赖性,而不去通过积极地组织地方财政收入来增加地方公共产品的提供。

不论是比例上缴还是比例补助,比例的确定对地方利益都有重要影响。因此,在中央与地方协商制订比例的过程中,地方总是力争压低上缴比例,或者抬高补助比例,以扩大地方利益。在定额上缴或定额补助的条件下,地方为了扩大自身的利益,其本能反应是压低上缴定额,提高补助定额。这都不可避免地会在地方与中央之间进行讨价还价,带有随意性。

可见,无论是比例包干还是定额包干,财政包干制的特点在于地方上缴任务或受补助的数额以比例或定额的方式确定下来,通过一定的放权让利,给地方以一定的财政激励与自主,使地方政府任务明确,利益清晰,激励效果较好。但由于这种财政包干制依赖于政府间的讨价还价,并没有一套规范的原则作为依据,仍存在以下几个突出问题:其一是包干期限问题。期限太短有可能驱动地方政府的短期行为,期限过长又不利于中央财政收入的增长;其二是包干基数未与物价挂钩;其三是各地的包干是"一地一包",造成政府间财政关系极其随意,很不规范;此外这种财政包干制在相当程度上与公平的目标背道而驰,进一步扩大了地区之间的贫富差距,等等。因此,建立一种以规则为依据的政府间财政收支关系势在必然。

(三) 分级分税预算管理体制

分级分税预算体制是实行市场经济国家普遍采取的一种预算体制。综观各国的实践,分级预算体制的特点可归纳为以下几个要点:

1. 实行分级财政预算体制。就是一级政权,一级事权,一级财权,一级预算。在法律规定的事权范围、税权税源、财政补助等范围内,各司其职,各负其责,分别编制和执行自己的预算,各自向同级权力机关负责,自收自支,各级预算相对独立,自求平衡。

2. 以政府间事权为基础,确定各级政府的支出责任和支出范围。首先应在明确市场经济下政府职能边界的前提下划分各级政府职责(事权)范围,各级政府的职能范围应通过相关法律予以规定,在此基础上划分各级预算支出职责(财权)范围。由于各级政府的职责分工明确,各级预算的重点和层次分明。除国防和行政管理费外,中央预算以社会福利、社会保障和经济发展为主,地方预算以文教、卫生保健和市政建设为主。对各级政府的投资职责也有明确分工,或由中央、地方分别承担,或由地方承担中央给以补助,或由中央和地方联合投资。

3. 划分各级政府财政收入和税收管理权限。财政收入的划分主要是税收划分。各国在税收划分问题上,一般分为中央税、地方税、中央与地方共享税,各级政府都有自己相对稳定的税源。大宗收入的税种划归中央,如所得税,地方税种主要是收入弹性小的销售税和财产税;有的对同一税种按不同税率分配,并通过中央的基础税率限制地方税率;有的实行共享或分成制,即属于中央的税种按一定比例分给地方,或者属于地方的税种按一定比例分给中央,双方共享。中央与地方分别成立税收管理体系,分税、分管与分征相结合。在收入划分比例上中央预算居主导地位,以保证中央的调控权和调控力度。

4. 实行预算调节制度,即所谓转移支付制度。在划分各级政府的财政收入时,不同地区的财政能力可能存在差距,某些地区的财政收入与支出之间会留有缺口。为了均衡各地区的财政能力,中央政府通过转移支付,将集中的一部分财政收入以规范的形式补助给地方,以满足地方基本财政支出的需要。这种转移有纵向调节(纵向转移)和横向调节(横向转移)两种形式。纵向调节的典型做法是补助金制度,中央从各地征收国税,同时对每个地方给以补助,实行双向调节。补助金是根据相关因素设计规范化的计算公式,一旦确定则无讨价还价的余地。横向调节是由富裕地区直接向贫穷地区转移支付,实行地区间的互助式调节,不再通过中央预算。

(四)政府间分税的基本原则

美国著名财政学家马斯格雷夫根据公平与效率准则提出的分税原则普遍被认为是指导政府间划分税收收入的基本思想。在政府间进行分税的根据主要是各级政府对各种税收的征收能力及效率。

1. 流动性税基的税种应为中央税。如果由地方政府对该类税基征税,地区间的税收差异会使流动性税基从高税地区流向低税地区,而不是根据经济效率的要求,从边际产出较低的地区流向边际产出较高的地区,因而会引起资源配置的扭曲。由地方政府征收该类税的另一缺点还在于易引起地区间的税收竞争,而税收竞争的最终结果是压低了所有地区的税率,地方政府因而不能有效地取得足够的收入,财政支出也只能维持在一个较低的水平上。因而地方政府不宜对流动性税基征税。由中央政府征收该类税收,则可在全国范围内形成统一的税收标准,避免税收竞争,能提高资源配置的效率及税收效率。

2. 具有再分配性质、以支付能力为基础的税种应由中央政府在全国范围内统一征收,形成统一的累进税率,并使之成为中央政府进行收入再分配的有力工具。地方政府则适于征收受益型税,因为这类税收是根据人们从公共劳务中获得的利益大小来征收的,较高的税率意味着可以享用较高水平的公共劳务。各地区税率的差别会被公共劳务水平的差别所抵消,不会引起生产和居住地点选择上的扭曲。

3. 税基在全国范围内分布不平衡的税种应为中央税。因为这类税若由地方政府来征收,则会引起各地财政收入的极大差异,影响地方政府间财政能力的平衡,加大地区间净财政收益的差距。

4. 收入易发生周期性波动的税种应由中央政府征收,这样既可以使税收成为中央政府稳定宏观经济的政策工具,又可以保证地方政府财政收入的稳定。

5. 在税收体系中占主要地位、收入比重较大的税种应为中央税,这是因为只有中央政府取得大量的财政收入,才有能力调节地区间财政能力的差异,实现宏观经济管理的目标。

6. 易转嫁的税收,如果划归地方,某一地区生产者的税负可以转嫁给其他地区的消费者,从而使该地区的生产成本由其他地区居民不合理分担,因此由中央政府征收比较合适。不易转嫁的税收可以由地方政府征收。

综合上述原则,并考虑到应赋予地方政府一定的组织收入的积极性,保证地方收入的稳定增长,可对一些主要的税种作如下划分:

关税应划归中央政府,以减少不同地区间税收差别对外贸造成的扭曲。

个人所得税,关系到全国的收入再分配,应由中央政府统一征管。因为该税种的一个最显著的特征即为税率是累进的,并且税收收入会随经济发展发生周期性波动,可以成为中央政府进行收入再分配及调节宏观经济稳定的重要手段。

公司所得税的收入也具有周期性不稳定的特点,且税基的分布不平衡,工业化程度较高的地区税基大,也应为中央税。

增值税。其税基具有流动性,且在全国各地的分布不均,差别的税率容易形成生产及交易格局的扭曲,因此应由中央政府进行统一的管理,并且可以成为中央政府进行产业结构调整的工具。

资源税应为中央税,因为其税基具有地区间分布极不平衡的特点,若由地方政府征收,各地会仅仅因为自然资源分布的差异而造成财政能力的不平衡,从而加大中央政府进行地区间财力调节的难度。

非流动性税基的税收,如土地税、房产税等,可以作为地方政府的主要税种。这类税税基不具有流动性,地方政府比较熟悉当地情况,易于征管。

对劣值品的征税。如对烟、酒征收的国内产品税,对环境污染征收的环保税适合于各级政府征收,这主要取决于劣值品影响的范围是全国性的还是地方性的。

使用费与受益税适合各级政府征收,只要与受益范围相适应,不引起资源配置的扭曲。作为受益税的社会保障税,可由中央与地方政府协同征管,其中,中央侧重于制定统一的政策标准,地方负责具体操作。

以上对于划分政府间的税收具有一般指导意义。在实践中,各国的做法不尽相同。一般来说,各国都将关税划归中央,财产税划归地方,至于其余税种的划分则综合考虑收入分配、经济稳定、征收效率等因素,归属各异。

三、中国的分税制财政体制改革的基本内容

改革开放以来,我国的预算管理体制进行了多次改革,其中以 1980 年的"划分收支、分级包干"体制和后来多种形式的财政包干体制最具代表性。但是,随着社会主义市场经济体制的确立,财政包干制越来越不适应经济体制改革的要求。根据党的十四届三中全会的决定,为了进一步理顺中央和地方的财政关系,促进社会资源的优化配置和经济的持续、高速和健康发展,更好地发挥国家财政的职能,增强中央的宏观调控能力,国务院决定从 1994 年 1 月 1 日起改革分级包干体制,实行分税制预算管理体制。

分税制改革的主要内容包括:

（一）按照中央和地方政府的事权，划分各级财政的支出范围

根据现行中央政府与地方政府事权的划分，中央财政主要负担国家安全、外交和中央机关运转所需经费，调整国民经济结构、协调地区发展、实施宏观调控必需的支出以及由中央直接管理的事业发展支出。具体包括：中央统管的基本建设投资，中央直属企业的技术改造和新产品试制经费，地质勘探费，由中央财政安排的支农支出，国防费、武警经费，外交和援外支出，中央级行政管理费，由中央负担的国内外债务还本付息支出，以及中央本级负担的公检法支出和文化、教育、卫生、科学等各项事业费支出。

地方财政主要负担本地区政权机关运转以及本地区经济、事业发展所需的支出。包括地方统筹的基本建设投资，地方企业的技术改造和新产品试制经费，支农支出，城市维护和建设经费，地方文化、教育、卫生、科学等各项事业费和行政经费，公检法支出，部分武警经费，民兵事业费，价格补贴支出以及其他支出。

（二）根据事权与财权相结合的原则，合理划分中央与地方收入

根据事权与财权相结合的原则，按税种划分中央与地方的收入。按照税制改革后的税种设置，将维护国家权益、实施宏观调控所必需的税种划为中央税；将适宜地方征管的税种划为地方税，并充实地方税税种，增加地方税收入；将与经济发展直接相关的主要税种划为中央与地方共享税。具体划分如下：

中央固定收入包括：关税；海关代征的消费税和增值税；消费税；中央企业所得税；地方银行和外资银行及非银行金融企业所得税；铁道部门、各银行总行、各保险总公司等集中缴纳的收入（包括营业税、所得税、利润和城市维护建设税）；中央企业上缴利润等。外贸企业出口退税，除1993年地方已经负担的20%部分列入地方上缴中央基数外，以后发生的出口退税全部由中央财政负担。

地方固定收入包括：营业税（不包括铁道部门，各银行总行、各保险总公司等集中缴纳的营业税）；地方企业所得税（不含上述地方银行和外资银行及非银行金融企业所得税）；地方企业上交利润；城镇土地使用税；个人所得税；固定资产投资方向调节税；城市维护建设税（不含铁道部门、各银行总行、各保险总公司等集中缴纳的部分）；房产税；车船使用税；印花税；屠宰税；农牧业税；农业特产税；耕地占用税；契税；遗产和赠予税；土地增值税；国有土地有偿使用收入等。

中央与地方共享税包括：增值税、资源税、证券交易税。增值税中央分享75%，地方分享25%；资源税按不同的资源品种划分，大部分资源税作为地方收入，海洋石油资源税作为中央收入；证券交易税，中央地方各分享50%。

在划分税种的同时，分设中央税务机构和地方税务机构，实行分别征税。中央税种和共享税种由国税局负责征收，其中共享收入按比例留给地方；地方税种由地税局征收。

（三）中央财政对地方税收返还数额的确定

为了保持地方既得利益,中央财政对地方税收返还数额以 1993 年为基期年核定。按照 1993 年地方实际收入以及税制改革和中央地方收入划分情况,核定 1993 年中央从地方净上划的收入数额(即消费税 + 75% 增值税 − 中央下划地方收入)。1993 年中央净上划收入,全额返还地方,保证地方既得财力,并以此作为中央财政对地方的税收返还基数。1994 年以后,税收返还额在 1993 年基数上逐年递增,递增率按全国增值税和消费税的平均增长率的 1∶0.3 系数确定,即上述两税全国平均每增长 1%,中央财政对地方税收返还增加 0.3%。但 1994 年实际实施时,改为与各地"两税"增长率挂钩。如若 1994 年以后中央净上划收入达不到 1993 年基数,则相应扣减税收返还数额。

（四）原体制中央补助、地方上解及有关结算事项的处理

为顺利推行分税制改革,1994 年实行分税制以后,原体制的分配格局暂时不变,过渡一段时间再逐步规范化。原体制中央对地方的补助继续按规定补助。按原体制地方上解的不同体制类型,对实行递增上解的地区和按实行定额上解的地区,都改为按规定的上解额,定额上解。原来中央拨给地方的各项专款,该下拨的继续下拨。地方 1993 年承担的 20% 部分出口退税以及其他年度结算的上解和补助项目相抵后,确定一个数额,作为一般上解或一般补助处理,以后年度按此定额结算。

第三节　政府间的财政转移支付制度

在分级分税财政管理体制下,中央和地方各级政府各有财源,各司其职。但是由于各级地方政府财权与事权的非对称,以及各级地方政府因为种种原因造成财力上的巨大差别,这就要求中央政府采取一定的措施,均衡财力。规范的政府间转移支付制度就是各国最常采用的,也是最有效的方法。它一方面可以加强中央政府的宏观调控能力;另一方面可以缩小地区间差异,达到均衡发展。

一、转移支付制度的概念和类型

（一）转移支付的概念

转移支付,是指公共部门无偿地将一部分的资金的使用权转让给他人所形成的支出。其一般特征是财力和资金的无偿性转移,因此,它的实质是一种补助。这里的转移支付,指的是政府间的财政转移支付,即:一个国家的各级政府之间在既定的事权、支出范围和收入划分框架下财政资金的相互转移,包括上级财政对下级财政的拨款,下级财政对上级财政的上解,共享税的分配以及不同地区间的财政资金转移。通常把只涉及上级政府对下级政府的财政转移支付称为

狭义的财政转移支付,而把既包括上级政府对下级政府的财政转移支付,也包括下级政府对上级政府的收入转移,称为广义的财政转移支付。本节我们所讨论的转移支付一般是指狭义的财政转移支付。

(二) 转移支付的经济原理

公平与效率是贯穿财政理论和实践的主线,转移支付的理论依据从根本上说也就是效率与公平,且公平与效率目标经常是互补的。在政府间转移支付中要注重效率,主要体现在转移支付要缓解外部性问题;转移支付中要注重公平,主要表现在转移支付有助于平衡财政缺口,解决不同地区间财政均衡问题。

1. 弥补地方财政收入与支出缺口是实行转移支付的一个首要原因

由于中央政府在发挥再分配和稳定经济职能中的比较优势,一般把更有效的税收和债务工具划分给中央政府。而地方政府具有提供与人们的偏好相适应的公共服务、较好地发挥地方政府在资源配置和支出方面作用的潜力,但在收入划分方面,为了不扭曲市场机制,中央集中了大量收入。中央财政收入能力远远大于支出需求,而地方财政收入能力难以满足支出需求,这样,就形成了纵向财政不平衡。各国纷纷通过转移支付补充地方财力,以保证地方政府正常履行职责。要解决这一"纵向财政非均衡"问题,中央政府一般采取无条件转移支付方式。

2. 为了保证地方政府能够提供最低标准的公共产品,实现公平与效率,需要中央政府对地方政府进行转移支付

有些具有再分配特点的公共服务可以按效率及其计算的标准分配给地方政府,但必须有一个中央部门负责保证这些服务在全国范围内达到广义上的特定共同最低标准。社会保障、卫生和教育是这类服务的主要例子。要素流动和税收竞争限制了地方政府(相对于中央政府)执行分配职能的有效性。这些因素使地方政府不愿提供十分充分的这类服务,而且限制那些最需要的人们进入其地区,如低收入者和老人,这些人的涌入会对削减费用构成较大的威胁。因此,中央政府应该通过转移支付达到最低公共服务标准,以有利于保证中央特定服务水平和数量标准的一致性,实现横向财政平衡。确定最低公共服务标准还可以减少限制地区间要素和商品流动的壁垒及地方封锁,因而有利于提高效率和统一市场的培育。

3. 公共产品外溢的补偿

地方政府提供的公共产品和服务,如其受益范围超过本地区,可能使其他地区居民在不承担任何成本的情况下受益,这就产生了外部效应。地方政府只是根据本地区居民的效益而不考虑外溢到其他地区的效益进行分析,如果中央政府不给予其补偿,则公共产品提供的量肯定会因成本与收益不对等而低于其最佳提供规模,这显然不符合资源配置效率的要求。在外溢性涉及到许多地区,由

于相互协调的成本高昂,难以达成一致意见的情况下,应由中央政府采取配套转移支付,以激励地方政府提供更多的公共产品。

4. 稳定经济

在经济萧条时期增加中央对地方的转移支付,在经济高涨时期减少转移支付数额,可以缓解经济波动,有助于经济稳定,这时政府间转移支付就是一种经济的自动稳定器,尤其是资本性补助在这方面的作用更为明显。

(三) 转移支付的类型

最基本的转移支付类型有三种:有条件拨款、无条件拨款、分类拨款。

1. 有条件拨款,也称专项拨款或选择性拨款,是指附带条件的拨款。拨款提供者在某种程度上指定了资金的用途,拨款接受者必须按规定的方式使用拨款资金,比如说,专门用于教育、公路建设、环境保护等特殊用途,专款专用是其最基本的特征。

有条件拨款可分为配套拨款和非配套拨款。非配套拨款是指拨款者提供一笔固定资金,并规定它必须用于指定的项目;配套拨款是指接受拨款的政府必须自己筹集到一定比例的款项,才有资格接受上一级政府的拨款。配套额可以确定为占受补政府自己支出额的某个百分比,比如说 50% 的配套拨款意味着受补政府每支出 1 元,可获得 0.5 元的拨款额。有条件的配套拨款又可分为有限额的配套补助和无限额的配套拨款。前者规定接受拨款的政府可以得到的最高拨款的数量界限,在这个限额以下,中央政府按规定的比例对地方项目进行补助,超过这个限额,补助不再增加。比如说受补政府的支出额在 100 万元以下的,按其支出额的 50% 提供拨款。如果支出额超过 100 万元则最多也只能拿到 50 万元拨款额。无限额的配套拨款不规定拨款接受者可以得到拨款的量高限额,只要有自有资金,就一直可以按自有资金投入的某个百分比从拨款者那里获得配套资金。在配套拨款的情况下,拨款额是变化的,它取决于拨款接受者的行为,特别是在无限额配套拨款的情况下尤其如此。

2. 无条件拨款。无条件拨款也称一般性拨款或收入分享,它不规定拨款的使用范围和要求,拨款接受者可按自己的意愿使用拨款。中央政府向地方政府提供无条件拨款,最主要的目的是平衡地方政府间的财政能力,保证每个地区基本水准的公共服务。无条件拨款可以是一笔固定的款项,但也可能取决于拨款接受者的行为,比如说根据拨款接受者自有收入的情况给予拨款额。在这里把拨款额的多少取决于接受者收入努力程度的拨款称之为努力相关性拨款。在现实中,收入努力通常由税收努力来表示。

在努力相关性拨款计划中,一个地方政府获得拨款额的多少取决于当地政府的税收努力的程度。这就必然会产生这样一个问题:拨款者究竟要拿出多少数额的拨款以及拨款总额何时才能最后确定。对接受拨款的政府来说,它希望在确定自己税率的同时就知道自己所能得到的拨款额。但是,对想要保证某个拨款总额的拨款政府来说,只有在知道了全部受补地方的税率的情况下才能确定有关的参数。这种安排的后果之一是受补政府无法在其确定税率的时候知道其全部的收入水平,从而降低了地方政府对其总收入的可测性,这对拨款收入占财政收入很大比例的地方很不利。后果之二是,当某地改变税收努力时,其收入的变化没有拨款方案所显示的那么大。

假定拨款政府希望受补政府全部的税收和拨款收入与其税收努力成比例;再假定只有 A、B 和 C 三个地区,这三个地区有一样多的人口,所做的税收努力也一样,其他各方面的条件也均一样。因此,三个地区都得到同样的拨款额,比如 40 万元。如果 A 地区考虑提高其税收努力一倍,那么它将期望其拨款收入增加到 80 万元,比 B 和 C 地区增加一倍。但是,如果拨款政府把拨款额维持在原来的 120 万元,它要支付 A 地区的拨款额为 B 和 C 地区的两倍的话,A 地区只能拿到 60 万元,B 和 C 地区分别拿到 30 万元。收入确实与努力程度成比例,但关键是对 A 地区来说,它的税收努力提高一倍,拨款只增加 50%。如果受补的地区越多,对 A 地区来说就越有利。比如,A、B、C、D 四个各方面条件都一样的地区,所做的税收努力也一样,各获得 40 万元的拨款。如果 A 地区提高税收努力一倍,它获得的拨款将是其他地区的两倍。如果总的拨款额仍旧保持在160 万元,A 地区得到 64 万元,而其他三个地区各得到 32 万元。这样的话,A 地区增加税收努力一倍,其拨款额收入提高了 60%。

总而言之,在现实中,为了保证拨款额与拨款政府预先确定的数额相等,努力相关性拨款的公式通常是在各受补政府确定其税率之后才确定的。但这种保证拨款政府支付拨款额的确定性是以受补政府对其获得拨款的不确定性为代价的。如果倒过来也许更可取些,即拨款公式在各受补政府确定其税率之前就定下来。拨款政府某一年实际支付的拨款额也许高于或低于它所希望的,但拨款政府可以通过逐年对公式的调整,以便在一定的年限内,缩小实际拨款额与意愿拨款额之间的差距。

3. 分类拨款与分项拨款。分类拨款,只就某一类支出的拨款总额作出规定,但不规定具体项目,在同类范围内,地方政府自行决定拨款的具体使用项目。分项拨款,则规定了具体项目。分类拨款是介于有条件拨款和无条件拨款之间的一种拨款类型。比如,中央政府拨款,规定用于教育支出,地方政府可以自行决定增加教师工资,购买图书资料及计算机或建造学生宿舍等,在保证拨款资金用于教育的前提下,下级政府拥有资金使用的自主权,这属于分类拨款。而如果中央政府拨款,规定必须用于增加教师工资,这属于分项拨款。

二、我国政府间财政转移支付的形式和特点

(一) 我国政府间财政转移支付的形式

我国现阶段政府间财政转移支付的形式按照对拨款资金的使用有无限制和附加条件,仍可分为有条件拨款和无条件拨款。就无条件拨款来说,主要有中央对地方的税收返还、体制补助和结算补助等。

税收返还是指1994年分税制财政体制改革中,为了保持地方既得利益,中央财政对地方税收返还数额以1993年为基期年核定。按照1993年中央从地方净上划的收入数额(即消费税和75%增值税之和减去中央下划地方收入),全额返还给地方。税收返还的办法是首先核算中央对地方的税收返还基数,核算公式由下式表示:

$$R = C + 75\% V - S$$

其中,R——1994年中央对地方税收返还的核定基数

C——消费税收入

V——增值税收入

S——1993年中央对地方的下划收入

税收返还基数的核定是以保证1993年地方的既得利益为前提的,$C + 75\%V$是分税种划分后把原来的共享收入份额转化为中央收入的数量;S是原体制地方已得的份额。两者的差额R,就是按照新税制规定中央从地方净上划的收入数额。为了不影响地方的既得利益,1994年中央把这部分多得的净收入如数返还给地方,并以此作为返还基数。1994年以后,税收返还在这个基数上逐年递增,地方若达到了核定的计划增长数,递增率按增值税和消费税的平均增长率的1:0.3系数确定,即上述两税全国平均每增长1%,中央财政对地方税收返还增加0.3%。若达不到计划增长数,中央则采取一定的方式(如调低返还系数)适当减少返还数。1994年以后,如果中央净上划收入达不到1993年的基数,则相应扣减税收返还数额(即R)。这意味着地方必须从自己的地方收入中拿出一部分收入来填补缺口。1994年以后中央对地方的税收返还额将按下式计算:

$$R_N = R_{N-1} + R_{N-1} \times 0.3 (C + 75\% V)_N - (C + 75\% V)_{N-1}$$
$$R_N = R_{N-1} (1 + 0.3 R_N)$$

其中,R_N:1994年以后的第n年的中央对地方的税收返还额;R_{N-1}:第n年前一年的中央对地方的税收返还额,r_n:第n年的中央两税收入的增长率。

中央对地方的税收返还是我国无条件拨款的最主要形式,无条件拨款的另两种形式是体制补助和结算补助。体制补助是从分税制财政体制改革以前的分

级包干制中保留下来的。如果在中央对地方核定的收支基数中,地方支出基数大于收入基数,其差额由中央财政给予补足。结算补助是指在一个财政年度终了时,中央政府与地方政府在结算时,中央政府给予地方政府的补助。其中主要是在该财政年度中,由于企业或事业单位隶属关系的变化,以及在预算执行中因新出台政策措施的影响,需要在年终时给予地方政府的补助。

我国目前的有条件拨款即专项补助有上百种之多,但从补助的具体用途来看,大致可分为三类:一类是主要对地方经济发展和事业发展的项目补助;第二类是特殊情况的补助,例如自然灾害补助等;第三类是保留性专项拨款。这是指在原体制中,主要对地方的一些项目补助数额比较固定的补助依然保留,采取定额包干的办法,以后不再增加。例如增编经费、军队转业干部经费、由中央承担的城镇职工的生产补助等。

（二）我国政府间财政转移支付的特点

1. 中央对各地税收返还额的确定方法保留了原体制的不合理因素,既缺乏科学的依据,也有悖公平。为了保护各地区的既得利益,中央对各地区的税收返还额以1993年的实际收入作为基数,而原体制的上缴或补助办法也以过去某一年的收入和支出作为基数,这一方面形成了一省一率、一省一额的非常不规范的转移支付制度;另一方面,按照"基数法"确定的税收返还数既不考虑各地区的收入能力和支出需要的客观差异,也缺乏比较合理的客观标准。这导致了不规范的分配模式,也鼓励了地方讨价还价的行为。它不但没有解决长期以来形成的各地区间财力的不均问题,而且使这种财力的地区间的不均在新的体制下以税收返还的形式固定下来了。

2. 有条件拨款的项目过多,管理分散,难以形成有效的力量贯彻国家的政策意图。我国转移支付制度种类繁多,补助对象涉及到各行各业,管理和分配补助的单位有财政部的一些专业司局,也有中央部委;拨款的资金来源既有预算拨款,也有预算外资金,这样的拨款制度不可避免地出现资金使用的分散、浪费和低效率。

3. 转移支付的目标不够明确,透明度低,随意性极大。在财力转移上,没有建立起一套科学、完善的计算公式和测算办法,中央对地方的有条件补助主要取决于各地讨价还价的能力。并且有条件的配套补助有利于发达地区,因为只有发达地区才有能力提供配套资金,而落后地区无法提供,这样将进一步拉开地区之间的财力差距。

4. 缺乏监督约束机制。转移支付资金大多为无偿使用,在资金使用方面尚未建立一套有效的监督、审计系统,对资金是否做到专款专用,还不能准确及时掌握信息,对违反使用规定的地方政府,缺乏有威慑力的惩罚手段。

三、转移支付制度的完善

建立规范化、法制化的转移支付制度是进一步完善分税制财政体制的主要任务之一。一个有效的转移支付体系应该满足如下几个条件：保证各级政府的财政收支平衡、鼓励地方政府努力征税和控制支出、使地区间提供同样服务的财政能力均等化。一个地方政府得到的转移支付应当与其支出需求呈正相关，与其自有收入呈负相关，具有透明性与稳定性。中央政府应公布转移支付公式，使每个地区能对其财政收入(包括转移支付)作出比较准确的估计，以利于其制定预算。另外转移支付必须具有相对的稳定性，使地方政府能作较为长期的计划。

要建立科学规范的转移支付制度，当然首先必须适当调整中央与地方事权划分范围，并以此为基础，进一步明确中央与地方财政支出责任。其次，要根据经济发展的变化，合理地调整现行中央与地方财政收入分配格局，重新调整中央与地方税种分配，既要确保中央财政在收入分配上的主导权，以利于中央对国民经济实施宏观调控，又要能够充分发挥地方理财的积极性。与此同时，还必须做到以下几点：

第一，合理确定转移支付的范围和目标。从发达国家看，中央对地方转移支付的范围是相当广泛的，如美国联邦政府的转移支付制度就涉及500多个具体项目。我国是一个发展中国家，经济发展极不平衡，因此，我国财政转移支付的范围和目标应有所侧重，同时，结合国情，还应建立以扶持农业、能源、交通发展为目标的基础建设专项补助，以促进基础产业与加工产业的协调发展；建立以扶持教育、医疗等公共事业为目标的公益事业专项补助，以有重点地加强公共产品供给。

第二，建立科学规范的转移支付计算方法和转移支付预算，其中主要是实行转移支付公式化。一些国家经过多年的探索，在这方面已逐渐形成了一整套相对稳定的规范，可作为我们的借鉴。基本要领是：先根据各地经济税基、财政供养人口等因素测算全国统一的(人均)标准财政收入与支出，然后依据客观因素考虑各地收入与支出的调整问题——要确立在决定中央对各地的具体补助数额时所依据的自然、经济、社会的诸相关因素，如人口数量、土地面积、人均 GNP、少数民族、资源状况和社会发展的某些代表性指标等等，再规定这些因素各自所占的分值或记分权数，形成计算公式，然后分别计算出各地的分数，并把所有地区的分数加总，去除中央级的财政转移支付总额，得出每一分所对应的补助支出额，这时便可具体算出各地应得的中央财力补助基本数额。此外，编制转移支付预算，并将之纳入整个复式预算体系。

第三，加强转移支付制度的法制建设。目前，法制管理的核心是要对转移支付资金收支测算、方法改进、预算编制、审批、执行到决算等各个环节，都规定严格的程序、规范与责任制。同时，还要建立监督体系，如专项补助资金使用跟踪问效,项目执行结果的考评制度、审计制度等。

第四节　政府间的税权划分

在分税制的情况下,税收收入是各级财政收入的主要来源,因此怎样合理地划分税收权利,是处理政府间财政分配关系的一项重要内容。

一、税权划分的依据

(一) 税权的基本含义

政府间的税权主要包括税收的立法权、课征权和归属权。

1. 税收立法权。税收立法权是指通过立法确定税的开征、停征或者撤消的权利。从财政体制及财税权限的角度来看,税收立法权的归属状况如何,是决定一个国家的财政管理体制的性质与特点的一个重要因素。从目前世界各国的情况来看,在税收立法权的归属上大体有如下两种类型:一种类型是立法权相对分散,中央和地方立法机关均有一定的税收立法权;另一种类型则是立法权归属于中央,地方没有或者基本上没有税收立法权。

2. 税收课征权。税收课征权实际上是指对税的行政权或者征税权。税收课征权在国家政权级次的归属上既可以同税收立法权的政权级次归属相一致,也可以不一致。有些国家的税收课征权和立法权在政权级次的归属上是一致的,例如法国,税收立法权和税收课征权均集中于中央,在全国不设地方税务征收机构;有些国家则不一致,例如日本,是将税收立法权集中于中央,但同时分设中央和地方各级税收征管机构,分散行使税收的课征权。我国的情况与日本的体制相类似,税收立法权主要集中于中央,与此同时,中央和地方分享对税收的课征权。

3. 税收归属权。税收归属权的分配是在各级政府之间划分财政收入的一个主要手段。这项权力与税收的立法权、课征权的归属有一定的联系。但是,在许多国家,在财政管理体制上往往将税收的归属权与课征权紧密地联系在一起,同时划分给同一个级次政权,认为将两者合在一起,有利于调动相应级次的政府在税收征管方面的积极性。

(二) 税权划分的依据

一般来说,全国性的公共产品由中央政府来提供,地方性的公共产品由地方政府来提供。作这样的划分是依据受益原则和职权下放原则来进行的。受益原则是指按受益范围来划分事权。如受益范围局限于地方的市政建设、地方治安等,由地方负责;受益范围遍及全国的国防、外交、空间探索、基础科学研究等,则需要由中央政府负责。职权下放原则是指凡是低一级政府能做的事,一般都不上交上一级政府,这不仅有利于提高办事效率,也便于民众监督。对许多需要各级政府共同承担的事务应按照支出责任和受益程度的大小确定各级政府负担的开支比例,并以转移支付的方式将资金归集到承担具体事务的政府。当然,政府间的事权划分并不是一成不变的,在市场经济的发展过程中,各级政府的职能和事权都是不断变化的,这就需要及时调整中央政府和地方政府的事权。

按照公共产品的层次性来划分各级政府间的事权和财政支出范围,根据财权和事权相结合的原则,明确划分了政府间的事权和财政支出范围后,就要有相应的财权作保证。现阶段由于我国政府的财源主要依靠税收收入,税收在各级政府间的划分,在很大程度上决定了各级政府的基本财政收入。在支出责任明确的前提下,税收的分配也决定了政府间财政转移支付的总量规模和补助范围及程度。因此,一般来说,凡是属于地方事务所需要的财力,除了上级政府的财政转移支付的资金以外,其余的权力(主要是税权)应当下放给地方。这是因为:首先,地方政府比中央政府更了解当地居民的偏好,掌握的信息更及时、更充分、更完善,而且能够对当地的偏好及环境变化做出及时的反应,并提供满足当地居民的公共产品,因而由地方政府来进行收税和制定相应的税收法律制度,会比中央政府提供得更全面、更有效率。其次,事权的对称性。地方性的事务要由地方政府来承担,这就需要充足的资金来源,可是,由于地方政府只具有税收征管权,而没有相应的税收立法权,就无法从本地区的实际出发,课征一些符合本地区特色的赋税,从而为地方经济、政治、社会的发展需要提供应有的财力。再次,风险的不确定性。地方政府为了本地的经济发展,必须提供公共产品来满足当地居民的需要。然而由于在提供这些物品过程中,存在较大的风险,对此,地方政府就要有相应的风险预算,但由于地方政府受到财力的制约,即使预见到风险,可能也无力采取有效的措施来应对风险。这是地方政府缺乏相应税权的重要表现。如果能够赋予地方政府有相应的税收立法权,就会制定相应的税收法律,以某些税收收入作为地方的预警资金。所以,划分税权的依据是能充分保证地方政府履行其职能的基本财力需要,并且中央政府要能进行有效的宏观调控。

二、税权划分的方法

税权划分的方法一般有三种:(1)分散立法,按照税率分率分征;(2)集中立法,按照税种划分收入;(3)税权集中,税种共享。

美国是按第一种方法划分税权的国家。美国在政治上实行联邦制,政权分为联邦、州和地方三个级次,各个级次在行政上不存在领导与被领导的关系,相应地,在税权划分方面,各级政府都有自己的立法权、课税权和税收的归属权。即联邦一级有对联邦税的立法权、课税权和税收的归属权;州和地方也分别拥有对州和地方税的立法权、课税权和税收的归属权。美国按照税源实行分率分征分税模式来确立各级政府的主体税种。其中主要涉及个人所得税和公司所得税两个税种。个人所得税分别为美国三级政府所有,各级政府在税基基本相同的条件下各自按照一定的税率分别征收;公司所得税则为联邦和州两级所有,在税基基本相同的情况下,由联邦和州两级政府分别按照一定的税率征收。除了这两种所得税以外,对于其他税种则是按照税种划分各级政府的税收收入的。所以,这里所讲的"按照税源分率分征的分税立法",只是就主体税种而言的。

　　一般在政体上实行"单一制"的国家采用集中立法,按照税种划分收入的分税模式。单一制作为目前世界上普遍存在的一种主权国家制度,它的基本特征是一个主权国家有统一的宪法,中央政府代表国家作为国际交往的主体。一方面,单一制政体的这个特征决定了它在财政管理体制上的立法权是集中的;相应地,从实行这种政治体制和财政体制的国家的实践来看,其税源比较丰富、能够形成比较多的税收收入的税种也划归中央政府所有,从而形成了中央政府的财政收入规模比较大、地方政府的财政收入规模比较小的财政收入分配模式。另一方面,地方政府却承担了大部分公共产品和服务的供纳任务,从而要求对地方的财政收支进行平衡,这就需要通过中央政府对地方政府实行转移支付来达到这个目的。税收立法权集中,是由一个国家的政体的性质所决定的。实行这种体制的国家一般都将税收的立法权集中于中央政府,地方政府只是在很小的范围内拥有立法权。需要注意的是,目前在世界上似乎有一种加强地方财政自治的趋势,但是,这并没有改变政体上实行单一制的国家在财政体制上实行立法权集中的财政体制特征。如日本,现行的财政管理体制是在第二次世界大战结束以后确立的,实行分税制的财政管理体制。日本目前的财政管理体制是在地方自治与中央集权的基础上形成的,但是这并没有改变"立法权集中"这个财政体制特征。其主要原因在于:日本地方自治的权利是由中央赋予的,地方权力的大小是由中央决定的。日本的地方税是在 20 世纪中叶由中央税下放而成为地方税的,地方财政支出的范围也是由中央政府逐级下放和规定的。不仅如此,目前日本中央政府仍然控制着地方税的立法权、地方债的发行审批权等权力。在其他实行单一制政体的西方市场经济发达国家也有类似的情况。在日本,税源比较大的税种划归中央所有,这是因为政治上集权最终需要通过经济上的集中来体现。此外,加强中央对全国经济的宏观调控也是这些国家不仅按照税种,而且还根据税源的丰裕程度来确定中央税种和地方税种的一个重要原因。从社会区域经济协调发展的角度来看,税源比较大的税种由中央统一掌握,效果比较好。

　　目前世界上只有德国实行"税权集中,税种分享"划分税权的方法。和美国一样,德国也实行联邦制,但德国的财政管理体制却与美国不同,德国实行一种比较集中化的财政管理体制。德国的"集中化"方式同单一制的国家还是有所不同的。在德国,对于共享税和联邦税,联邦一级只是拥有一定的立法权或者优先立法权;对于各州的专有税种,联邦政府也有优先立法权。因此,德国的税收立法权的集中化程度是相对的。德国的税收立法集中程度要高于美国等西方实行联邦制的国家，但是低于实行单一制政体的西方国家的财政体制集中化程度。另一方面，德国的税收管理权相对分散在州一级，其中，共享税、州税、地方税和除了关税、工资税、联邦消费税以外的其他联邦税均由州财政部门负责征收。德国的税收分配体制是以共享税为主体，共享税和专享税并存。其中，税额大的税种如个人所得税、工资税、公司所得税和增值税成为共享税，关税和消费税为联邦税。

本章小结

财政管理体制，是在中央与地方政府间以及地方政府之间划分财政收支范围和预算管理职权制度的总称，也称为预算管理体制，其实质是正确处理国家在财政资金分配上的集权与分权问题。其基本内容有：收支范围的划分及其划分的形式；预算管理责任和权限划分；政府间转移支付规定等。财政管理体制的核心是集权与分权的界定问题。

中央与地方政府职能分工有两个基本依据：现代财政联邦制理论认为，在一般情况下，财政的收入分配和宏观调控职能由中央政府行使，而财政的资源配置职能则由中央政府和地方政府共同行使；二是公共产品受益范围标准。

政府预算管理体制是处理中央和地方以及地方各级政府之间的财政关系的基本制度。是国家预算编制、执行、决算以及实施预算监督的制度依据和法律依据，是财政管理体制的主导环节。政府预算管理体制的主要内容包括：确定预算管理主体和层次，一般是一级政权即构成一级预算管理主体；预算收支的划分原则和方法；预算调节制度和方法。

分级分税预算体制是实行市场经济国家普遍采取的一种预算体制，其特点可归纳为：实行分级财政预算体制；以政府间事权为基础，确定各级政府的支出责任和支出范围；划分各级政府财政收入和税收管理权限；实行预算调节制度，即所谓转移支付制度。从1994年1月1日起我国也开始实行分税制预算管理体制。

美国著名财政学家马斯格雷夫根据公平与效率准则提出的分税原则普遍被认为是指导政府间划分税收收入的基本思想。在政府间进行分税主要是根据各级政府对各种税收的征收能力及效率。

转移支付通常指的是政府间的财政转移支付。在政府间转移支付中要注重效率，主要体现在转移支付要缓解外部性问题；转移支付中要注重公平，主要表现在转移支付有助于平衡财政缺口，解决不同地区间财政均衡问题。最基本的转移支付类型有三种：有条件拨款，无条件拨款，分类拨款。

在分税制的情况下，税收收入是各级财政收入的主要来源，因此怎样合理地划分税收权利,是处理政府间财政分配关系的一项重要内容。政府间的税权主要包括税收的立法权、课征权和归属权。税权划分的方法一般有三种:(1)分散立法,按照税率分率分征;(2)集中立法,按照税种划分收入;(3)税权集中,税种共享。

复习与思考

一、名词解释

预算管理体制　财政集权与分权　地方性公共产品　分税制　政府间的财政转移支付　有条件拨款　无条件拨款　分类拨款　横向财政平衡　纵向财政平衡　税收的立法权　税收的课征权　税收的归属权　地区性的外溢性

二、思考题

1. 试述市场经济条件下公共财政的职能应如何在各级政府间分配,为什么?

2. 阐述分级分税预算体制的基本内容。

3. 划分政府间支出责任的基本理论依据是什么?

4. 简述马斯格雷夫的税收划分原则。

5. 试述实行财政转移支付的理论依据及财政转移支付的种类。

6. 简述 1994 年中国分税制改革的主要内容以及进一步完善中国分税制应思考和研究的问题。

7. 政府间税权划分的依据有哪些? 税权划分的方法一般有哪几种?

第十章 宏观财政理论与财政政策

第一节 财政平衡与财政赤字

一、财政平衡的含义

财政平衡是指国家预算收支在量上的对比关系。收支对比不外是三种结果:一是收大于支有结余;二是支大于收出现赤字;三是收支相等。就经济内容上分析,收支正好相等的情况在理论上是可以成立的,但从实际经济运行来看,这种情况几乎是不存在的,而且当今世界各国年年有预算结余的国家也为数很少,预算逆差倒是收支对比的常态。就现代市场经济国家而言,财政赤字已经是一种世界性经济现象。因此,财政平衡不过是收支对比的一种理想状态,作为预算的编制和执行追求的参照系而已。我国历来将"收支平衡、略有结余"作为实行财政平衡的重要原则。但执行"略有结余",并不是要求年年有结余。如果连续地出现结余,滚存的结余形成了较大的数额,使财政资金得不到有效的利用。因此,若有结余存在,动用结余也是合理的。目前我国财政的总预算会计上采用"收付实现制"原则来核算预算资金。因此按照我国的统计口径,动用上年结余或历年滚存结余,在当年就表现为支出大于收入的赤字。可见,在某种意义上,赤字和结余是相对而言的,它与财政平衡概念并不是绝对排斥的。即在动用结余的当年虽然统计上会出现赤字,但在相邻的几个年份如果有结余,从动态的数年份看,财政收支仍可视作平衡。财政平衡是在收与支这对矛盾不断产生又不断解决的过程中实现的。所以,略有结余属于基本平衡,略有赤字也应视为基本平衡,两者都是财政平衡的表现形式。不过连续多年有结余固然不利于经济的发展,连续多年略有赤字也会累积成较大的赤字,此时财政的基本平衡就会遭到破坏。

新中国历史上,人们对财政收支出现负数存在一种惧怕心理,认为财政预算中出现赤字是很不光彩的事,甚至会损害社会主义优越性,一旦出现赤字,就认为国民经济发生了多么严重的问题,所以无论如何,也不能接受"财政收支平衡、略有赤字"这种平衡形态。因此在我国的经济运行实践中,财政平衡有时是真实的,有时也可能是虚假的,即"假平衡、真赤字"。虚假平衡产生的主要原因,或是国民经济比例失调;或是政府财政政策失当,财政支出失控;或是由于工商之间缺乏明确的权责关系,使质量不合格、品种不对路的商品由生产单位转移到商业部门。当商业部门向生产部门支付货款后,生产部门上交了税收和利润,商品却积压在仓库里,这种税利就是没有物质保证的虚假收入,而这种虚假收入又是从银行对商业部门的贷款转化而来的。这种虚假平衡与公开的赤字一样,会导致信用膨胀的后果。财政上的虚假平衡在 1958—1960 年 3 年间表现较为突出。财政虚假平衡有较大的隐蔽性,会让人们产生一种错觉,误认为财政状况良好从而导致决策上的失误。就此而言,虚假平衡比公开的赤字有更大的危害性。

研究财政平衡要有动态平衡的观点,不能局限于静态平衡。静态平衡的主要表现是不考虑时间因素,只考察一个财政年内的收支对比状况。动态平衡则要引进时间因素,考虑年度之间的联系和衔接,研究未来财政收支的发展趋势,研究经济周期对财政的影响以及财政对经济周期的调节作用,以求得一个时期的内在平衡。

研究财政平衡还要有全局观点,不能就财政平衡论财政平衡。财政状况是国民经济运行的综合反映,财政收支是宏观经济的重要指标,财政政策又是宏观调控体系的重要组成部分。财政收支作为一种货币收支,同国民经济货币体系中其他货币收支,是相互交织、相互转化的。财政部门作为一个经济部门,它的收支同家庭部门、企业部门以及对外部门的收支有着密切的联系,而且是互补余缺的。只有从国民经济全局出发研究财政平衡,才可能分析财政平衡状况后果,探求改善财政状况的对策,也才可能运用财政政策有效地调节经济运行,达到优化资源配置、公平分配以及稳定和发展的目标。

财政收支平衡可以从中央预算平衡和地方预算平衡分别考察。根据我国过去的财政体制,一般是把中央财政与地方财政合到一起,从总体上进行考察。这种考察虽可反映国家财政收支的全貌,却不能反映中央与地方政府各自收支的对比情况。比如,1979 年以来出现的财政赤字主要是中央财政赤字,地方财政除少数年份出现赤字外,多数年份均为结余,而地方的结余又可抵补中央财政的赤字。即是说,中央财政实际存在的赤字比国家公布的财政赤字数要大得多。随着财政体制的改革,地方财政将成为一级独立的财政主体,在中央预算与地方预算分开的情况下,分别考察中央预算的平衡与地方预算的平衡,就十分必要了。

二、财政赤字的计算口径

通常情况下,计算财政的结余和赤字有以下两种不同的口径:

1. 赤字或结余 =（经常收入 + 债务收入）-（经常支出 + 债务支出）
2. 赤字或结余 = 经常收入 -（经常支出 + 支付债务利息）

这两种口径的主要差别在于,债务收入是否计入正常收入之中,以及债务的清偿是否计入正常支出。按第一种口径,债务收入计入正常财政收入,相应地债务还本付息也计入正常支出。按第二种口径,债务收入不列为正常收入,相应地债务的偿还也不列为正常支出,但利息的支付却列入正常支出。世界各国的计算口径是不同的。前苏联历来把公债列为正常财政收入而不作为弥补赤字的来源。所以从苏联战后的统计数字看,几乎年年有财政结余。但如果把公债从收入中扣除,则存在多年的赤字。西方发达国家对债务的处理也不尽相同。美国一向不把公债收入作为正常收入,而明确地作为弥补赤字的来源。日本则把公债分为建设公债和赤字公债,仅将赤字公债作为弥补赤字的来源。国际货币基金组织编制的《政府财政统计年鉴》中则把举债同弥补赤字联系在一起,年鉴所说的赤字或结余是如下两项比较的结果:(1)收入和补助总额。收入包括税和非税的各种传统财政收入基础上以及出售固定资产和股票等资本性收入,补助则指来自国内外的无偿补助收入。(2)支出和净增贷款。支出包括行政、国防、文教卫生、社会福利、经济服务、对国内外的补助等传统支出基础上以及获得固定资产和股票等资本性支出,净增贷款指本期对国内外提供的贷款数额与贷款回收数额之间的差额。(1)减(2)等于结余或赤字,发生赤字则国内外债务以同等金额增加;发生结余,则国内外债务以同等金额减少。

新中国成立以来,我国出现过两种不同的计算口径和处理方法。1950年发行人民胜利折实公债,当时发行的目的就是为了弥补财政赤字。1954年发行经济建设公债,其收入列预算收入,同时相应地把公债的还本列为预算支出;同样把外债收入也列入预算收入,外债的还本付息则列为支出。按此口径,支出超过收入的差额才叫赤字。把举债视同收入、债务的还本付息列为支出的作法,在较长时期内被沿用下来。1979年以来,财政连年出现赤字,除1981年发行国库券明确是为了弥补1980年中央财政赤字以外,其他数年债务收入(不包括向银行的借款)都列为预算收入。1994年国务院作出了财政赤字不得向银行透支、必须通过发行公债来弥补的决定,我国对财政赤字同时采用公式(1)和公式(2)两种计算,并以公式(2)为主。

从公债的历史来考察,公债的产生是与财政赤字相联系的,公债一般成为弥补财政赤字的资金来源。在通常情况下,当财政支出超过财政收入时,政府往往通过发行公债来弥补财政缺口。财政收入是一种具有非偿还性的政府收入。而按第一种计算口径,混同了债务收入和经常性财政收入两种不同性质收入的客观界限,扭曲了债务收入的性质,掩盖了国债的有偿性、风险性,人为地扩大了财政收入的水平和规模。用该口径计算得出的财政结余或财政赤字,只能掩饰财政收支矛盾,无法客观地反映财政平衡的实际状况。同时,国债收入和一般财政收入混同起来,也无法对国债的成本和使用效率进行科学考核,也就会影响国债收入的有效使用。因此,有必要将债务收入单列开来。据此,1998年我国对财政总预算会计核算体系进行了重大改革,明确了债务收入不属于经常性预算收入,而是属于"暂收款",同理,债务本金支出也不属于预算支出。这一改革,为我们正确地计算和评价财政赤字提供了依据。

三、财政赤字的经济效果

关于财政赤字对经济影响的看法,存在着较大的分歧。一种意见认为财政赤字有百害而无一利,诸如导致通货膨胀,形成虚假购买力,加剧消费与积累比例的失调等,认为消灭赤字是决心和魄力问题。另一种意见认为,上述主张过分绝对化,无法解释我国经济改革和经济发展取得重大成就的现实,因而主张对财政赤字的利弊不能一概而论,对财政赤字是否导致通货膨胀、是否扩大总需求等都要进行具体的分析。连年巨额赤字的危害是不能否认的,但也要看到,在一定条件下,财政赤字也有积极作用的一面。从我国实践经验来考察,结论也应是利弊兼备,而利大于弊。随着经济体制改革的深化,有的人提出财政赤字既是财政困难的表现,但从积极的方面看,财政赤字也是一种财政政策,是财政调节经济的重要手段。

1. 财政赤字与通货膨胀

按照货币学派的观点,通货膨胀主要是由于货币供给量超过需要量,引起货币贬值,物价上涨。财政赤字对通货膨胀的影响主要表现在它对货币供给量的影响上,而财政赤字对货币供给量的影响和赤字规模大小有关,但更主要的还取决于赤字的弥补方式。

(1) 动用财政结余来弥补赤字。只要上年的财政结余是真实的,而且银行没有使用的话,财政用来弥补预算年度的赤字,应该是没有问题的。但实际上,财政近年来是没有结余的,这一弥补方式是难以运用的。

(2) 向银行透支或借款来弥补财政赤字。首先需要弄清楚透支和借款有什么不同。财政向银行透支是从我国革命战争时期沿袭下来的,当时财政有赤字只有靠发行货币来弥补,财政与银行之间没有任何权责关系,既不还本也不付息。财政向中央银行透支,是造成信用和通货膨胀的一个重要因素。将财政透支改为财政借款是经济体制改革以后的事情,借款似乎表明财政与银行的关系,即有借有还,并支付利息,但实际上财政向银行借款只是支付一定的利息,而从来没有还本。因此,财政透支与财政借款实际上是一回事。那么财政向银行借款如何操作呢?无论是中国还是外国,通常是由中央银行代理国库的职能,也就是说财政的一切收支都是通过银行账户入库和拨付的。出现财政赤字意味着财政收进的货币满足不了必需的开支,那么这些货币从何而来,其中有种弥补办法就是向银行借款。财政向银行借款的实际操作是很简单的,就是在两个账户上各记上一笔相等的金额。比如借款 50 亿元,这样财政就可以安排50亿支出,并通过各种用途分别形成企业存款、居民储蓄或手持现金。可见,财政向银行借款会增加中央银行的准备金从而增加基础货币,这是毫无疑问的。但财政借款是否会引起货币供给过度,则不是肯定的。随着经济的增长,货币需要必然增加,从而要求增加货币供给量,在每年新增加的货币供给中,必有一个由货币系数决定的基础货币增量,这个增量可视为财政借款的最大限额,在这个限度内的财政借款,就不会有通货膨胀的后果。或者说,现代信用制度下,在发生财政向银行借款时,只要银行能控制住借款总规模,就不会发生货币供给过量的问题。

(3)通过发行公债来弥补财政赤字。通过发行公债来弥补财政赤字差不多是世界各国通行的作法。由于发行政府债券,一般只会引起货币资金的再分配,即购买力的转移。居民个人与企业购买了政府债券,自身可支配的资金减少了,而政府可支配的资金增加了,也即使部分购买力从个人和企业手里转移到政府手中,而从全社会来看货币供给量并没有增加。如若再从深层次分析,从居民个人来看,假如个人是以减少即期消费购买政府债券,这种购买力的转移,只是将部分消费基金转化为积累基金,对加快经济建设是有利的。但如果居民个人是以减少储蓄或提取银行存款来购买政府债券,就会对信贷收支产生影响。从企业和事业单位来看,假如以减少生产和消费支出来购买政府债券,对信贷收支没有影响。但企业和事业单位在对生产和消费保持不变的情况下购买政府债券,就必然会增加银行信贷的压力,影响信贷的收支平衡。对银行来说,中央银行若购买政府债券而不相应压缩信贷规模,则与财政透支相同,会直接扩大货币供给,所以,中央银行一般是不直接购买政府债券的。商业银行用存款余额购买政府债券,而政府出售债券的款项由于支用又存入商业银行,则此时商业银行的存款没有发生大变化,贷款规模也不会大变化。假若政府将出售债券的款项因暂不支用而存入中央银行,则意味着压缩商业银行的贷款规模。假若允许商业银行将政府债券到中央银行去贴现,此时,货币供给量就会增加。政府债券对银行信贷以及货币流通的影响,要视具体情况加以具体分析。

财政赤字除了通过影响货币供给量从而影响货币币值外,还可以通过影响社会总需求来影响货币币值。因此在分析财政赤字与通货膨胀的关系时,还须分析财政赤字扩大总需求的效应。

直到上世纪九十年代以前,我国的经济特征都是短缺经济,需求过旺是常态,于是经济界流行这样一种观点,认为财政有赤字,必然扩大总需求,加剧总供求的矛盾。这种说法忽视了财政赤字构成总需求的两种不同方式。财政赤字可以是作为新的需求叠加在原有需求水平之上,使总需求扩张。另一种情况则是通过不同的弥补方式,财政赤字只是替代其他部门需求而构成总需求的一部分。后一种情况,仅仅改变总需求的结构,并不增加总需求规模,即使在短缺型经济中也是如此。

80 年代中期以来,还出现另一种说法,认为财政赤字是国民收入超分配的重要原因。首先对国民收入超分配这个概念有不同的理解,其实准确的理解只能是总需求大于总供给、货币供给量大于货币需要量,不过是需求过旺或通货膨胀的另一种说法。财政支大于收,单从财政本身看,说是一种超分配行为未尝不可,但从国民经济整体看,一个部门的逆差,可能与另一个部门的结余相对应。如果财政赤字对应的是居民储蓄或企事业单位的结余,那么,从全社会角度看,财政赤字造成国民收入超分配的观点就不能成立了。

我国改革开放的实践也证明了我国的财政赤字没有引起严重的通货膨胀。按照我国现行统计方法,我国自 1979—1998 年间,国家财政赤字占 GDP 的比率为年均 0.89%,同期商品零售价格指数为 6.97%;自 1985—1998 年间,国家财政赤字占 GDP 的比率为年均 0.84%,同期居民消费价格指数为 9.93%;如果按照国际货币基金组织的统计口径,中央财政赤字占 GDP 的比率为年均 1.93%,同期消费价格指数为 8.77%(注意,1993—1995 年正值我国消费价格指数最高时期)。而自 1997 年以来,我国虽然连续三年发行国债,试图扩大社会总需求,但却出现了几年的通货紧缩。可见,不论以哪种口径计算,最终结果都表明,尽管我国的财政赤字连年不断,但没有引起严重的通货膨胀。不论是在理论上还是在实践中,人们通常认为连年不断的财政赤字必定会引发严重的通货膨胀。可是,我国的经济现实却与这种传统思维定势不相容,原因何在? 正如前面论述,虽然财政赤字对价格水平造成上抬压力的可能性总是存在,但这种压力是否能成为现实,取决于财政赤字的融资(弥补)方式和经济体系的吸收或承受能力。在主要以发行国债的方式弥补的情况下,财政赤字通常只是改变社会购买力的结构,而基本不改变社会总供求的量的对比。还有大量的经验分析结果表明,在工业化国家中,预算赤字与货币增长之间基本没有什么关系,货币供给的改变是为了实现货币政策目标而非通过货币当局为预算赤字融资;在发展中国家,预算赤字的货币化是引起通货膨胀的主要原因,但不是唯一的原因,还有名义汇率和工资上升等因素。

2. 中国财政赤字的排挤效应问题

赤字的排挤效应一般是指财政赤字对私人消费和投资的排挤性影响。目前,国内外也有人在研究我国政府赤字的排挤效应。假定我国真的存在着排挤效应,那么,还应提出谁排挤谁的问题。在我国,国家财政理应承担那些关系国民经济长期协调发展的重点建设项目的投资,但由于财政困难特别是中央财政困难,在全社会固定资产投资中预算占投资的比重 1995 年已下降到 3.1%,而其中包括部门投资在内的企业自筹投资占 53.2%,国内贷款占 21%,由此不难判断究竟是谁排挤谁。

从某种程度上说,我国的财政赤字不仅不具有挤出效应,反而可能有拉动效应。从挤出效应理论来看,财政赤字对民间部门(包括企业和个人)投资的挤出效应是通过利率机制实现的,即赤字支出推动利率上扬,抑制了民间部门的投资支出。但是,由于我国目前的利率管制制度使得利率水平对财政赤字的反应灵敏度很小;公债利率对银行利率没有推动作用,因此,财政赤字不会通过影响利率水平而挤出民间部门投资支出。即使利率与财政赤字之间存在一定关系,但目前经济运行中的民间部门投资对利率变化缺乏弹性。很多经验研究表明,发展中国家普遍存在着私人投资对利率反应不灵敏的现象。总之,在我国目前的经济运行状况下,财政赤字具有零挤出效应。

不仅如此,我国的财政赤字还可能具有拉动效应。简单来说,拉动效应是指政府支出增加(赤字)使得国民收入和私人投资有所增加。一般来说,财政赤字的拉动效应主要取决于三个因素:财政支出的生产性、投资函数的形式以及资产的替代性。

如果财政支出具有生产性,赤字支出就具有拉动效应。如果以我国财政支出按功能分类中的经济建设费作为生产性支出的近似指标,我们发现,我国在1979—2000 年间,生产性支出比重格局可分三个阶段:第一阶段是 1979—1988 年,这期间的生产性支出比重都在50% 以上,平均为55.2%;第二阶段是 1989—1996 年,这期间的生产性支出比重在 40%—50% 之间,平均为 42.4%;第三阶段是 1997—2000 年,这期间的生产性支出比重在 35%—40% 之间,平均为 38.2%。尽管该比重有下降趋势,但整个期间的平均值高过47.5。财政支出中的生产性支出平均占近一半,表明财政支出具有很强的生产性。况且,绝大部分赤字支出一般都用于为民间部门生产经营活动提供基础设施的投资。

如果投资函数的形式为 $I(r,Y)$(其中 I 为投资;r 为利率;Y 为国民收入),利率上扬虽然有可能使投资减少,但国民收入增加却使投资增加,投资规模最终是增是减,需要考虑这两种相对力量的大小。具体到我国的情况,如前所述,民间投资对利率缺乏弹性,但经济却是长期持续增长,故赤字支出通过国民收入增加而产生拉动效应。

在资产替代性方面,在人们现有的财富主要由货币、公债和股票构成的情况下,如果股票相对于公债的风险越大,以公债融资的赤字支出就会产生拉动效应。在我国目前股票市场尚不完善,投资者尚不成熟的情况下,人们普遍认为股票的风险大于公债,这也是理论上早已证明了的。因此,从这个意义上说,我国的财政赤字具有拉动作用。

第二节 财政与总需求管理

从动态角度讲,社会需求总量与供给能力都不是静止的,只是在一定时期内,需求量的变动要比供给能力的变动更为活跃,更具弹性。因此财政政策既可以从需求方面着手,通过财政政策措施将需求控制在充分利用现有资源的产出能力上;也可以从供给方面着手,动用财政政策措施促进产出能力的增长,使之满足不断变化的需求。本节从社会总需求角度探讨宏观财政,假设前提是产出能力是既定的。

一、财政与社会总需求

在封闭经济中(若不考虑进出口),社会总需求(Aggregate Demand,AD)由私人经济部门的消费需求 C、投资需求 I 与政府部门的购买支出 G 三总分组成,即

$$AD = C + I + G \tag{1}$$

其中消费需求 C 是国民收入 Y 与税收 T 的函数,即

$$C = C(Y,T) \tag{2}$$

投资需求是实际利率 r 的函数,即

$$I = I(r) \tag{3}$$

因此社会总需求公式可进一步表示为

$$AD = C(Y,T) + I(r) + G \tag{4}$$

由公式(4)可以明显看出政府购买支出 G 和税收 T 是影响社会总需求的两个重要变量。

首先,当政府支出 G 上升,税收 T 不变时,如果 C 与 I 均不变,或有所下降,但下降的量小于 G 上升的量,则必然导致总需求扩大。

其次,若减少政府税收 T,因为 C 是 T 的减函数,所以私人经济部门的消费需求将扩大,如果 G 与 I 均不变,社会总需求也将扩大。

可见,政府既可以通过变动本身的购买支出,亦可以通过调整税收对总需求进行宏观调控,实施稳定政策。

二、财政平衡与社会总供需平衡的关系

在国民经济核算中,总供需平衡有如下恒等式:

$$C + S + T + M \equiv C + I + G + X \tag{5}$$

恒等式的左边代表总供给的收入流量,由消费 C、储蓄 S、税收 T 和进口额 M 组成。右边代表总需求的支出流量,由消费 C、投资 I、政府支出 G 和出口额 X 构成。这个恒等式可以理解为,不论经济处于何种状态,在给定的时期内,作为总供给的收入流量恒等于作为总需求的支出流量。政府的所有支出,无论是赤字支出还是非赤字支出,都汇入支出流量而构成总需求。

根据恒等式(5),我们可以列出描述财政赤字的预算恒等式:

$$G - T \equiv (S - I) + (M - X) \tag{6}$$

等式左边表示预算收支平衡状况,当 $G > T$,政府预算出现赤字;当 $G < T$,则有财政结余。等式的右端由两个部分组成,这两部分实际上是两个不同的账户, S 和 I 是储蓄、投资账户, M 和 X 是对外贸易经常账户。当 $S > I$,非政府部门的储蓄大于投资,有结余资金,反之,则非政府部门的储蓄、投资账户出现赤字。这个预算恒等式可以理解为:

财政赤字 $\equiv$ 储蓄、投资账户结余 $+$ 贸易经常账户赤字。为使该恒等式表达的经济含义更容易解释清楚,我们从一个封闭型经济讨论起。即 $M - X = 0$,有:

$$G - T \equiv (S - I) \tag{7}$$

这个公式表达了一个重要的经济学原理:一个部门的赤字正是另一个部门的结余。政府预算的赤字,可以由非政府部门的储蓄结余来抵补。按照恒等式的逻辑,财政赤字的增加,可以不影响需求总量,因为弥补赤字的资金可以来源于民间的储蓄结余。这种情况下,政府多支出的那一部分,正是非政府部门少支出的那一部分。因此,赤字可以在一定条件下以替代支出的方式嵌入总需求,而不改变需求总量。

在一个开放经济中,政府预算赤字不仅可以用国内结余资源来弥补,还可以动员国际资源。假定 $M - X > 0$,即贸易经常账户处于赤字状态,这表明一部分国外资源注入国内以补充国内总供给。在其他条件不变的情况下,谁动用了这部分资源,则取决于 S 和 I 的关系。大体可以分以下情况:

1. $S > I$。这表示非政府部门有结余,资源净流出。政府既动用了国外资源,也动用了国内结余资金。赤字同时以两种方式加入总需求:用国外资源弥补的赤字,会以新的总需求方式叠加在原有总需求之上,使需求扩张;用国内结余资金弥补的赤字,会以替代支出的方式嵌入原有总需求中,总需求结构会被改变,但总量不变。

2. $S = I$。这表示非政府部门的储蓄等于投资,这个部门既不占用其他部门的资源,也不为其他部门提供结余资源。这种情况下,政府动用了全部从国外流入的资源,且国外流入的资源数量与财政赤字相等。这是国内政府的赤字由国外结余弥补的例子,全部赤字都会以新的需求叠加在原有总需求之上。这种情况下,$S=I,M>X$ 与 $G>T$ 的组合,为维持政府赤字导致贸易经常账户赤字观点的经济学派提供了理论依据。

3. $S<I$。这表示非政府部门的储蓄、投资账户也出现赤字,需要筹资弥补。由于政府也处于赤字状态,因此,两个部门都必须从国外筹集资金,所有的赤字都会使总需求扩张。假定国内的储蓄投资赤字等于贸易经常账户赤字,则政府便无资可筹,这也是一种排挤效应,是民间投资排挤政府支出的排挤效应。

从以上的恒等式分析,对财政平衡和社会总供求的关系可以得出以下三点认识:

1. 财政平衡是社会总供求平衡中的一个组成部分,必须从国民经济的整体研究财政平衡,就财政本身研究财政平衡难以得出全面的正确的结论。

2. 国民经济整体平衡的目标是社会总需求的大体平衡,财政平衡不过是其中的一个局部平衡,因而对社会总供求平衡而言,财政平衡本身不是目的,而是一种手段。

3. 公式中消费、储蓄、投资以及进出口属于个人和企业的经济行为,是通过市场实现的,而财政收支属于政府行为,因而财政收支平衡是掌握在政府手中进行宏观调控的手段。财政平衡可以直接调节社会总需求,间接调节社会总供给。

第三节　财政政策原理

一、财政政策及其目标

1. 财政政策的含义

20 世纪 60 年代初,美国财政学者 V. 阿盖迪给财政政策作了如下的解释:"财政政策可以认为是税制、公共支出、举债等种种措施的整体,通过这些手段,作为整个国家支出组成部分的公共消费与投资在总量和配置上得以确定下来,而且私人投资的问题与配置受到直接或间接的影响。"这一定义是从财政政策手段的运用及其影响方面对财政进行界定的。

另一位美国财政学家格劳维斯教授认为:"'财政政策'一词业已形成一种特殊的思想和研究领域,即研究有关国家资源的充分、有效利用以及维持价格水平稳定等问题。财政政策的短期目标是经济周期;而它的长期目标则是防止长期停滞和通货膨胀,与此同时,为经济增长提供一个有利的环境。"这个定义已经从强调财政政策手段转移到强调财政政策目标方面。

对财政政策所作界定的侧重点的转移,主要是因为,随着经济、社会的发展和政府职能的扩展,宏观经济学逐渐盛行,财政政策的各种手段越来越多地被应用,而且被理所当然地认为是实现政策的有力工具。因此在这之后,人们更关心的领域自然是财政所能达到的政策目标。对财政政策的这种理解的转变经历了一个阶段。

在自由资本主义时代,国家在社会经济活动中的职能被限定为"守夜人"的角色。亚当·斯密主张,国家应当尽量少地从社会经济中取走财富,以利于民间资本的形成,促进国民财富的增长;国家不应当干预经济,市场足以能协调经济的发展。国家只应负担三项任务,即著名的国防、司法、公共工程和公共机关三项职能。在"夜警国家"观之下,各国都固守着财政收支平衡的原则,反对财政赤字和发行公债。因此财政政策目标也就只限定在自身的收支平衡上。在这种情形下,财政政策的目标当然极其有限,而且根本不会受到重视。

现代意义上的财政政策始于 20 世纪 30 年代的资本主义经济大萧条时期。在这一时期,资本主义爆发了大规模的经济危机,经济陷入极度萧条之中。正当政府对经济萧条束手无策时,当时的美国总统罗斯福实行"新政",凯恩斯经济理论也随之悄然兴起。在凯恩斯的纯市场经济模式中,总供给等于消费加上储蓄,即 $Y = C + S$;总需求等于消费加上投资,即 $Y = C + I$。在政府参与的市场经济模式中,政府的商品和劳务购买支出(G)也是总需求的决定因素之一,政府的税收(T)通过对民间部门的可支配收入的影响而在一定程度上决定了消费量。因此,在经济增长状态下,总供求相等,即 $C + T + S = C + I + G$。政府通过改变收支的财政政策来管理总需求,从而实现政府对经济运行的全面调节。运用财政政策干预国民经济是政府干预经济方式的重要转变。这时候政府的宏观经济管理职能被突出,财政政策的目标得以确立,只有在这时候财政政策手段才被视为是实现政策目标的工具。

这里我们这样来界定财政政策:财政政策就是通过税收和公共支出等手段,来实现一定的经济、社会发展等宏观经济目标的指导原则及其相应的措施。

财政政策作为政府的经济管理手段,主要有四个方面的功能。

(1)导向功能。财政政策的直接作用对象是财政分配和管理活动,而这种分配和管理关系能够左右人们的经济行为。财政政策的导向功能是指对居民个人和企业的经济行为以及国民经济的发展方向具有导向作用。它的导向功能主要表现在:第一,财政政策在制定和实施过程中,要配合国民经济总体政策和各部门、各行业政策,对国民经济和社会发展的过程及其变动趋势进行预测,并在预测的基础上作出决策,提出明确的调节目标。例如,在某一时期,宏观经济政策目标是稳定经济发展,为实现这一总目标,财政政策就要确定抑制通货膨胀的目标。第二,财政政策通过利益机制引导企业和个人的经济行为。例如,政府针对内需不足的经济环境,可以采取积极的财政政策,增加社会投资规模,刺激私人投资欲望。当这一政策出台后,投资者可能就要利用这一政策,这时可以通过提供多种优惠政策鼓励私人的投资欲望,如加速折旧、免税期、投资税收抵免、盈亏相抵、补助等。

(2) 协调功能。财政政策的协调功能是指财政政策能够调节社会经济的发展,对某些失衡状态进行制约和调整。它可以协调地区之间、行业之间、部门之间、阶层之间等的利益关系。财政政策之所以具有协调功能,首先是由财政的本质属性决定的。财政本身就具有调节职能,它在国民收入分配过程中,通过收入和支出活动,改变着社会集团和成员在国民收入中占有的份额,调整着社会分配关系。比如,转移支付政策是为了协调居民个人之间的收入水平,从而达到公平收入、缓解社会矛盾的目的;又如合理负担政策旨在公平税收负担,使纳税人在平等的基础上展开经济竞争。其次,财政政策体系的全面性和配套性为其协调功能的实现提供了可能性。在财政政策体系中,公共支出政策、税收政策、预算政策等,从各个方面协调着人们的物质利益关系。这种政策之间的相互配合、相互补充可以发挥出财政政策的整体效应。

(3) 控制功能。财政政策的控制功能是指国家通过财政政策对人们的经济行为和宏观经济运行产生制约与促进,实现对整个国民经济发展和社会发展的控制。例如对个人所得征收超额累进税,是为了防止收入分配上的两极分化。财政政策之所以具有控制功能,主要是由政策的规范性决定的。无论财政政策是什么类型,都含有某种控制的因素在内。它们总是通过这种或那种手段来对经济主体活动施加影响。

(4) 稳定功能。财政政策的稳定功能就是指通过财政政策,调整财政收支规模,进而影响社会总供需水平,促进供需平衡,从而保证国民经济的稳定发展,比如,在资源没有被充分利用时,政府可通过增加支出使其达到充分就业的水平;而在通货膨胀时,政府可通过减少支出,使总供给与总需求趋向均衡,从而抑制经济过热。

2. 财政政策目标

财政政策目标是制定和实施财政政策所要达到的预期目的。选择恰当的财政政策目标,是制定正确的财政政策的基础。政策目标的确定不是一个随心所欲的过程,而是一个科学的民主的选择过程。根据我国社会经济的发展需要以及财政的基本特点,我国财政政策的目标可以归结为以下几个方面:

(1) 物价相对稳定目标

这是世界各国均在追求的重要目标,也是财政政策稳定功能的基本要求。物价相对稳定,并不是冻结物价,而是把物价总水平的波动约束在经济稳定发展可容纳的空间之内。物价相对稳定,可以具体释义为,避免和抑制通货膨胀。导致通货膨胀的诱因通常有四个方面,即需求拉动、成本推进、结构摩擦、外部输入。在出现通货膨胀时,必须先分清通货膨胀属于哪一种类型,以采取相应的对策。对"需求拉动"导致的物价波动,政策目标在导向上侧重于抑制总需求。在我国抑制总需求,可通过直接控制信贷总规模、减少货币供应等强制性手段来实现。但单靠信贷政策的调节往往很不够。因为总需求扩张的背后,是收入分配因素起作用,如工资总水平增长过快,对货币的扩张起强制拉动作用。因此,治理"需求拉动型"物价上涨,需要财政政策与货币政策的配合。"成本推进"导致的物价波动来源于经济结构失调,政策目标在导向上除抑制工资水平过快增长外,主要通过改善资源利用效率,提高劳动生产率来解决。应采取一系列鼓励技术进步的政策来提高社会经济效益,降低成本消耗。"结构摩擦"导致的物价波动,经济结构反映的是各种经济资源配置的比例关系,比例失调,市场的均衡就会被打破,相应的价格就会发生波动,当比例严重失调时,局部供求失衡就会转化为整体的供求失衡。此时,由个别商品比例不合理所导致的利益分配不合理,就可能在一定条件下成为冲击整个经济的不稳定力量。对于这种类型的价格波动,主要通过结构调整来治理。在我国,产业结构调整的关键是行业或部门利益的重新分配,财政在制定利益的调整政策时,必须有助于产业结构的优化。"外部输入"的价格波动,主要指随改革开放深入,我国经济尤其是东部沿海地区的外向型经济发展较快,此时价格波动,不限于国内因素,而且还与国际影响有关,国际市场价格的波动可能在一定程度和范围内输入我国。对此,在政策制定上要引起足够重视,并通过相应的汇率政策、国际收支调整措施予以消除。总之,物价不稳,对于我们这样一个资源相对短缺、社会承受能力较弱的发展中国家来说,始终是经济发展中的一大隐患。因此,在财政政策目标的选择上必须予以充分地考虑。

（2）公平分配目标

公平分配是一国社会成员收入分配的平均程度。西方经济学中有句名言叫"效率经由市场,公平通过政府",这句话说明了财政在实现社会公平中的重要地位。从总体上讲,西方政府对经济活动的干预是间接的,但对公平问题的干预和处理则是直接的,是直接通过税收和政府支出进行国民收入、社会财富和福利的再分配,以实现社会公平。

经济学上的平等,是指国民收入、财富和社会福利分布状态上的平等。西方经济对收入和财富平等的分析,以及社会福利分布状态的分析,主要是建立在效用函数或边际效用函数之上的。西方经济学家认为社会分配之所以存在不公平状态,可以从劳动收入和财产收入两方面来看。从劳动收入看,人们之间存在着劳动能力、劳动强度以及不同的职业等差异,决定了人们之间在这一收入上的不平等。从财产收入看,由于人们的财产所有权不同,比如有些人靠从家庭中上一代人手里继承某些财富取得收入。美国最富有的家庭主要是靠财产赚钱。这种财产收入引起的不平等程度远比劳动所得引起的不平等要严重得多。上述两种收入的差距逐渐拉大着社会成员相互间在各自财富占有份额上的差距。反过来,财富产生的收益又进一步加大收入差距和加剧着财富的两极分化速度。在私有制社会,遗产继承制不仅保留着原有的社会不公平状态,而且由于财富差距在世代间的不断累积,最终将形成社会贫富悬殊的极为不公的状态。因此,公平实际上并不是一个纯经济目标,它是经济的、道德的、社会的以及政治历史的统一。"社会公平"的标准,是由各个时期各个国家依各自不同的社会伦理道德、历史、文化等背景决定的。同时,社会对收入不平等程度的容许限度,也不是一成不变的,而是随着时间、地点、国家以及不同的文化道德背景而转移的。

财政政策在实现公平分配目标上,一方面要通过税收政策,确定合理的税收负担,建立一个良好的税收体系及合理的税负水平,使各个经济活动主体在公平税负的环境下展开竞争;另一方面,通过制定合理的转移支付政策,尽可能地使社会财富和收入的分布符合社会所期望的,从而形成尽可能合理的分布状态。

(3)经济适度增长目标

经济适度增长,适度的含义就是量力而行。其一,要视财力可能(即储蓄水平)制订增长率。储蓄水平主要由收入水平和储蓄倾向两因素决定。在一个低收入国家,储蓄的能力极其有限,单纯依靠国内储蓄很难实现增长目标,这时引进外资就可成为发展的一个重要推动力。其二,要视物力可能。物力是各种物资资源的总称。包括能源、钢材、木材、水泥、交通运输等方面的内容。物力可能实际是指能支撑经济增长的物资承受能力。作为一个低收入国家,我国经济发展既是生产能力不断提高的过程,也是产业结构不断进化,即现代产业部门不断增长扩大、传统产业部门比重逐渐下降的过程。因此,在发展进程中一些主导产业部门优先发展,是必然的。只有如此,才能迅速提高社会生产率,摆脱经济低水平循环。但是,非均衡、超出必要限制、短线制约,就会成为制约经济发展的力量,必须充分考虑到这种短线制约因素。财政政策在推进经济增长过程中,一方面要在政策上注意处理好储蓄与消费的关系,保持适度的社会储蓄率。另一方面要充分认识到我国经济发展中的若干制约因素,注意发挥结构调整和推进创新方面的作用的重要性。

(4)充分就业目标

所谓充分就业,就是指那些适龄的并有劳动能力的人都能按照市场的一般工资率水平而受到雇用或得到工作。在充分就业的情况下,生产总量是该社会当时所能生产的最大产量。但是,充分就业并不意味着没有失业,而是指把失业率限定在一定范围内。当实际失业率超出该标准时,就采取各种政策手段,予以调节,增加就业机会,以保持社会经济经常处于稳定状态。

西方经济学家认为,失业可分为四种不同的类型,政府应根据每一种情况采取不同的政策。

一是摩擦性失业。它是指在短时期内,劳动力在流动过程中产生的供大于求的状况。劳动力流动过程包括老工人退休、年轻人找工作以及人们放弃原来的工作寻找新工作的过程。这种失业人数的多少取决于劳动力流动性的大小和寻找工作的时间长短。一般来讲,劳动力流动量越大,寻找工作时间越长,摩擦性失业量也越大。一般认为,摩擦性失业是不可避免的,工人是心甘情愿的。只要改善就业机会信息传播方式,就能缩短寻找工作时间,减少摩擦性失业。

二是结构性失业。它是指劳动力的供给与劳动力的需求在职业、技能、地区分布等结构上的不协调所引起的失业。这种失业人数的多少取决于经济结构的变化程度和劳动力供给结构调整的快慢。如果经济结构变化很大,而劳动力供给结构的调整很长时间滞后于劳动力需求结构变化,那么结构性失业就大。结构性失业同摩擦性失业的重要区别在于,后者拥有可以重新找到工作的技术,很容易恢复工作。而前者若没有重新培训或接受再教育的机会以掌握新技术,就很难找到工作。因此,对工人进行培训和再教育,并鼓励工人流动,从而降低跨行业的结构性失业和跨地区的结构性失业,是解决这种失业的较好办法。

三是周期性失业。它是指由于周期性爆发的经济衰退而造成的失业,也就是由于社会总需求下降造成对商品和劳务需求的不足而引起的。由于这种失业是对商品和劳务的需求导致的,因此,在其他条件不变的情况下,周期性失业人数的多少,主要取决于对商品和劳务的需求的变化程度,两者之间呈同方向比例变化。政府只有通过财政政策,提高社会总需求规模,才能避免或缓解经济衰退,从而降低周期性失业。

四是季节性失业。它是指某些部门间歇性的需求不足所造成的失业。它通常是由劳动力供给的扩大或对劳动力需求的减少而引起的。这些都属于临时性失业,一旦淡季过去,旺季到来,工人便可恢复工作。

由于失业不仅造成劳动力资源的浪费,导致生产下降,而且还可能会带来系列社会问题,引起社会动荡。所以,各国政府都把充分就业作为财政政策的主要目标之一。为了实现充分就业的政策目标,政府首先要确定失业的类型,然后采取相应的政策予以控制。当然,在经济发展过程中,有些失业通常是不可避免的,比如摩擦性失业。另外,随着社会经济结构的不断调整变化,就业结构也在不断变化,在调整就业结构过程中,也不可避免地会有一部分人暂时脱离工作岗位,经过一段时期训练之后,这部分人才可重新就业。因而这种失业也是任何办法都不能消除的。政府只能是从政策上使其失业率控制在最低的水平。至于把失业率控制在什么水平算是充分就业,具体各国的标准也不一致。但大多数经济学家认为失业率为4%左右即是充分就业。

（5）国际收支平衡

所谓国际收支平衡是指一国在进行国际经济交往过程中,其经常项目和资本性项目的收支大体保持平衡。这里的经常性收支包括进出口收支、劳务收支和无偿转移收支。一国的国际收支同国内收支是密切联系的,国际收支不平衡一般同时意味着国内收支不平衡;反之,国际收支平衡一般也意味着国内收支平衡。因此,各国政府都把国际收支平衡视为经济稳定的子目标之一。西方经济学家一般把国际收支不平衡分为短期不平衡和长期不平衡两类。造成国际收支短期不平衡的原因主要有三:一是经济波动所造成的周期性不平衡;二是汇率调整不当引起经济膨胀所造成的不平衡;三是商品价格和结构变化造成的不平衡。造成国际收支长期不平衡的原因有二:一是经济发展的波动造成的不平衡;二是技术进步引起生产要素结构变化造成的不平衡。不同的国际收支不平衡对经济的影响和冲击不同,因此政府采取的财政调节政策也不同。同时,各国在实现国际收支平衡的目标时,还要与其他的政策措施相互协调,力争国际收支不出现大的逆差和顺差。

二、财政政策的分类

（一）根据财政政策调节经济周期的作用方式来划分,财政政策可分为自动稳定的财政政策和相机抉择的财政政策

1. 自动稳定的财政政策

自动稳定的财政政策是指某些能够根据经济波动情况自动发生稳定作用的政策,它无需借助外力就可直接产生调控效果。财政政策的这种内在的、自动产生的稳定效果,可以随着社会经济的发展,自行发挥调节作用,不需要政府采取任何干预行动。

财政政策的自动稳定性主要表现在两个方面:第一,税收的自动稳定性。西方经济学认为,税收体系,特别是公司所得税和累进的个人所得税,对经济活动水平的变化反应相当敏感。如果当初政府预算是平衡的,税率没有变动,而经济活动出现不景气,国民生产就要减少,这时税收收入就会自动下降;如果政府预算支出保持不变,则由税收收入的减少而使预算赤字发生,这种赤字会"自动"产生一种力量,以抑制国民生产的继续下降。第二,政府支出的自动稳定性。经济学家们一致认为,对个人的转移支付计划是普遍的自动稳定器。转移支付计划是在个人收入下降到非常低时,为维持他们的生活水平而向他们提供的。如公共救济款及对有儿童家庭的援助等福利计划和失业救济金。如果国民经济出现衰退,就会有一大批男女具备申请失业救济金的资格,政府必须对失业者支付津贴或救济金,以使他们能够进行必要的开支,使国民经济中的总需求不致下降过多;同样,如果经济繁荣来临,失业者可重新获得工作机会,在总需求接近充分

就业水平时,政府就可以停止这种救济性的支出,使总需求不至于过旺。

2. 相机抉择的财政政策

相机抉择的财政政策意味着某些财政政策本身没有自动稳定的作用,需要借助外力才能对经济产生调节作用。一般来说,这种政策是政府根据当时的经济形势,采用不同的财政措施,以消除通货膨胀缺口或通货紧缩缺口,是政府利用国家财力有意识干预经济运行的行为。按照财政政策的早期理论,相机抉择财政政策包括汲水政策和补偿政策。

所谓"汲水政策",从字面上看,这种政策就是水泵里缺水不能吸进地下水,需要注入少许引水,以恢复抽出地下水的能力。按照汉森的财政理论,汲水政策是对付经济波动的财政政策,是在经济萧条时靠付出一定数额的公共投资使经济自动恢复其活力的政策。汲水政策有四个特点:第一,汲水政策是一种诱导景气复苏的政策,是以经济本身所具有的自发恢复能力为前提的治理萧条政策;第二,汲水政策的载体是公共投资,以扩大公共投资规模作为启动民间投资的手段;第三,财政支出规模是有限的,不进行超额的支出,只要使民间投资恢复活力即可;第四,汲水政策是一种短期的财政政策,随着经济萧条的消失而不复存在。

补偿政策是政府有意识地从当时经济状态的反方向调节景气变动幅度的财政政策,政策目的是稳定经济波动。在经济繁荣时期,为了减少通货膨胀因素,政府通过增支减收等政策来增加消费和投资需求,谋求整个社会经济有效需求的增加。

可以看出,补偿政策和汲水政策虽然都是政府有意识的干预政策,但其区别也是很明显的:第一,汲水政策只是借助公共投资以补偿民间投资的减退,是医治经济萧条的处方;而补偿政策是一种全面的干预政策,它不仅在使经济从萧条走向繁荣中得到应用,而且还可用于控制经济过度繁荣。第二,汲水政策的实现工具只有公共投资,而补偿政策的载体不仅包括公共投资,还有税收、转移支付、财政补偿等。第三,汲水政策的公共投资不能是超额的,而补偿政策的财政收支可以超额增长。第四,汲水政策的调节对象是民间投资,而补偿政策的调节对象是社会经济的有效需求。

(二)根据财政政策在调节国民经济总量方面的不同功能,财政政策可分为扩张性财政政策、紧缩性财政政策和中性财政政策

1. 扩张性财政政策

扩张性财政政策是指通过财政分配活动来增加和刺激社会总需求。在国民经济存在总需求不足时,通过扩张性财政政策使总需求与总供给的差额缩小以至平衡;如果总需求与总供给原来就是平衡的,扩张性财政政策就会使总需求超过总供给。扩张性财政政策的载体主要有减税和增加公共支出规模。一般来说,减税可以增加民间的可支配收入,在公共支出规模不变的情况下,也可以扩

大社会总需求。同时,减税的种类和方式不同,其扩张效应也不同。流转税的减税在增加需求的同时,对供给的刺激作用更大,所以,它的扩张主要表现在供给方面。所得税尤其是个人所得税的减税主要在于增加人们的可支配收入,它的扩张效应体现在需求方面。增加公共支出包括增加公共工程支出、增加政府对商品的购买及增加政府对个人的转移性支出。公共支出是社会总需求的直接构成因素,公共支出规模的扩大会直接增加总需求。在与增加支出并举的情况下,扩张性财政政策一般会导致财政赤字,从这个意义上说,扩张性财政政策等同于赤字财政政策。

2. 紧缩性财政政策

紧缩性财政政策是指通过财政分配活动来减少和抑制总需求。在国民经济已出现总需求过旺的情况下,通过紧缩性财政政策消除通货膨胀缺口,达到供求平衡;如果总供求原来就是平衡的,紧缩性财政政策会造成有效需求不足。实现紧缩性财政政策目标的手段主要是增税和减少财政支出。增加税收可以减少民间的可支配收入,降低人们的消费需求;减少财政支出可以降低政府的消费需求和投资需求。所以,无论是增税还是减支,都具有减少和抑制社会总需求的效应。如果在一定经济状态下,增税与减支同时并举,财政盈余就有可能出现,在一定程度上说,紧缩性财政政策等同于盈余财政政策。

3. 中性财政政策

中性财政政策是指财政的分配活动对社会总需求的影响保持中性,财政的收支活动既不会产生扩张效应,也不会产生紧缩效应。在一般情况下,这种政策要求财政收支要保持平衡。但反过来,使预算收支平衡的政策并不等于中性财政政策。

在西方经济政策理论中,一般把通过增加盈余或减少盈余,以及增加赤字或减少赤字的形式表现出来的财政政策称为均衡财政政策。均衡财政政策的主要目的在于力求避免预算盈余或预算赤字可能带来的消极后果。均衡财政政策不等于中性财政政策,因为在均衡财政政策之下,政府支出可以通过支出乘数,按照支出规模的大小,产生使收入上升的效果,也就是所谓的平衡预算的乘数效果。

(三) 根据财政政策对社会经济活动的影响进行区分

1. 分配性财政政策

分配性的财政政策是指将公共服务和利益分配给所有人口中的特定部分,如某些个人、团体、公司和社区。某些分配政策只向少数几个受益者提供利益,另一些政策可能向众多的人口提供利益。如农业产品价格补贴计划,只是对生产特定农产品的农民有利。在分配性的财政政策之下,并没有不同人口之间利益的直接竞争,受益者的得益并不意味着任何特定的团体支付的失益,而是由公共财政支付。

2. 调节性财政政策

调节性财政政策是指将限制和约定加诸于特定的个人和团体的行动。这类政策减少了那些受调节人的自由和权力。因此,调节性政策不同于分配政策,因为分配政策的实施实际上只会增加有关个人和团体的自由与权力。

某些调节性政策是对行为的基本原则进行规定,即指令应当采取某些行动,或命令不要采取另一些行动。例如,税法上就明确规定,哪些成本可以列支,哪些成本不可以列支。

3. 再分配性财政政策

再分配性财政政策是指政府在社会各阶层或团体中针对财富、收入、财产等所进行的转移性分配。由于再分配政策涉及财富的再配置,所以再分配政策的制定和实施都有一定的难度。那些拥有财富的人往往掌握着一定的权力或是有较大的经济能力,而本身又不愿意放弃他们所拥有的利益。实施再分配性的财政政策的主要手段是累进所得税、转移支付等。累进所得税制建立在支付能力原则的基础上而且边际税率呈上升趋势,具有强烈的再分配性。然而,由于各种抵免、豁免、扣除、不予计划和税收"漏洞"的存在,在一定程度上削弱了它的再分配性质。

三、财政政策的调节工具

财政政策工具是财政政策主体所选择的用以达到政策目标的各种财政手段。政策主体通过控制政策工具实现预期的目标。财政政策工具主要有税收、公债、公共支出、政府投资、财政补贴等。

(一) 税收

税收作为一种政策工具,它具有分配形式上的强制性、无偿性和固定性特征。这些特征使税收调节具有权威性。税收调节作用,主要通过税收比率确定、税负分配(包括税种选择与税负转嫁)以及税收优惠和税收惩罚体现出来。

税收比率的确定是财政政策实现调节目标的基本政策度量选择之一。税收比率就是税收收入占 GDP 的比重。当一国把税收作为财政收入的基本来源(例如我国税收已占财政收入的 90%)时,税收比率就成为衡量财力集中与分散程度的一个重要指标。税收比率高意味着政府集中掌握的财力或动员资源的能力高,反之则低。政府动员资源的能力如何,对宏观经济运行的稳定以及经济的发展会产生巨大的影响。一般来说,政府提高税收比率,会对民间部门经济起收缩作用。税收比率提高意味着更多收入从民间部门流向政府部门,相应的民间部门的需求将下降,民间部门的产出相应地减少。政府若降低税收比率,则会对民间部门经济起扩张作用,相应的需求将上升,产出也相应地增加。

税收比率确定后,税负的分配就显得十分重要。税负分配,一方面是由政府部门来进行,主要是通过税种选择和制定不同的税率来实现;另一方面是通过市场活动来进行,主要是通过税负转嫁的形式体现出来。税负转嫁的结果,使纳税人名义税负与实际税负不相同。因此,可以说税负转嫁是在政府税负初次分配的基础上,通过市场机制的作用而进行的再分配。两个层次的税负分配,对于收入的变动、相应的个人与企业的生产经营活动以及各经济主体的行为均产生重大影响。

税收优惠与税收惩罚主要是在征收正税的基础上,为了某些特殊需要,而实行的鼓励性措施或惩罚性措施。这种措施在运用上具有较大的灵活性。它往往起到正税难以起到的作用。因此,在各国税法中都不同程度地保留着某些税收优惠性和惩罚性的措施。税收的优惠性措施包括许多内容,比如减税、免税、宽限、加速折旧以及建立保税区等。与税收优惠措施相反的是税收的惩罚性措施,比如报复性减税、双重征税、税收加成、征收滞纳金等。无论是优惠性还是惩罚性的措施,对实现财政政策的某些目标都起到了一定的作用。

税收对收入分配的调节作用主要是通过两类税制实现,一是累进式的个人所得税和公司所得税制;二是包括遗产税和赠与税的财产税制,即对那些高收入和拥有较多财产的家庭征收更多的税。这样,一方面将高收入者和富有者的收入和财富的一部分集中到政府手中,另一方面通过转移支付方式用于低收入阶层,从而使贫富分化的现象有所改善。20世纪60年代后期,以美国著名学者M.弗里德曼为代表的经济学家提出一种"负所得税制",即对那些收入低于一定水平的人们提供自动支付的制度。当个人的所得低于贫困水平时,可以自然拥有得到政府的救济金的权力,此即负所得税。"负所得税制"并非是一种税,而是政府解决贫困问题的一种方法。

（二）公债

公债是政府的信用收入,即以信用方式筹集公共收入的一种手段。在市场经济中,公债不仅是政府的一种公共收入手段,而且被用作政府调控经济的一个重要工具。公债政策和其他财政政策工具相比,具有如下特点:① 公债是一种有偿性调节工具,公债到期要偿还本息;② 公债对利益分配的影响很小;③ 公债可以达到其他财政政策工具不能达到的政策目标。比如,公债可以使国家通过扩大公共支出单纯地刺激供给增加,但增税则达不到这样的目的,因为增税行为本身对经济的影响是收缩性的;④ 公债是财政政策与货币政策的连接点,公债的流通可以为中央银行开展公开市场业务,灵活调节货币供应量,进而为调节社会总供给和总需求提供前提条件。

公债政策作为一种有效的财政政策,其经济杠杆作用主要体现在两个方面:一是流动性效应,二是利率效应。

所谓公债政策的流动性效应,是指通过改变公债的流动性程度来影响整个社会的流动性状况,从而对经济产生扩张性或抑制性效应。公债政策的流动性效应主要通过以下两种措施来实现:

1. 调整公债期限构成,即发行不同数量的长期公债和短期公债来实现政策目的。由于长期公债的流动性低,短期公债的流动性高,因此,在经济处于萧条时期时,增加短期公债的发行可以提高整个社会的流动性状况,扩大社会总需求;当经济处于繁荣时,增加长期公债的发行可以减少公债的流动性,抑制社会总需求。

2. 改变公债资金来源。公债的认购单位可分为银行部门和非银行部门。银行系统认购公债,会通过扩大信贷规模而增加货币供给量,在经济萧条时,增加银行系统持有的公债份额可以刺激投资和消费需求;非银行部门认购公债,只会引起资金使用权的转移,不会引起货币供给量的增加。在经济繁荣时,从非银行部门借入资金,可以减轻通货膨胀的压力。

所谓公债政策的利率效应,是指通过调整公债的利率水平和影响其供求状况来影响金融市场利率变化,从而对经济产生扩张性或抑制性效应。公债政策的利率效应主要通过确定公债发行利率和改变公债价格来实现:

1. 确定公债发行利率。通过改变公债的利率水平可以影响金融市场的利率,从而达到影响整个社会的投资需求和消费需求的目的。调低公债的发行利率,可以带动金融市场利率水平下降,从而刺激投资需求和消费需求;调高公债的发行利率,可以推动金融市场利率水平上升,从而抑制总需求;

2. 改变公债价格。公债价格与利率呈反方向变化。政府大量买进债券可以刺激公债价格上升,使利率水平降低,产生扩张性效应;政府大量抛售债券则会使公债价格下跌,使利率水平上升,产生紧缩效应。在经济繁荣和萧条时期,政府可以通过改变公债利率和价格来达到宏观政策目标。

在现代信用经济条件下,公债的市场操作是沟通财政政策与货币政策的主要载体,通过公债的市场操作,可以协调两大政策体系。一方面,可以淡化赤字的通货膨胀后果,公债的市场融资比直接的政府透支对基础货币的变动影响小;另一方面,可以增加中央银行灵活调节货币供应的能力。

（三）公共支出

公共支出主要指政府满足纯公共需要的一般性支出(或称经常项目支出),它包括购买性支出和转移性支出。

1. 购买性支出包括商品和劳务的购买,它是一种政府的直接消费支出。由于购买支出是决定国民收入大小的主要因素之一,其规模直接关系到社会总需求的增减。根据现代公共支出理论,政府购买支出的增减,所引起的消费的增减,其数量要比原来的政府支出增减数量更大,大小程度取决于乘数。西方经济学家认为,政府的购买支出政策是实现反经济周期、合理配置资源、稳定物价的强有力的工具。随着政府干预经济生活的职责和范围的扩大,政府购买支出不断增加。其实,早在 19 世纪 80 年代,德国著名经济学家 A. 瓦格纳就提出了"公共支出增长规律",认为现代工业社会的发展,将会导致"对社会进步政治压力"的增大和工业经营方面因"社会考虑"而需要增加津贴。就美国的情况来看,从 1890—1980 年的 90 年当中,公共支出占国民生产总值的比率从 7% 上升到 33%。其中,购买支出占国民生产总值的比率,从 1929 年的 8.2% 上升到 1980 年的 20.3%。实际上这也是其他发达资本主义国家的支出增长趋势。

2. 转移性支出

转移性支出通过"公共收入—国库—政府支付"过程将货币收入从一方转移到另一方,此时,民间的消费并不因此而发生变化。转移性支出资金一般用于社会保障和福利支出以及财政补贴支出这两类费用上。转移支付的作用在给企业和家庭提供购买力,使其有能力在市场上购买商品和劳务。转移性支出包括社会福利支出和财政补贴。

社会福利支出实际上是一种将高收入阶层的一部分收入转移到低收入阶层的转移支付政策,它以促进公平分配为目标。经济学家把社会福利方面的转移支付政策作为实现收入公平分配、反周期波动目标的主要工具。

财政补贴作为一种重要的财政手段,在现代各国的财政政策中得到了广泛的应用。同其他公共支出相比,补贴有两个特征。其一,补贴是一种财政援助,因此它对接受补贴者会产生激励作用;其二,补贴服务于特定的目标,具有鲜明的政策意图。广义而言,补贴包括两方面的内容:一是以财政支出形式直接提供的财政援助,二是以减少应上交的公共收入的形式间接提供的财政援助,后者的典型例子是减税和免税。

财政补贴分为两大类,一类是生产性补贴,一类是消费性补贴。消费性补贴目的在于直接增加消费者的可支配收入,鼓励消费者增加消费需求;而生产性补贴主要是对生产者的特定生产投资活动的补贴,可直接增加生产者的收入,从而提高生产者的投资和供给能力。经济学家认为,在有效需求不足时,主要增加消费补贴;在总供给不足时,主要增加生产性补贴,这样就可以在一定程度上缓和供求矛盾。

(四) 政府投资

政府投资指财政用于资本项目的建设支出,它最终将形成各种类型的固定资产。在市场经济条件下,政府投资的项目主要是指那些具有自然垄断特征、外部效应大、产业关联度高、具有示范和诱导作用的基础性产业、公共设施以及新兴的高科技主导产业。

政府投资能力与投资方向对经济结构的调整起关键性作用。考虑到国民经济基础产业的"瓶颈"制约现状,政府投资所产生的效应,就不局限于自身的投资收益。作为一种诱发投资,它可将"基础瓶颈"制约所压抑的民间部门的生产潜力释放出来,并使国民收入的创造达到一个较高的水平。这就是政府投资在"基础瓶颈"条件下所产生的"乘数效应"。

在传统计划经济体制下,政府投资并不完全具有这种"乘数效应"。其症结在于:政府的投资在规模上过大,而且并不都集中于上述具有"乘数效应"的产业部门,许多本应让民间部门发展的投资领域政府包揽过多,重复建设,且重复建设严重,此时,尽管政府投资规模很大,但投资效益很低。经济改革使一部分储蓄从政府部门转向民间部门,民间部门的投资在增长。但民间部门投资基础性产业受财力有限、预期收益不稳定等因素的制约。因此,在一个相当长的时期内,保持政府投资的适当,对于产业调整具有重要意义。

第四节　财政政策与货币政策的配合

一、财政政策与货币政策配合模式

(一)财政政策与货币政策相互配合的必要性

在我国,财政与信贷是国家从宏观上集中分配资金的两条不同的渠道,二者都能对社会的总需求与总供给进行调节,但由于两大政策的功能不同,传导机制不同,因而调控效力也不尽相同。这种不同,不仅表现在不同时期、不同的宏观经济既定政策的目标情况下,即使在同一时期、同一宏观经济既定目标的情况下,也是不尽相同的。

1. 财政政策与货币政策调控功能存在差异。财政政策与货币政策调控的功能是指这两项政策的作用点及所能获得的成效。从财政政策与货币政策调控的作用点及成效看,两者有着很大的不同。

(1)两者调控的侧重点不同。就宏观经济而言,财政政策侧重调控经济结构,货币政策则侧重调控经济总量;就两大政策自身而言,财政政策侧重于调控财政收入占国民收入的比重与中央财政收入占全国财政收入的比重。因而要振兴财政,就要集中财力,提高财政收入占国民收入的比重与中央财政收入占全国财政收入的比重;货币政策则侧重于提高中央银行的地位与作用,调控中央银行和商业银行之间的关系;就需要解决的问题而言,财政政策要解决财政赤字问题和结构性经济萎缩问题,建立巩固而平衡的国家财政,货币政策则要解决通货膨胀问题、防范金融风险问题和总量性经济萎缩。

(2)财政政策与货币政策在实施过程中的透明程度不同。财政政策是通过财政收支实施的,而财政的每一项收入、每一项支出,都清清楚楚,明明白白,是赤字或是结余,一目了然。而货币政策是通过银行的信贷收支实施的,存款与贷款往往相互转化,于是信贷投放的合理规模、信贷差额和货币发行的合理界限就难把握。由此观之,财政政策的透明度远远高于货币政策。

(3) 财政政策与货币政策的可控性不同。财政政策是由政府通过财政收支直接作用于国民经济,所以对经济运行的调控直截了当,简洁易行,例如调控总需求,可以直接减少基建投资或压缩消费基金;而货币政策是通过信贷收支间接作用于国民经济,对经济运行的调控需要经过一系列的传导机制,才能达于作用对象,在传导过程中,如果有偏差就会影响调控效果。由此观之,财政政策的可控性大大强于货币政策。

2. 财政政策与货币政策传导机制的差异。政策的传导机制是指将政策转化为政策目标的工具、手段及其配套组合。财政政策的传导机制包括财政收入中的税种、税率、纳税总额、退税品种、退税率、退税总额、减免税、上交利润等,财政支出中的投资额、拨款额、赈灾额、各项事业费开支、补贴开支等等,其他如公债、社会保障等等,在处理中央与地方关系方面的分税制、地方上解比例、转移支付比例等,最后体现为国家预算,转化成财政政策的政策目标。货币政策的传导机制包括中央银行的利率、货币供应量、基础货币、法定准备金与法定准备率、贴现率、公开市场及各类长短期信用工具、商业银行中的各种存贷款利率与再贴现率、同业拆借及各类长短期信用工具等。从上述财政政策和货币政策的诸项传导机制看,有一个明显的差异,即前者具有无偿性,而后者具有有偿性;对社会各方面的经济利益所造成的影响也不相同,例如税率的变动直接影响国家与集体、个人之间的利益关系,而存贷款利率的变动,则直接影响金融部门与集体、个人之间的利益关系。

3. 财政政策与货币政策的时滞与时效的差异。政策的时滞是指从获得信息到政策的实施所延误的时间。有人把政策时滞分为两大类,即内时滞与外时滞。内时滞包括认识时滞、行政时滞,所谓认识时滞是指需要调整的经济现象发生到决策者对这种需要调整的经济现象有所认识所需要的时间,行政时滞也称行动时滞,是指决策者在对需要调整的经济现象采取决策之前所耗费的调查研究、拟定对策所需的时间。这两种时滞与决策单位不发生直接关系,对需要调整的经济现象处于调查研究阶段,要缩短这两种时滞,就要求有关部门具有对经济现象变化的敏感性,并提高调查研究、收集信息、采取行动的效率;外在时滞包括决策时滞和执行时滞,决策时滞是指有关部门将分析的结果、拟定的对策,交由立法机构审议所耗用的时间,执行时滞是指政策议案经立法机构审议通过交付执行部门具体实施所经历的时间。这两种时滞直接与决策部门和执行部门发生关系,并将影响社会经济的运行。要缩短这两种时滞,就要求立法机构和执行部门提高办事效率和决策能力,不能议而不决,延误执行。时效是指从政策的实施到转换成政策目标所需要的时间,有人也称效果时滞。要加快时效,不仅要求执行部门提高效率,而且要有得力的措施。时滞的长短与时效的快慢,涉及到运用政策的时机问题,并直接影响政策调控的效果。

　　无论是财政政策,还是货币政策,都存在时滞和时效问题,在经济均衡发展的情况下,这两大政策的时滞和时效,并无多大差异,只有在经济发展不均衡的形势下,时滞和时效才会表现出很大的差异。一般地说,财政政策的内在时滞短,外在时滞长,而时效快。这是因为,财政敏感度极强,需要调整的经济现象一旦发生,立刻就会反映到财政收支中来,并能迅速进行调查研究,收集信息,拟定对策,所以内在时滞短;财政政策拟定之后,需交由立法机构审议,这就需要延误一段时间,还要交由执行机构执行,又需要一段时间,所以外在时滞长;然而在财政政策由执行部门执行以后,不需要中间环节,就直接作用于调控对象,不用多久就可以将财政政策转化为政策目标,所以时效迅捷。货币政策与财政政策恰好相反,内在时滞长,外在时滞短,时效相对较缓。这是因为金融的敏感度较弱,在需要调整的经济现象发生之后,信贷平衡表很难反映变化了的经济现象,当认识到变化了的经济现象需要调整时,再进行调查研究、分析情况、拟定对策,就会延误时间;但货币政策不需要立法机构层层审议、下达指令,然后再去执行,只要中央银行做出决定就可以立即实施,这就节省了许多时间;而要将政策转化为政策目标就迟缓得多了,因为货币政策的实施首先影响利率水平,利率水平再影响经济现象,不是直接地作用于经济现象,而是间接地作用于经济现象,因而所费时间就长,时效就慢。

　　4. 财政政策与货币政策的效力差异与两者主辅关系。财政政策与货币政策的效力是指这两项政策对经济运行所产生影响的程度。对这两大政策的效力,不能笼统地说孰强孰弱,而要依据具体情况加以具体分析。财政政策在如下状况下,其效力会很强或很弱:当财政投资增加而利率不变或下降时,在财政支出乘数效应下,财政政策的效力就会得到充分发挥;反之,当财政投资增加,利率随之提高,或投资增加,引起国内生产总值的增加,同时产生对货币供应量的需求,而货币供应量的增加又会引起利率的大幅度提高,这时财政支出的乘数效应就会大打折扣,财政政策的效力也就发挥不出来了。货币政策在如下的状况下,其效力会很强或很弱:当货币供给量增加,利率大幅度下降,投资的欲望增强,这时货币政策的效力会很强;反之,当货币供应量增加而利率不下降,或不能激发投资欲望,这时货币政策的效力就会很弱。由此可见,财政政策和货币政策的政策效力在不同的情况下是有很大差异的。

　　至于财政政策与货币政策的主辅关系,也要随经济形势的变化而变化,不能简单地说大银行、小财政,或大财政、小银行。在国民经济稳定发展时,两大政策的地位是平等的,并无主次之分。但当国民经济发生变化而需要调整时,就要依据客观情况,着力运用某一政策,这时才可能出现主辅之分。

(二) 财政政策与货币政策协调配合的模式

无论哪种类型的财政政策和货币政策,由于它们存在着内在的必然联系和差异,这就决定它们都不能单独作用于调控对象,而要相互搭配运作,协调配合。具体的协调配合模式有四种:

1. 松的财政政策和松的货币政策。"双松"政策,是扩张性财政政策与扩张性货币政策的组合形式。财政和货币双松政策对宏观经济运行的直接影响,是以较强的力度促使社会总需求的扩大。主要通过扩大财政支出和增加货币供应量、扩大信贷规模等政策措施来实施。在社会总需求严重不足、社会生产资源未能被充分利用的情况下,双松政策会促使总需求的增加,缓解供求矛盾,刺激经济增长,但同时往往带来通货膨胀的后果。

在社会主义初级阶段,我国经济运行的常态,不是社会商品供给过剩,而主要是有效供给的不足。在这种运行状况下,双松政策只会使总需求大于总供给的总量矛盾更加趋于突出,并由此导致严重的通货、社会生产比例失调、社会动荡,反而使经济发展减慢。这从我国 50 年代末盲目冒进和 80 年代几次双扩张所造成国民经济严重失衡的危害上,应该吸取深刻教训。

2. 紧的财政政策和紧的货币政策组合。"双紧"政策,在此是指紧缩性财政政策与紧缩性货币政策的搭配运用。双紧政策主要通过增加税收和压缩财政支出与减少货币供给量和压缩信贷规模等政策措施,直接促使社会总需求的迅速收缩,有效地抑制投资需求和消费需求的膨胀,最终抑制通货膨胀。由于双紧政策的作用较猛烈,会带来市场疲软、企业生产萎缩等负效应,有时甚至可能带来经济停滞的后果。

在宏观经济严重过热和通货膨胀剧烈上升的状况下,有必要实行双紧政策,但紧缩时间不宜过长,紧缩力度不宜过猛。而且在紧缩需求的同时,还要适时进行经济结构调整;在资金供给上不能"一刀切",应实行有重点的倾斜。紧缩需求的同时,逐步改善供给状况。

近 20 年来,西方市场经济发达国家一般已不再使用"双紧"或"双松"政策,而是运用松紧搭配政策。而在我国,在运用财政政策和货币政策时,多数情况下,总是在"双紧"和"双松"政策上的反复选择。

3. 松紧搭配的政策组合。松紧搭配的政策组合,是指扩张性财政政策与紧缩性货币政策的配合运用,或者紧缩性财政政策与扩张性货币政策的搭配使用。这两种组合形式对宏观经济的调节适用性较广,既可用于总供求、产业结构和其他主要比例关系几个方面同时失衡的状况,也可用于只有某一个方面的失衡的状况。既可用于宏观经济失衡较为严重的情况,也可用于经济失衡一般的情况。

正确运用松紧搭配的政策组合,关键在于把握何者松、何者紧以及松紧程度两个问题。解决问题的一个基本依据,是由宏观经济调节目标和财政、货币政策各自的调节特点来确定的。松紧程度的确定,则要考虑财政政策、货币政策两种政策的迭加效应对总供求的影响。一般来说,松的财政政策在于刺激需求,对克服经济萧条较为有效;紧的货币政策可以抑制通货膨胀。因此,扩张性财政政策与紧缩性货币政策的组合效应,是在保持经济适度增长的同时尽可能控制通货膨胀。但长期运用这种政策组合,会积累起较多的财政赤字。而紧的财政政策可以抑制总需求,防止经济过热和控制通货膨胀,松的货币政策在于保持经济的不断增长。因而紧缩性财政政策与扩张性货币政策的组合效应即在控制通货膨胀的同时,保持适度的经济增长,然而,若货币政策过松,也就难以抑制通货膨胀。

4. 均衡性的政策组合。该政策组合,两种政策措施都是均衡的,即财政收支基本平衡,货币供给量与货币需要量大体保持一致。这种组合形式所要求的宏观经济环境,是总供给与总需求基本均衡,物价基本稳定,国民经济各部门和社会再生产的各种比例基本合理。在此状况下,财政政策和货币政策的调节作用,仅需对经济运行的局部不稳定状况进行"微调"。这仅是经济运行的一种理想状态,也是财政政策和货币政策调节所追求的目标。

二、我国财政政策和货币政策的选择

(一)我国财政政策与货币政策搭配现状

目前,中国经济发展和宏、微观经济体制及机制的改革还不得不在较高程度上借助政府的力量。亚洲金融危机爆发后,随着国内外经济金融环境的变化,防止通货紧缩、促进经济增长或发展、扩大国内有效需求和就业、改革经济体制、调整和优化经济结构、推动国有企业脱困和改革、支持农业和农村经济发展等成为我国经济运行中的重点。为此,从1997—2003年,我国一直实行积极的财政政策与稳健的货币政策的搭配。从我国货币财政政策协调搭配实践的现状看,我国财政货币政策的协调搭配方式不外乎如下几个方面:

1. 政策工具的协调搭配。我国财政政策工具和货币政策工具协调搭配主要表现为:

(1)引导商业银行及时发放国债资金项目配套贷款。1998—2000年,国家增发建设国债3600亿元,重点用于基础设施建设和重点技术改造。为配合搞好国债项目建设,人民银行引导商业银行及时发放国债项目配套贷款,三年内共发放基建贷款和技改贷款8000亿元,相当于国债资金的两倍多;2001年1—9月,用于基建和技改的贷款新增1800亿元,有力支持了国债项目建设。

(2)国债发行与央行公开市场的反向操作结合。也就是说,在财政大量发

行国债时,中央银行同时在公开市场上通过买进国债以维护国债发行价格,防止利率水平上升。1998 年 5 月—10 月份我国央行通过公开市场投放基础货币1162 亿元,保证了当年国债的顺利发行。

2. 政策时效的协调搭配。财政政策和货币政策的协调搭配也是两种长短不同的政策时效搭配。财政政策以政策操作力度为特征,有迅速启动投资、拉动经济增长的作用,但容易引起过度赤字、经济过热和通货膨胀,因而,财政政策发挥的是经济增长引擎作用,用以对付大的与拖长的经济衰退,它只能作短期调整,不能长期大量使用。货币政策则以微调为主,在启动经济增长方面时滞性明显,但在抑制经济过热控制通货膨胀方面具有长期成效。从中长期来看,仍然要坚持适度从紧的财政货币政策,逐步实现财政收支基本平衡,防止出现通货膨胀和泡沫经济,防止经济大起大落,而将经济的宏观“预调”和“微调”职能更多地赋予货币政策。从政策功能的协调搭配看,财政政策和货币政策在处理公平和效率的矛盾方面各有侧重。财政政策的功能特点主要表现在:调节国民收入和财富分配,弥补市场失灵,调整和优化经济结构,调节社会总需求,促进经济发展,适当缩小个人之间、行业之间、地区之间的收入差距,限制收入分配过分集中,维护社会稳定等。而货币政策的功能特点主要表现在:保持经济运行的基本均衡,保持物价基本稳定,调节消费与投资的比重,等等。总的说来,这两种宏观政策在调控范围和重点方面各具特色,而且互补性很强。财政货币政策功能的协调搭配在我国主要体现在:第一,恰当的货币政策应以不违背商业银行的效率原则为前提,这样可以减少扩张性财政给商业银行带来的政策性贷款风险;第二,财政政策的投资范围不应与货币政策的投资范围过多重合。其中,基础性和公益性投资项目还是应该以财政政策投资为主,而竞争性投资项目只能是货币政策的投资范围。

3. 财政政策与货币政策协调是通过协调手段的调节实现的。其重点调控手段有:一是国债与公开市场业务的协调配合。目前国债是国家财政弥补财政赤字的资金来源,也成为国家财政用于建设性支出和调整产业结构的主要财力。要把国债变成财政政策和货币政策的协调手段,使之成为既调节产业结构,又调节货币流量,寓发展、稳定于一体的经济杠杆。国债期限有中、长、短期不等的券种,不定期常年发行,这样既可以避开偿债高峰,又可以使中央银行通过公开市场业务,吞吐国债,稳定基础货币,调节社会供需总量,实现经济稳定。二是改变国债的使用方向,提高国债的利用效率。即国债不能用于消费性财政支出,应主要用于生产建设性支出,特别是用于支持国有经济的发展,确保国债走上“有投入也有产出”的良性循环的轨道,不致酿成学生的偿债负担。三是政策性投融资与风险大、投资回报低的基础产业和农业、进出口贸易等产业,是在保本微利的原则下运行的,既要满足他们的管理费开支和人员经费开支,又要适当的扩大投融资规模的需要,保证一定利润。因此,在发展政策性投融资业务过程中,必须有相应的财政贴息措施与之匹配。四是加强财政政策和货币政策其他手段的协调,如税收和利率的协调、财政收支和信贷收支的综合平衡等。

(二) 构建新型的财政政策与货币政策协调配合机制

国家宏观调控体系建设的当务之急就是要按照社会主义市场经济体制的战略要求,构建新型的财政货币政策协调配合机制,亦即在财政、货币政策各自的职能范围内,充分发挥各自的调控机制,进而形成一套完整的协调配合的最佳调控机制,实现对国民经济最有效的调控。具体地说,就是要遵循社会主义市场经济体制的内在要求,健全财政政策与货币政策的协调机制,在提高财政、银行调控能力的基础上,重点解决国民经济的结构的协调问题,在结构协调基础上实现社会供需总量平衡,确保国民经济均衡、协调发展;按照"两个转变(即经济体制和经济增长方式的转变)"的要求,财政政策和货币政策协调配合,要把搞好大中型国有企业和经济结构的调整结合起来,从加大对中小企业资金的注入力度、企业集团化改革、督促企业加强内部经营管理等方面入手,使国有企业逐步走出困境,具备参与国内市场和国际市场竞争的资金实力和经营规模;同时要防范和规避金融风险,确保人民币币值的稳定。

按照这样一种思路,今后财政政策与货币政策协调配合模式的选择,应该综合运用多种财政货币政策协调手段,建立起财政政策和货币政策对宏观经济的调控机制,重点在于建立总量调控机制和结构调整机制。

1. 结构调控机制的建立是治理当前国民经济"小而全,大而全"和盲目重复建设等旧体制顽症的迫切要求。事实证明,应主要发挥财政调控产业结构的主导作用,银行起辅助作用,以免银行陷入困境难于自拔。同时,需要对新增投资进行调整,坚决控制新开工项目特别是重复建设项目,更要打破条块分割、加大兼并力度,大规模推动存量资产重组,并提高存量资产流动和重组配置的科学合理性,推动产业结构、产品结构和企业组织结构的成功调整。财政促进存量资产重组的过程中,要充分注意发挥国债和政策性投融资在调整经济结构特别是产业结构方面的独特作用,在工业化迅速推动阶段,尤其要注重产业结构的不断升级,使产业结构的调整不断成为经济发展的动力。

2. 总量平衡机制的建立。积极的财政政策并不是长期执行的政策,只是在特殊情况下采取的特殊政策。在经济回升之后,还应实行适度从紧的财政货币政策。但适度从紧,并非将一切正常合理的分配行为都卡住,或者把一切正常合理的开支都紧"死"。如对基础产业和基础设施的重点项目投入、对农业重中之重的投入,都应适当予以增加;建立粮食风险基金、副食品风险基金、战略储备基金等,应适度予以保证。紧要紧在要害处(紧缩行政经费支出、紧缩一般性投资项目、紧缩公共开支的无限膨胀等),紧要紧在关键处(严格制止乱收费、乱罚款、乱集资、乱摊派,严格控制工资性分配的超高速增长、堵塞收入流失的漏洞、防止制度外的政府公共需求膨胀等)。这是一项紧中求进、求稳、求活、求效的积极政策,是保持经济稳定、抑制通货膨胀、消除各种隐患的有效政策,为实现"两个转变",为进一步推进经济结构调整提供稳定的社会经济环境所必须的条件。

3. 企业微观调控机制的建立。企业微观调控机制的建立就是为企业创造一个密切配合的公平竞争的市场环境。银行仍应按照优胜劣汰的竞争规则建立资金供应机制,规范国家与企业的收入分配机制,在以名牌产品为资金供应基础上,支持企业间的兼并和联合,支持以支柱产业为龙头、以骨干企业为主、跨地区跨部门的大型企业集团的建立,通过资金供应,促进要素资源的优化配置。在财政收入分配体制上,完善现行的流转税和企业税办法,统一内外资企业所得税、清理减免税,杜绝税外收费,使企业在统一税法约束的前提下,能有更多的财力用于企业的技术发明和生产发展;加强财政、银行对企业的财务监督和法律监督,确保企业间竞争的公平与规范。

本章小结

财政平衡是在收与支这对矛盾不断产生又不断解决的过程中实现的。所以,略有结余属于基本平衡,略有赤字也应视为基本平衡,两者都是财政平衡的表现形式。

计算财政的结余和赤字有两种不同的口径,这两种口径的主要差别在于,债务收入是否计入正常收入之中,以及债务的清偿是否计入正常支出。如果把债务收入也纳入正常收入之中,就混同了债务收入和经常性财政收入两种不同性质收入的客观界限,扭曲了债务收入的性质,人为地扩大了财政收入的水平和规模。用该口径计算得出的财政结余或财政赤字,只能掩饰财政收支矛盾,无法客观地反映财政平衡的实际状况。

财政赤字既是财政困难的表现,但从积极的方面看,财政赤字也是一种财政政策,是财政调节经济的重要手段。结合我国的实际,连年的财政赤字并没有引起严重的通货膨胀,而且对我国的经济增长起到正的作用。

政府购买支出 G 和税收 T 是影响社会总需求的两个重要变量,政府既可以通过变动本身的购买支出,亦可以通过调整税收对总需求进行宏观调控。财政平衡是社会总供求平衡中的一个组成部分,必须从国民经济的整体研究财政平衡,就财政本身研究财政平衡难以得出全面的正确的结论。

财政政策作为政府的经济管理手段,主要有四个方面的功能:导向功能、协调功能、控制功能和稳定功能。财政政策要实现的目标也是多重的:物价相对稳定目标、公平分配目标、经济适度增长目标、充分就业目标和国际收支平衡目标。实现这些目标要运用的调节工具有:税收、公债、公共支出和政府投资。

　　财政政策和货币政策在功能、传导机制、时滞与时效、效力等诸多方面的作用不一样,因此它们只有协调配合运用才能达到较好效果。其配合模式有:"双松"政策搭配、"双紧"政策搭配、松紧结合型政策搭配和均衡政策搭配模式。

　　当前,我国宏观调控体系建设的当务之急就是要按照社会主义市场经济体制的战略要求构建新型的财政货币政策协调配合机制,亦即在财政、货币政策各自的职能范围内,充分发挥各自的调控机制,进而形成一套完整的协调配合的最佳调控机制,实现对国民经济最有效的调控。具体地说,就是要在提高财政、银行调控能力的基础上,重点解决国民经济的结构的协调问题,在结构协调基础上实现社会供需总量平衡,确保国民经济均衡、协调发展。

复习思考题

一、名词解释

　　财政平衡　财政赤字　财政政策　自动稳定的财政政策　相机抉择财政政策　扩张性财政政策　紧缩性财政政策　中性财政政策　汲水政策　补偿政策结构性失业　摩擦性失业　周期性失业　认识时滞　决策时滞　执行时滞

二、思考题

　　1. 如何理解财政平衡?

　　2. 不同的财政赤字计算口径对衡量财政赤字有什么不同的影响?

　　3. 如何看待财政赤字的经济效果?

　　4. 如何理解财政平衡与社会总供需平衡的关系?

　　5. 财政政策有哪些功能?财政政策的目标有哪些?财政政策可以作哪些分类?

　　6. 可以运用哪些财政政策调节工具来实现财政政策目标,如何运用?

　　7. 为什么财政政策与货币政策必须相互配合使用,配合的模式有哪几种?

　　8. 结合我国实际,谈谈我国的财政政策和货币政策的协调配合该作如何选择。

主要参考书目

1. 阿特金森、斯蒂格里茨:《公共经济学》,蔡江南译,上海三联书店、上海人民出版社 1994 年版。

2. 哈维·S.罗森:《财政学》(第四版),平新乔译,中国人民大学出版社 2000 年版。

3. 马斯格雷夫等:《财政理论与实践》,邓子基、邓力平译,中国财政经济出版社 2003 年版。

4. 陈共:《财政学》(第六版),中国人民大学出版社 2009 年版。

5. 蒋洪、朱萍:《公共经济学(财政学)》,上海财经大学出版社 2006 年版。

6. 胡庆康、杜莉:《现代公共财政学》,复旦大学出版社 2001 年版。

7. 樊勇明、杜莉:《公共经济学》,复旦大学出版社 2009 年第二版。

8. 谢秋朝、侯箐箐编著:《公共财政学》,中国国际广播出版社 2002 年版。

9. 胡怡建:《税收学》,上海财经大学出版社 1999 年版。

10. 郭庆旺、赵志耘:《财政理论与政策——当前若干重大问题探讨》,经济科学出版社 1999 年 9 月版。

11. 武彦民:《财政学》,中国财政经济出版社 2000 年版。

12. 张馨、陈工、雷根强:《财政学》,科学出版社 2000 年版。

13. 张志超:《现代财政学原理》,南开大学出版社 1999 年版。

14. 孙文基:《财政学》,中国财政经济出版社 2008 年版。

15. 袁崇坚:《财政学》,上海财经大学出版社 2009 年版。

16. 朱福兴、上官敬芝:《财政学》,机械工业出版社 2010 年版。

17. 刘玲玲:《公共财政学》,清华大学出版社 2002 年版。

18. 贺忠厚:《公共财政学》,西安交通大学出版社 2007 年版。

19. 李友元、姜竹、马乃云:《财政学》,机械工业出版社 2009 年版。

20. 方福前:《公共选择理论——政治的经济学》,中国人民大学出版社 2000 年版。

21. 郭庆旺:《公共经济学评论》,中国财政经济出版社 2005 年版。

22. 平新乔:《财政原理与比较财政制度》,上海三联书店 1992 年版。

23. 曹立瀛:《西方财政理论与政策》,中国财政经济出版社 1995 年版。

24. 谢旭人:《中国财政改革三十年》,中国财政经济出版社 2008 年版。

25. 中国社会科学院财政与贸易研究所:《中国:启动新一轮税制改革》,中国财政经济出版社 2003 年版。

26. 朱为群:《中国税制教程》,上海财经大学出版社 2003 年版。

27. 杨斌:《中国税收法律制度》,高等教育出版社 2008 年版。

28. 刘佐:《中国税制概览》,经济科学出版社 2008 年版。

29. 於鼎丞、魏朗:《中国税制》,暨南大学出版社 2008 年版。

后　记

　　财政学是当代经济学的核心科目之一,它以经济学为理论基础,可以被视为经济学的延伸,或者说是经济学理论在公共部门这一特殊领域中的应用。从1776年亚当·斯密发表《国民财富的性质和原因的研究》开始,财政学作为一门相对独立的学科已有200多年的历史。随着政府在社会经济中角色和地位的不断变化、经济学理论的发展以及分析工具的不断创新,如19世纪70年代的边际革命将微观边际的分析方法引入财政理论,20世纪30年代的凯恩斯革命,开创了国家干预理论,财政政策成为政府干预经济的主要手段。20世纪50年代逐渐形成的公共选择理论,又将政治学的分析思路和方法引入到财政学。现代新制度经济学派等一些经济学派的思想也对财政问题进行了很多研究。此外,财政学也与宏观经济学、微观经济学、货币银行学、会计学、统计学等现代学科密切相关,已使现代财政学发展为一门综合性的交叉学科。所以,财政学已日渐成为经济学专业、财经类专业、工商管理、公共管理以及其他一些社会学科的专业基础理论课,在各专业的专业培养计划中占有十分重要的地位。

　　本书主要有以下特点:注意强调财政学的经济学基础和逻辑起点——公共产品理论的分析,在编写内容上,注意强调中国现实,在制度、政策上兼顾一般原理与中国改革的实践,广泛吸收国内外财政理论发展与财政制度以及政策创新的最新成果。在编写重点上,力求兼顾通用性与专业性、理论性与应用性相结合,全书偏重政府公共支出以及中国税收的现状分析,使本教材可以更好地满足公共管理、其他社会科学类专业应用型、交叉型人才课程建设的需要。

　　本教材由华东政法大学商学院组织编写,由许峰副教授担任主编。具体分工如下:第1、3、4、5、8、9章由许峰负责编写;第2章由刘伟副教授负责编写;第6、7章由徐伟民博士负责编写;第10章由胡琦博士负责编写。最后由许峰负责总纂统稿。

　　财政学作为一门正在成长和发展中的学科,随着我国财税体制改革的不断深入和市场体制改革的不断完善,今后势必会有更多的财政理论和实践问题尚需进一步的探讨。这本教材也难免存有不足之处。在此谨盼有关专家和使用本教材的同行、同学提出宝贵意见。

2012 年 4 月